中国工会章程简史

（第3版）

ZHONGGUO GONGHUI
ZHANGCHENG JIANSHI

中华全国总工会组织部◎编

中国工人出版社

图书在版编目（CIP）数据

中国工会章程简史 / 中华全国总工会组织部编 . 3 版 . -- 北京 : 中国工人出版社 , 2024. 9. -- ISBN 978-7-5008-8515-3

Ⅰ . K261.3

中国国家版本馆 CIP 数据核字第 20241P13A6 号

中国工会章程简史（第3版）

出 版 人	董　宽
责任编辑	罗荣波　周子欣
责任校对	张　彦
责任印制	栾征宇
出版发行	中国工人出版社
地　　址	北京市东城区鼓楼外大街45号　邮编：100120
网　　址	http://www.wp-china.com
电　　话	（010）62005043（总编室） （010）62005039（印制管理中心） （010）62382916（工会与劳动关系分社）
发行热线	（010）82029051　62383056
经　　销	各地书店
印　　刷	宝蕾元仁浩（天津）印刷有限公司
开　　本	700毫米×1000毫米　1/16
印　　张	20.5
字　　数	280千字
版　　次	2024年12月第1版　2024年12月第1次印刷
定　　价	58.00元

目 录

Contents

第一章

第一次全国劳动大会与工会组织原则的确立

1922年5月召开的第一次全国劳动大会（简称“一次劳大”），是中国工人运动史和中国工会史上的重大事件。这次大会首举联合斗争之旗帜，开团结统一之先河。尽管当时中华全国总工会尚未成立，工会的章程也未制定，但大会确定了中国共产党对全国工人运动的领导地位，并将产业组合确立为工会的组织原则，对起步时期中国工会组织的健康发展，具有很强的现实指导意义。

一、历史背景

（一）马克思主义在中国的传播及革命工会的建立

1917年俄国十月革命的一声炮响，给中国送来了马克思列宁主义。在学习和传播马克思主义的过程中，一批具有初步共产主义思想的知识分子先后走上无产阶级革命的道路，成为马克思主义者。他们从俄国十月革命中悟出，人民群众才是历史的真正创造者。

1919年爆发了五四爱国运动，促进了马克思主义在中国的广泛传播。这场以青年学生为先锋，以工人阶级为主力军的反帝爱国运动，给帝国主义势力和中国反动军阀政府带来了前所未有的沉重压力，中国代表拒绝在巴黎和约上签字，标志着运动取得了重要胜利。

五四运动中，工人阶级的加入对于运动的演变和最终结果起到了决定性作用，[①] 标志着中国工人阶级开始以独立的姿态登上政治舞台。

1920 年 8 月以后，上海、北京、武汉、长沙、广州、济南等地相继成立了共产党的早期组织，使马克思主义在中国工人群众中的传播进入了一个有组织有计划的阶段，推动了马克思主义与中国工人运动的结合。当时，工会组织种类繁多，良莠不齐，有劳资混合的行会，有同乡组织的“帮口”，有资本家、工头、政客把持的“招牌工会”。旗帜鲜明地与一切旧工会划清界限，帮助工人建立真正的现代工会，是各地的共产党早期组织领导创建新型工会的当务之急。这些共产党的早期组织采取出版工人刊物、创办劳动补习学校等多种方式，开展对工人的宣传和组织工作，启发工人的阶级觉悟，培养工人骨干，为成立革命的工会组织打下了基础。1920 年 11 月 21 日成立的上海机器工会，是在上海的共产党早期组织领导下建立的第一个工会组织。[②] 之后，在各地共产党组织的领导下，建立了一些具有鲜明的阶级性、群众性和民主性的工会团体，虽然数量不多，但为工人阶级建立新型的阶级工会指明了方向。

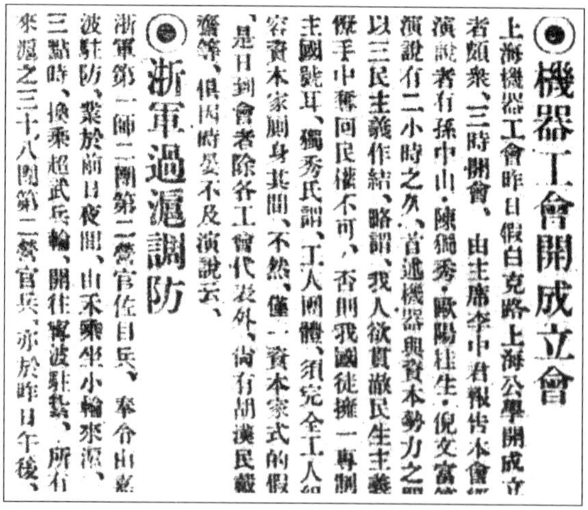
機器工會開成立會
上海機器工會昨日假白克路上海公學開成立
者頗衆，三時開會，由主席李中君報告本會
演說者有孫中山·陳獨秀·歐陽杜生·倪文
演說有二小時之久，首述機器與資本勢力之
以三民主義作結，略謂，我人欲貫徹民生主義
假手中華同民權不可，否則我國徒擁一專制
主國號耳，獨秀氏謂，工人團體，須完全工人
容資本家厠身其間，不然，僅一資本家式的假
「是日到會者除各工會代表外，尚有胡漢民戴
等，俱因時晏不及演說云，
浙軍過滬調防
浙軍第一師二團第二營官佐目兵，奉令由嘉
波駐防，業於前日夜間，由禾乘坐小輪來滬，
三點時，換乘超武兵輪，開往寧波駐紮，所有
來滬之三十八團第一營官兵，亦於昨日午後，

上海《申报》刊登上海机器工会成立的消息

① 中国工运研究所编：《中国工会读本》，北京：中国工人出版社，2009 年版，第 26 页。

② 中共中央党史研究室著：《中国共产党历史》（第一卷），北京：中共党史出版社，2011 年版，第 65 页。

（二）中国共产党的诞生及其工运方针的制定

1921年7月，中国共产党第一次全国代表大会在上海召开，宣告中国共产党正式成立。党的一大通过的中国共产党的纲领，确定党的名称为“中国共产党”，明确提出要把工人、农民和士兵组织起来，并确定党的根本政治目的是实行社会革命。大会要求党集中力量领导工人运动，首先是组织工会和教育工人。党的一大通过中国共产党的第一个决议——《关于当前实际工作的决议》，对开展工人运动的组织工作和宣传工作作出具体规定。决议指出：“本党的基本任务是成立产业工会。”也就是说，以产业组建工会，是共产党人组建工会的基本原则。决议还就这一组建原则作了具体阐述，即“凡有一个以上产业部门的地方，均应组织工会；在没有大工业而只有一两个工厂的地方，可以成立比较适于当地条件的工厂工会”。决议认为：“工人学校是组织产业工会过程中的一个阶段，所以在一切产业部门均应成立这种学校。”[①] 中国共产党的成立，使中国工人阶级有了自己的先锋队和战斗指挥部，有了可以团结和领导全体工人阶级的核心，标志着中国工人阶级实现了从“自在阶级”向“自为阶级”的重要转变。

（三）中国劳动组合书记部的建立和初期活动

中国共产党成立后，为了加强对工人运动的统一领导，于1921年8月11日在上海成立中国劳动组合书记部，这是党领导工人运动的第一个公开机构。[②] 8月16日，中国劳动组合书记部发表宣言，指出“劳动者没有组织，或是只有公所和无意义的工会组织，自然这种团结是不能够自卫，也自然是无反抗的能力”，强调“我们只能把一个产业底下的劳动者，不分地域，不分男女老少，都组织起来，做成一个产业

① 中华全国总工会《中国工会运动史料全书》总编辑部：《中国工会运动史料全书》（电子版），北京：中国职工音像出版社，1998年，综合卷第一卷第二章第152页。

② 中共中央党史研究室著：《中国共产党历史》（第一卷），北京：中共党史出版社，2011年版，第73页。

组合。因为这样一个团体才能算是一个有力的团体，要这样的组织法，劳动者才能用他们的组织力，做奋斗事业，谋改良他们的地位”。[1] 宣言分析了中国工人组织的现状，强调工人阶级以“产业组合”方式联合起来的必要性和重要性。

中国劳动组合书记部成立后不久，相继在北京建立北方分部，在汉口建立长江分部（后改为武汉分部），在长沙建立湖南分部，在广州建立广东分部，在济南建立山东支部（后与北方分部合并）。1922 年 8 月中国劳动组合书记部从上海迁往北京后，成立上海分部。各分部在本地区举办工人学校，创办工人刊物，组织产业工会，领导工人罢工，对工人运动的发展起了重要的指导作用。在中国共产党的领导下，各地工人发动罢工斗争、组建工会的活动呈现热火朝天的局面，掀起了以 1922 年 1 月爆发的香港海员大罢工为起点的中国工人运动的第一次高潮。

中國勞動組合書記部宣言

刊登在报刊上的中国劳动组合书记部宣言

二、第一次全国劳动大会与有关决议案

为了加强对日益高涨的工人运动的领导，加强工人阶级的内部团

① 中华全国总工会《中国工会运动史料全书》总编辑部：《中国工会运动史料全书》（电子版），北京：中国职工音像出版社，1998 年，综合卷第一卷第二章第 153-156 页。

结，并使广大工人摆脱黄色工会的控制和影响，中国共产党以中国劳动组合书记部的名义发起召集，邀请全国各地各党派工会团体，于1922年5月1日至6日在广州召开第一次全国劳动大会。召集会议的目的有四项：一是纪念五一国际劳动节；二是融合并联络全国劳动界之感情；三是讨论改良生活的问题；四是讨论各代表提案。

这次大会是中国工人阶级第一次全国性盛会。到会代表来自12个城市，共173人，代表着110多个工会和34万名有组织的工人。大会总结以往工人运动的经验，接受中国共产党的政治主张，把反帝反封建作为工人运动的基本目标。大会讨论并通过《全国总工会组织原则案》《组织全国人力车夫联合会案》，以及《罢工援助案》《八小时工作制案》《订定中国劳动歌及劳动旗帜案》《湖南劳工会黄、庞二君被杀及香港罢工沙田海员被杀案》《中国在相当期间内的劳动运动，只作经济运动不与闻政治案》《尊重劳动节及儆戒工界虎伥案》《规定第二次全国劳动大会案》《全国总工会未成立以前，请中国劳动组合书记部为全国通讯机关案》（公众临时动议）等10项决议案①，并公开

参加一次劳大的部分代表合影

① 中华全国总工会中国职工运动史研究室编：《中国历次全国劳动大会文献》，北京：工人出版社，1957年版，第5-6页。

发表《全国劳动大会第一次会议宣言》。其中《全国总工会组织原则案》《罢工援助案》《八小时工作制案》具有较强的全局性和前瞻性。

三、有关决议案的主要内容

《全国总工会组织原则案》提出，组织工会应当以产业组合为原则；确实不能采用产业组合办法的，不妨采用职业组合；每个地方所有各产业组合和职业组合的工人，将来由各地方联合会组成全国总工会；在全国总工会未成立以前，先设一全国总通讯处，委托中国劳动组合书记部担任。

《组织全国人力车夫联合会案》提出，应推广组织各地人力车夫会并成立全国人力车夫联合会；通告各地车行嗣后车租只准减不准加；警告各地车行嗣后不得殴打车夫，或重利盘剥车夫；通告各地巡捕或警察嗣后不得鞭笞或虐待车夫；车夫为劳动界之最苦者，各地劳工团体应格外援助。

四、产业组合工会组织原则的确立

尽管第一次全国劳动大会没有成立全国总工会，也没有制定工会的章程，但是大会通过的《全国总工会组织原则案》确立了“产业组合”的工会组织原则。大会在公开发表的《全国劳动大会第一次会议宣言》中，对“产业组合”的原则作了进一步阐释，强调：“我们工人们决不要分地域，决不要分党派，决不要分男女老少，只要是赚工钱的工人们，都应该按照产业的分类法，组织在各种工会里；而且要把各地工人们按照产业组织的工会，联络起来，组织各种全国的产业总工会。即使一时不能组织成产业组合的工人们，也应该把他们的工会组织成一个纯粹工人阶级的团体，而且要弄成组织的范围较大和更有统系的团体。”① 号召全国工人阶级团结起来，削平行帮，消除隔阂，不分地域，不分党派，不分男女老少，联合成一个阶级战线，反对国际帝国主义和封建军阀。

全國勞動大會第一次會議宣言

全國男女工人們——弟兄們，姊妹們！

資本主義沒有不是靠着剝奪工人們的血汗做養料的，他發展的過程，便是工人們受痛苦的過程。所以資本主義在中國發展的結果，使百餘萬的男女工人們集中在用機器的工廠裏或各種企業裏，變成一無所有的機器附屬物。一班男女勞工在這種新式生產制度下面的工作狀況，簡直和牛馬奴隸一樣。所賺的工資，多半不能維持自己的生活；受饑受凍的勞工，隨處都可以發現。還有數十萬的小孩子們，在這種制度下面，犧牲他們的康健。他們永不能得到受教育的機會。他們從極年幼的時候起，就變成資本家的新式奴隸。這些都是我們工人身受的痛苦。我們受了這些痛苦的經驗，實在不得不使我們團結起來，共同向着東家奮鬥；而且我們從此覺悟，這是救濟我們的惟一道路。

因爲工人們漸漸明白組織的重要，所以在中國各大商埠已是組織了一些工會，也有了一些爲增加工資和改良待遇的罷工運動。雖然這些工會的組織和罷工運動，還只是一個工廠，一條鐵路或是一個地方的舉動，但是已能證明給我們知道，凡是組織或運動的範圍較大的，一定得到勝

《全国劳动大会第一次会议宣言》（部分）（《民国日报》1922年6月8日）

大会决定在全国总工会未成立之前，委托中国劳动组合书记部为全国工会的总通讯机关，并负责召集第二次全国劳动大会。这实际上承认了中国共产党和中国劳动组合书记部对全国工人运动的领导地位，② 也表明了全国工人运动和工会组织开始走上团结与统一的道路，为中华全国总工会的成立作了思想上和组织上的准备。

① 中华全国总工会《中国工会运动史料全书》总编辑部：《中国工会运动史料全书》（电子版），北京：中国职工音像出版社，1998 年，综合卷第一卷第四章第 13 页。

② 中共中央党史研究室著：《中国共产党历史》（第一卷），北京：中共党史出版社，2011 年版，第 87-88 页。

第二章
第二次全国劳动大会与第一部工会章程的制定

从1922年第一次全国劳动大会至1925年第二次全国劳动大会（简称“二次劳大”）的三年间，中国共产党通过学习和掌握马克思主义理论，并在革命斗争中加以实践，对国际国内形势、中国社会状况和中国革命的基本问题有了进一步的认识。党一方面通过革命实践探索中国革命的基本问题，另一方面接受列宁关于民族和殖民地问题的理论，并开始把这两个方面结合起来，逐渐酝酿和形成了一个符合中国国情的革命纲领。二次劳大的召开，宣告了中华全国总工会的成立，并通过了《中华全国总工会总章》。从此，中国共产党领导的工人阶级与工会组织有了自己的统一的最高领导机关，它在中国工运史上留下了浓墨重彩的一笔。

一、历史背景

（一）中国工人运动的第一次高潮

中国劳动组合书记部成立后，开展了卓有成效的工作，不到半年的时间就在中国大地上掀起了第一次全国工人运动的高潮。1922年1月12日爆发的香港海员大罢工，则是这次工人运动高潮的起点。香港海员罢工坚持了56天，最后取得了增加工资、承认工会的胜利，有力地打击了帝国主义的气焰，极大地鼓舞了中国工人阶级，推动了全国工人运动的发展。此后，全国各地的罢工浪潮波澜壮阔，此起彼伏，到1923年2月京汉铁路工人大罢工失败为止，在短短的13个月中，全国共发生大小罢工100多次，参加罢工的人数达30万以上。“二七惨案”发生后，全国各地的工会大多遭到破坏或被迫转入秘密活动，中国劳动组合书记部总部也被查封，全国工人运动暂时转入低潮。

香港海员大罢工

（二）党的第二次、第三次和第四次全国代表大会与革命统一战线的建立

1922年7月16日至23日，中国共产党第二次全国代表大会在上海举行。党的二大对工人运动给予密切关注。大会通过的《关于“工会运动与共产党”的议决案》要求：各地党组织集中力量组织产业工人工会，如铁路、海员、五金、纺织工会等；工会工作必须把工人阶级的目前利益和长远利益结合起来，工会应该为改善工人的生活和劳动条件而努力；同时还必须领导工人开展政治斗争。

党的二大后，工人运动继续高涨。在此期间，工人运动表现出以下特点：一方面，工人阶级在自己政党的领导下觉悟迅速提高，罢工从主要是为增加工资、改善待遇而进行的经济斗争，发展到主要是为争自由、争民主权利，反对帝国主义、反对封建军阀而进行的政治斗争。另一方面，工人的组织程度明显提高，出现了地方总工会和产业总工会。中国工人阶级日益成长为具有全国影响的重要政治力量。①

1923年6月12日至20日，中国共产党在广州举行第三次全国代表大会。大会决定采取共产党员以个人身份加入国民党的形式来实现国共合作。但大会没有提出工人阶级争取对民主革命的领导权问题，认为工人阶级尚未成为一个“独立的社会势力”。大会结束后将近一个月，《共产国际执行委员会给中国共产党第三次代表大会的指示》才传到中国。指示强调：“领导权应当归于工人阶级的政党”，“加强共产党，使其成为群众性的无产阶级政党，在工会中聚集工人阶级的力量，这就是共产党人的首要任务”。指示还提出：“全部政策的中心问题就是农民问题”，“在中国进行国民革命和建立反帝战线之际，必须同时进行反对封建主义残余的农民土地革命”并且“应当力求实现工农联盟”。这个指示对于克服党的三大的不足，对于共产党人进一步探讨中国革命问题，是有积极意义的。

1924年1月20日至30日，中国国民党第一次全国代表大会在广州召开，会议正式确立了联俄、联共、扶助农工的三大政策，为工会运动的恢复和发展创造了有利条件。会后，共产党人利用在国民党中央和地方工农部的领导职务和国民党合法、半合法的身份，积极恢复和发展工人运动，工人运动很快走出低潮，呈现复兴的势头。

为了加强对日益高涨的革命运动的领导，回答党所面临的许多新问题，1925年1月11日至22日，中国共产党在上海举行第四次全国代表大会。大会对中国革命的一些基本问题进行了比较系统的探讨，在党的历史上第一次明确提出无产阶级在民主革命中的领导权和工农联盟问题。大会还提出在“反对国际帝国主义”的同时，既要“反

① 中共中央党史研究室著：《中国共产党历史》（第一卷），北京：中共党史出版社，2002年版，第88页。

对封建的军阀政治”，又要“反对封建的经济关系”，表明党对反封建的内涵有了进一步认识。但是，党的四大对如何实现无产阶级领导权，特别是如何正确处理同资产阶级争夺领导权过程中遇到的复杂问题，并没有作出明确的、具体的回答。党的四大对民族资产阶级也缺乏正确的分析，认为中国民族资产阶级还未形成独立的阶级，这就把民族资产阶级在民主革命中的地位弄得模糊不清。

党的四大以后，以工农为主体的革命群众运动进一步发展。据不完全统计，到 1925 年 5 月，在中国共产党领导和影响下的工会已有 160 多个，拥有有组织的工人约 54 万人。在广东，已有 20 余个县成立农民协会，会员达 20 多万人，并建立了全省农民协会。在中国共产主义青年团的推动和影响下，各地学生联合会也十分活跃，会员有数百万人。这些有组织的群众已经不同程度地具有反帝反封建的觉悟，从而为即将来临的大革命高潮奠定了广泛的群众基础。

二、第二次全国劳动大会与《中华全国总工会总章》

（一）二次劳大的召开

根据第一次全国劳动大会的决定，第二次全国劳动大会应由中国劳动组合书记部发起，并于 1923 年 5 月在汉口召开。但由于二七惨案以来工人运动处于低潮的形势，原定计划未能如期进行。

随着第一次国共合作后北伐革命形势的高涨，1925 年 4 月，全国工人运动已经逐步恢复，新的革命高潮即将到来。中共中央职工运动委员会决定召开第二次全国劳动大会，建立全国总工会。为了适应国共合作统一战线建立后的形势发展，中央职工运动委员会决定不以中国劳动组合书记部名义，而以中华全国铁路总工会、汉冶萍总工会、中华海员工业联合会和广州工人代表会的名义发起召开第二次全国劳动大会。

1925 年 5 月 1 日至 7 日，在中国共产党领导下，第二次全国劳动大会在广州召开。出席会议的代表有 281 人，代表着 166 个工会与团体和 54 万多名有组织的工人。因为出席大会的主要是共产党独立领导的工会、统一战线领导下的工会和无党派工会的代表，所以这次大会既不像一次劳大时成分复杂、争论激烈，又得到以廖仲恺为代表的国民党左派坚决支持，而国民党右派工团的干扰与破坏活动也没能得逞。因此，这次会议召开得比较团结、统一和顺利。这次大会的开幕式与同时召开的广东全省第一次农民代表大会联合举行，并有青年军人联合会的代表参加，因此，三会代表在开幕会上一致通过了《工农兵联合决议案》。更可喜的是，这次会议召开之时，恰逢五一国际劳动节，出席会议的代表与广东全省农民协会的代表联合起来，在广州举行声势浩大的五一国际劳动节群众大会，人数总计不下 10 万之众。当晚工农兵又举行了联席会议，他们认为打倒帝国主义与封建军阀，解放劳苦群众，只有工农兵团结一致，才能取得胜利与成功。这次大会通过了《工人阶级与政治斗争的决议案》《经济斗争决议案》《组织问题决议案》《铲除工贼决议案》《加入赤色职工国际决议案》等 30 多个决议案，还通过了《中华全国总工会总章》。

第二次全国劳动大会现场，刘少奇在演讲

（二）中华全国总工会的成立

二次劳大最重要的成果，就是宣告中华全国总工会成立，建立了全国工会的最高领导机关。大会选举产生了由25名执委组成的中华全国总工会第一届执行委员会，推举林伟民为执行委员会委员长兼总干事，刘少奇、邓培、郑绎生[①]为副委员长，邓中夏为秘书长兼宣传部长，李森（李启汉）为组织部长，孙云鹏为经济部长。全国总工会总部办公地址设在广州，在上海设立办事处。大会还决定中华全国总工会加入赤色职工国际，它是1921年7月3日在莫斯科成立，有40多个国家革命职工联合会参加的一个工会国际组织。

三、《中华全国总工会总章》与主要决议案的内容

（一）《中华全国总工会总章》

二次劳大还有一个最重要的成果，就是通过了《中华全国总工会总章》，标志着第一部中国工会章程的诞生。《中华全国总工会总章》共五章25条。在“总纲”第一条就开宗明义地规定，“本会以团结全国工人，图谋工人福利为宗旨”。这就明确表示了中华全国总工会从创建伊始，就把维护职工权益作为首要的目的与根本职责。总章全面、系统和明确地规定了中华全国总工会的职责：一是发展全国工会组织，统一全国工会运动；二是整理与协调各工会组织系统；三是指挥各工会的行动，仲裁各工会的争端；四是发布全国工人共同奋斗的目标；五是代表全国工人与国际工人团体密切结合；六是提高工人知识，联络相互感情；七是促进各工会之间的互动；八是保障工人利

① 1925年5月18日发行的《广州民国日报》刊载了中华全国总工会成立的有关新闻，“第二次全国劳动大会于5月7日，开第一次执行委员会议，互选林伟民君为正委员长，刘少奇、邓培、郑泽生三君，为副委员长”。1925年5月23日在上海发行的《民国日报》刊登了相同的消息，在介绍委员时，写的是“郑绎生”，但在介绍副委员长时，写的是“郑泽生”。参考其他工运史资料，本书采用了“郑绎生”的写法。

益，设法解决救济与职业介绍等。

《中华全国总工会总章》关于组织领导机构的规定是：全国代表大会是本会之最高权力机关，由其选举产生的 25 人组成的执行委员会，在代表大会闭幕期间，是本会的最高机关。执行委员会下设干事局、办事处和特别委员会等工作机构。

《中华全国总工会总章》还规定，下属各工会须执行本会代表大会及执行委员会的决议和命令。在发生工人阶级政治斗争时，各工会应按本会通知给予声势上、经济上或实力上的援助。在同一产业、职业或地域内，如有相同性质的工会，应合并成一个工会。工会间的争端听候本会仲裁。

（二）二次劳大通过的主要决议案

二次劳大通过了 30 多项决议案，其中最主要的是《工人阶级与政治斗争决议案》《经济斗争决议案》《组织问题决议案》《工人教育决议案》等。此外，这次大会还针对工运的重要地区如上海与香港的工运实际而通过决议案，加以指导。主要决议案的内容如下：

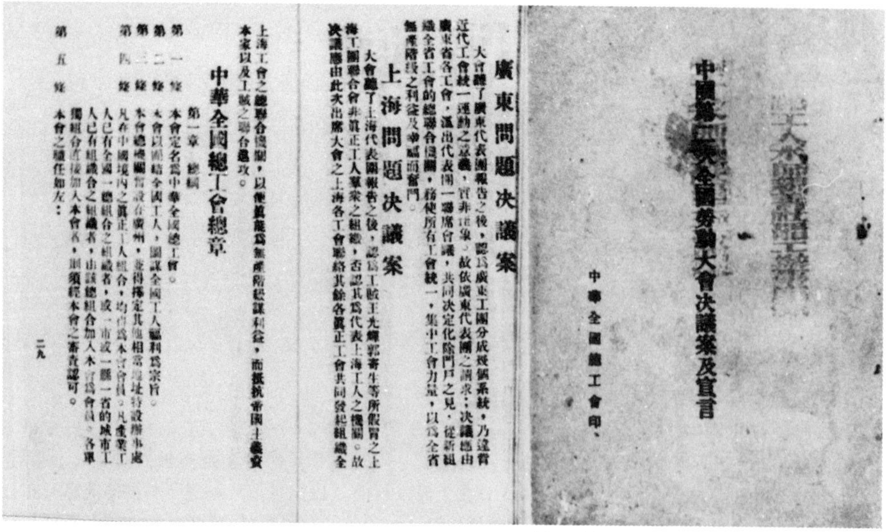
中國第二次全國勞動大會決議案及宣言

中華全國總工會印、

廣東問題決議案

大會聽了廣東代表團報告之後，認爲廣東工團分成幾個系統，乃違背近代工會統一運動之意義，實非佳象。故依廣東代表團之請求：決議應由廣東省各工會，派出代表開一聯席會議，共同決定化除門戶之見，從新組織全省工會的總聯合機關，務使所有工會統一，集中工會力量，以爲全省無產階級之利益及幸福而奮鬥。

上海問題決議案

大會聽了上海代表團報告之後，認爲工賊王光輝郭寄生等所假冒之上海工團聯合會非眞正工人羣衆之組織，否認其爲代表上海工人之機關。故決議應由此次出席大會之上海各工會聯絡其餘各眞正工會共同發起組織全上海工會之總聯合機關，以便眞能爲無產階級謀利益，而抵抗帝國主義資本家以及工賊之聯合進攻。

中華全國總工會總章

第一章 總綱

第一條 本會定名爲中華全國總工會。

第二條 本會以團結全國工人，圖謀全國工人福利爲宗旨。

第三條 本會總機關暫設在廣州，並得擇定其他相當地址特設辦事處。

第四條 凡在中國境內之眞正工人組合，均得爲本會會員。凡產業工人已有全國一總組合之組織者，或一市或一縣一省的城市工人已有組織合之組織者，由該總組合加入本會爲會員。各單獨組合直接加入本會者，須經本會之審查認可。

第五條 本會之職任如左：

二九

第二次全国劳动大会决议案和宣言

首先，《工人阶级与政治斗争决议案》指出，由于中国工人阶级与人民大众和帝国主义、封建军阀之间的矛盾是不可调和的，因此，工人阶级的经济斗争必会变成政治斗争。工人阶级必须明白，“为改良生活，必须不断奋斗，但工人阶级要达到完全自由，只有在工人阶级推翻资本制度，自己掌握政权之后”。而当时，工人阶级的政治斗争，则主要是必须积极投入旨在推翻帝国主义与封建军阀的国民革命之中。决议指出，“帝国主义及军阀统治中国，民族革命是唯一的出路”。决议还告诉工人阶级，“我们的目标，是推翻帝国主义，打倒军阀，实现民族解放，促进世界革命，这是要经过长期的斗争才能得到的”。因此，决议指出当时工人由经济斗争转入政治斗争的第一步，也是工人最迫切的要求，就是“加资减时运动，集会、结社、言论、出版自由运动”。[①] 由于该决议主要是动员、号召工人积极投入国民革命运动，为此，切实具体的行动是以经济斗争为突破口，争取言论、出版与结社自由，从而为组建工会团体，促进工人运动的恢复与壮大，积极准备条件。

其次，《经济斗争决议案》指出，共产党领导工人斗争，不论经济的或是政治的，“只有一个最后的目的，就是劳动的完全解放”。我们坚持政治斗争，是因为“劳动的完全解放，只能在资本主义制度推翻、政权完全操入劳动者手中之后”才能实现，但是，“我们不否认为改良劳动待遇条件，增加工人生活程度，以及部分的要求，而实行最激烈最坚强的斗争”。《经济斗争决议案》指出，当前工人阶级经济斗争的切近要求是：（1）按照各地各时生活情形，规定最低限度的工资；（2）八小时工作制的规定；（3）反对一切虐待；（4）女工童工之生活改善；（5）实行劳动保护和社会保险；（6）取消包工制。这些都突出反映了当时经济斗争中所急切解决的紧迫问题。决议还认为，工人在开展经济斗争时，一定要有统一的组织准备，全面地估量

① 中华全国总工会《中国工会运动史料全书》总编辑部：《中国工会运动史料全书》（电子版），北京：中国职工音像出版社，1998 年，综合卷第二卷第一章第 150–151 页。

形势等。[1] 这些内容，都为工人进行经济斗争提供了理论、方针的指导和战术制定的依据。

再次，《组织问题决议案》开宗明义地指出，共产党领导的工会是“工人阶级最宽泛的群众组织，它必须设法使所有的工人加入”。至于把工人组织起来的形式，决议认为组织形式还是一次劳大强调的以产业组合为基本原则。决议提出应如此筹建工会：“当工人与资本家冲突或罢工时”，只有产业组合的工会才能把厂矿企业的所有工人联合起来，他们会很快为自己的利益而行动起来奋斗。再一种是联合职业，如纺织、铁路与海员中的机器匠、操作工或电工、木工与水工等。这种联合有明显的局限性，因为倘若一个企业罢工，这种企业工人的利益未必一致，对其协调、劝说一致行动就有难度。此外，决议还为在封建军阀统治的地区，针对工会不能召开活动，决定可以采取办夜校、协作社等便于召开活动的组织形式，把工人团结其中。关于工会自身建设方面，决议规定在企业成立工会基层支部；在具有一定规模的企业、矿山工会中，可建立代表会议制度；在地方实行联合工会，然后由县、市、省而全国。总之，把产业、职业和地方工会都联合起来，形成一个遍及全国的大工会。[2]

最后，二次劳大还通过了《工人教育决议案》，认为“为使工人运动之发展，组织之坚固，斗争力之强大”，必须重视对工人进行宣传、教育。通过工会举办的工人补习学校，通过宣教、阅读或演讲，千方百计地提高工人政治觉悟、文化水平以及其技能。总之要把工会办成教育、训练工人的学校。[3]

此外，在二次劳大决议案中，对关于工农联盟、工会与农民协会

---

① 中华全国总工会《中国工会运动史料全书》总编辑部：《中国工会运动史料全书》（电子版），北京：中国职工音像出版社，1998 年，综合卷第二卷第一章第 151-153 页。

② 中华全国总工会《中国工会运动史料全书》总编辑部：《中国工会运动史料全书》（电子版），北京：中国职工音像出版社，1998 年，综合卷第二卷第一章第 153-155 页。

③ 中华全国总工会《中国工会运动史料全书》总编辑部：《中国工会运动史料全书》（电子版），北京：中国职工音像出版社，1998 年，综合卷第二卷第一章第 158-159 页。

之间的联合与互动以及工农兵大联合等，都作了开拓性的规定。如关于农民问题，决议指出："中国农民占全国人口总数百分之七十五，他们所受的压迫与剥削较工人更甚。"因此，中国工人阶级要想得到解放，更非联合农民共同奋斗不可。所以，决议号召工人回到乡下或城市与工业中心附近，向农民宣传革命，帮助他们组织农会，并要互派代表实行联合斗争；对于革命的学生与军人，也要实行联合，只有工农兵实现联合，团结统一，打倒国际帝国主义与封建军阀的斗争才能取得成功。

二次劳大通过的这些决议案，可以说与《中华全国总工会总章》是相辅相成的，了解这次决议的主要内容，有助于更好地理解、诠释《中华全国总工会总章》。

四、中国工会的第一部章程

二次劳大制定和通过的《中华全国总工会总章》，使中国工会第一次有了正式章程。它不仅有力地指导和促进工人运动进一步快速发展，而且在组织上进一步加强了全国工人运动的团结与统一，保证了其奋斗方向与行动的一致。从这一刻起，中国共产党领导的工人阶级与工会组织，以空前的规模与声势，以积极主动的姿态，以强大的气势与力量，投入国民革命运动，成为迎接工运高潮的领军旗帜。

第三章

第三次全国劳动大会与《组织问题与其运用之方法决议案》

1926年5月召开的第三次全国劳动大会（简称“三次劳大”），全面、深刻地分析了当时的革命形势，总结了五卅运动以来全国工人运动的基本经验，进一步明确了中国工人阶级在革命中的领导地位和发展工人运动的总策略，为全国工人运动指明了方向。大会没有对《中华全国总工会总章》作出修改，但通过了关于职工运动总策略、组织问题和宣传工作等若干决议案，制定了新的工人运动方针和政策。

一、历史背景

（一）五卅运动前后的工人运动和工会组织的发展

1925年5月，中华全国总工会宣布成立后，全国总工会的领导成员很快奔赴全国各地，加强对工人运动的组织和领导。当月的五卅惨案发生后，中共中央多次召开会议，及时提出指导斗争的方针、策略和口号，决定由瞿秋白、蔡和森、李立三、刘少奇和刘华等组成行动委员会，具体领导这次斗争，建立各阶级反帝联合战线，发动全上海工人罢工、商人罢市、学生罢课，抗议帝国主义暴行。6月1日，上海总工会成立，李立三任委员长，这标志着上海工人运动从分散的状态转向集中的有组织的活动。上海总工会在领导工人进行总同盟罢工的同时，也利用有利的革命形势，推动了各行各业工人的组织与联合，使上海各厂工会的组织进入一个蓬勃发展时期。6月7日，上海总工会所属基层工会已由五卅运动前的20个增加到44个；6月10日，增加到67个；到7月28日，猛增到117个，会员人数达22万人。[①] 在中国共产党的领导和推动下，五卅运动的狂飙迅速席卷全国，各阶层广大群众积极参加反帝爱国运动，各地约有1700万人直接参加运动。[②]

五卅运动期间，中华全国总工会领导下的地区性总工会和全国性产业工会纷纷建立，到第三次全国劳动大会召开时，全国总工会领导的工会组织发展到699个，会员人数达124万人。[③]

（二）省港大罢工和广州、香港的工会统一运动

五卅惨案的消息传到南方，在广州和香港爆发了规模宏大的省港大罢工。在中共广东区委的领导和全国总工会的公开指挥下，1925年

省港大罢工

① 中国工运研究所编：《中国工会读本》，北京：中国工人出版社，2009年版，第57页。

② 中共中央党史研究室著：《中国共产党历史》（第一卷），北京：中共党史出版社，2011年版，第131-132页。

③ 中国工运研究所编：《中国工会读本》，北京：中国工人出版社，2009年版，第61页。

6月19日，香港的海员、电车、印务等工会首先宣布罢工，其他工会随即响应，并成立全港工团联合会作为统一领导罢工的指挥机构。到6月底，省港两地参加罢工的人数达25万。

省港大罢工是反抗帝国主义屠杀中国人民的政治大罢工，在政治上、经济上给英帝国主义以空前沉重的打击。组织严密、战斗性很强的十多万罢工工人集中在广州，成为广州革命政府的有力支柱，为统一广东革命根据地和维护社会秩序，为准备北伐战争作出了突出贡献。罢工从1925年6月开始，到1926年10月结束，坚持了16个月之久，在中国工人运动史上是空前的，在世界工人运动史上也属罕见。省港大罢工显示了中国工人阶级的伟大力量和奋斗精神，在中国革命史上写下了光辉的一页。

（三）全国革命形势的变化及其对工运方针的影响

1925年8月至1926年4月，以英日为代表的帝国主义正是在五卅运动和省港大罢工风暴的威慑下，在广东革命政府的日益发展与巩固的形势下，加快相互勾结的步伐，加强对中国封建军阀的扶植，并极力促进直奉与各地军阀的联合，猖狂向南北革命力量进攻，全国形势突变严峻。与此同时，除广东革命政府管辖地区之外，所有封建军阀统治区的反动势力，也趁机加紧对工人运动进行镇压，肆意拘捕、屠杀工会领袖与骨干分子。针对帝国主义与军阀的高压政策，在军阀统治区的工人运动和工会斗争方针策略亟须调整。

1926年2月，中共中央在北京召开特别会议，通过了《关于现时政局与共产党的主要职任议决案》，指出："现在的时局，实在是中国革命的生死存亡的关头。固然应该在北方努力集中一切革命势力来抵御帝国主义的反攻，然而根本的解决，始终在于广州国民政府北伐的胜利。"为此，会议决定"党在现时政治上的主要的职任"，是从各方面准备广东政府的北伐。同时，中国共产党及其工会领袖还清醒地认识到，即使北伐战争打响，国民党的新老右派也绝不甘心革命工会运动的发展和强大，肯定会进行限制和破坏。因此，一方面，必须部署各地工会组织响应，迎接北伐军；另一方面，也必须保持清醒头脑，尽快研讨与制定适应革命形势急剧变化中的工人运动方针。在这种情况下，三次劳大的召开就显得十分迫切。

二、第三次全国劳动大会与有关决议案

1926 年 5 月 1 日至 12 日，第三次全国劳动大会在广州召开。出席大会的代表 502 人，代表全国 699 个工会组织、124 万名会员。5 月 1 日，第三次全国劳动大会和广东省第二次农民代表大会联合在广州大东门国民党中央党部举行开幕式。毛泽东、苏兆征、李立三、刘少奇、邓中夏、彭湃等出席会议，英、俄、法、德、美、日等国的工会代表也参加了大会。中共中央在为大会发出的贺信中，表彰了中国工人阶级与工会组织自二次劳大后创造的光辉业绩，号召工人阶级不仅加强产业工人的组织，而且要把工会这种组织形式普及于一般的工人群众，要与农民结成亲密的联盟。这些原则为大会胜利召开指明了方向，为其制定工人运动新的斗争方针、策略提供了指导思想。刘少奇代表全国总工会第一届执委会作了《一年来职工运动发展》的报告，李立三作了出席赤色职工国际会议情况的报告。

1926 年 5 月，第三次全国劳动大会在广州举行

中國第三次全國勞働大會會刊

中華民國十五年五月十三日（星期四）

（第十一期）

特載

中國第三次全國勞動大會宣言

全國工友們！第三次全國勞動大會於五月一日在廣州集會，參加者全國六百九十九工人團體，（總會及分會）到會代表五百〇二人，共代表全國有組織的工人一百二十四萬一千餘人。在這次大會上最重要的問題是結算「五卅」以來全國工人運動的經驗和工人運動在國民革命中之地位。並規定在經濟上和政治上一切鬥爭的策略。

全國工友們！我們這次大會是經過「五卅」運動後的第一次大會，也是

第三次全国劳动大会会刊

大会通过了《组织问题与其运用之方法决议案》以及《中国职工运动总策略决议案》《经济斗争最近目标与其步骤决议案》《罢工战术决议案》《宣传教育问题决议案》《工会运动中之女工及童工问题决议案》《劳动法大纲决议案》《失业问题决议案》《合作社问题决议案》9个决议案和9项工作报告决议。大会发表了《为促进北伐向国民政府请愿书》，督促广东国民政府北伐，消灭封建军阀，以期早日完成国民革命，统一中国。

大会选举产生了中华全国总工会第二届执行委员会，执委会委员35名，候补委员17名。1926年5月，中华全国总工会第二届执行委员会第一次全体会议选举苏兆征为委员长，刘少奇为秘书长。

三、有关决议案的主要内容

三次劳大通过的《组织问题与其运用之方法决议案》，对如何组织工会和运用工会进行斗争作了具体说明，指出因“中国的政治环境南北不一致”，故各地组织工会的方法应有所不同。在北方及长江流域各地，“可利用各种灰色组织”，力争工会组织得到半公开的活动；在国民政府管辖下的两广地区，工会运动“应依照工会组织的系统，正式组织工会”。在工会组织团结统一的问题上，强调“工会是工人阶级斗争的营垒，他的组织，只有两种形式——产业的与职业的。他的原则是要严密的集中”，“各地总工会或工联会，只应有一个总工会的联合组织。如有数个相同之性质组织者，应开联席会议，归并为一，以期工会的统一”。

《中国职工运动总策略决议案》指出：中国工人阶级当前的主要任务是巩固扩大自己的组织，在工农联盟的基础上，与革命军队、学商各界建立联合战线，巩固工人阶级势力的基础；强调“工人群众的解放运动，必须以此种产业工人为中心，再联络和组织各小工厂工人及广大的手工业工人与商店雇员共同奋斗，工人运动才能一致而更有力”。

四、工人运动方针策略的调整及工会组织形式的完善

三次劳大全面、深刻地分析了当时的革命形势与社会各阶级的状况和动态，总结了五卅运动以来全国工人运动的基本经验，进一步明确了中国工人阶级在革命中的领导地位和发展工人运动的总策略。当时，由于还没有形成在全国劳动大会上对全国总工会章程作修改的惯例，因此，工人运动方针策略的调整以及工会组织方式的完善，均是以通过决议案的形式实现的。

全国工人运动方针策略的及时调整和各地工会组织方式的逐步完善，对于更好地组织工会、壮大工人斗争的力量，指导和促使当时整个中国工人运动的复兴、跃进，起到了重要作用。

第四章

第四次全国劳动大会与《组织问题决议案》

三次劳大之后，中国革命斗争的形势发生了巨大变化。北伐的胜利进军和工农运动的蓬勃发展，革命阵营内部矛盾和斗争的激化，使南方乃至全国的政治、军事形势随之复杂而日趋严峻。在此背景下，蒋介石的反动气焰日益嚣张，第一次国共合作逐步走向破裂。“四一二”反革命政变后，武汉国民政府对工人运动进行限制与打压，使全国工运形势更是雪上加霜。然而，面对大革命危机的日益加剧，中国共产党领导人对形势认识不足，致使党内右倾错误和工人运动中的“左”倾错误也逐渐严重。革命形势紧迫之时，为挽救中国革命，探索中国工人运动下一步的发展方向，中华全国总工会决定召开第四次全国劳动大会（简称“四次劳大”）。迫于当时工人运动的实际情况，大会没有对《中华全国总工会总章》作出修改，而是以通过组织问题决议案的方式对工会组织工作进行指导。

一、历史背景

（一）第一次国共合作的破裂

1926年11月22日至12月16日，共产国际执行委员会举行第七次扩大全会，中心议题是中国的革命问题。斯大林在此次会议上作了著名的《论中国革命前途》的报告。根据会议的指示精神，在1927

年春的一段时间里，中共中央对一些地区的工农运动和反蒋斗争，采取了比较积极的态度。但是，共产国际、联共（布）及其驻华代表对蒋介石等人的叛变革命的危险性缺乏警惕，在处理与蒋介石的关系上，采取了错误的方针，以致对中共中央的决策产生了消极的影响。面对蒋介石日益嚣张的反动气焰，共产国际和联共（布）试图推迟同蒋介石的决裂，指望用妥协策略来暂缓矛盾。①

然而，以蒋介石为代表的新右派和新军阀势力，却在 1927 年后加紧反革命扩张。先是反对迁都革命中心武汉，接着公开亮出反共反革命旗帜，在各地接连制造一系列反革命叛变事件，并杀害共产党人。1927 年 4 月 12 日，蒋介石突然在上海发动反革命政变，对上海工人进行血腥屠杀。到 4 月 15 日，上海工人 300 余人被杀，500 余人被捕，5000 余人失踪。这就是震惊中外的“四一二”反革命政变。而在广州，蒋介石指使广东军阀也在同日查封了全国总工会广州办事处、省港罢工委员会、广州工人代表会及其所属工会、中华海员工业联合总会、全国铁路总工会广州办事处、香港总工会等工会组织，2000 多名共产党员和工会积极分子被逮捕，100 余人被秘密杀害，2000 多名铁路工人被驱逐。北方的奉系军阀张作霖也在 4 月 28 日杀害了中共创始人之一李大钊。中国共产党领导的工会运动损失惨重。

随着大革命危机的日益加剧，武汉的汪精卫集团的反共面目也日益暴露。1927 年 7 月 15 日，汪精卫召开国民党中央常务委员会扩大会议，正式同中国共产党决裂。第一次国共合作最终破裂，大革命遭到惨败。中国工人运动由此转入低潮，进入空前艰难的时期。

（二）党内右倾机会主义错误的发展

大革命时期，中国共产党还是一个幼年的党，来不及也不可能从容地做好各种准备，便匆忙地投入大革命的洪流。对于中国革命的基本问题，党作了有益的探索并初步提出了正确的思想，但还没有能力

① 中共中央党史研究室著：《中国共产党历史》（第一卷），北京：中共党史出版社，2002 年版，第 197 页。

独立地运用马克思列宁主义，妥善解决中国革命的一系列理论问题和实际问题。党还不善于识别和对待以各种面目出现的敌人，不善于识别和正确对待以各种面目出现的同盟者。在大革命后期，作为革命中坚的中国共产党的领导机关犯了以陈独秀为代表的右倾机会主义错误，不懂得掌握政权和武装的重要性，不善于处理同国民党的关系，企图以妥协让步和束缚工农运动等消极措施拉住即将叛变的同盟者。结果，“自愿地放弃对于农民群众、城市小资产阶级和中等资产阶级的领导权，尤其是放弃对于武装力量的领导权”，使党在大革命的危急时刻完全处于被动地位。[①]

在大革命处于生死攸关的紧急时刻，中国共产党于1927年4月27日至5月9日在武汉召开了第五次全国代表大会。党的五大是在“四一二”反革命政变发生仅半个月这样一个非常时刻召开的。大会虽然提出了争取无产阶级对革命的领导权、建立革命民主政权和实行土地革命的一些正确的原则，但对无产阶级如何争取革命领导权，如何领导农民实行土地革命，如何对待武汉国民政府和国民党，特别是如何建立党领导的革命武装等问题，都没有提出有效的具体措施，这样自然难以承担起挽救革命的任务。[②] 会议通过的《职工运动决议案》，在工人运动的方针政策、工会组织问题、经济斗争的要求等方面，都带有“左”的色彩，使工人运动中实际存在的“左”倾错误无法得到有效的纠正。会议还把汪精卫看作小资产阶级的代表，把武汉政府看作工、农、小资产阶级的联盟，导致对汪精卫和武汉政府继续采取右倾的迁就主义政策，依然执行以妥协、退让保住统一战线的政策，并且对他们可能的背叛丧失警觉，没有做好应变准备。因此，中国共产党五大的决议完全不能为挽救革命提供正确的指导，同样也

---

① 中共中央党史研究室著：《中国共产党历史》（第一卷），北京：中共党史出版社，2002年版，第221页。

② 中共中央党史研究室著：《中国共产党历史》（第一卷），北京：中共党史出版社，2002年版，第212页。

不能使工人运动渡过危机。[①]

(三) 工人运动中“左”倾错误蔓延

在革命统一战线内，工人阶级与民族资产阶级虽然在政治上结成联盟，但随着北伐战争的胜利开展，工会运动的高涨和工人群众为改善自身待遇而进行的罢工斗争的深入，工人阶级与资产阶级在经济上的矛盾和利益冲突日益尖锐。

中国工人阶级产生于半殖民地半封建社会，大多数为农民和手工业者，他们没有法律神圣的观念，不习惯在组织内部运用民主，同时也不习惯依法进行斗争。伴随着大革命中工人运动的空前高涨，他们随心所欲，无所顾忌，“不顾及将来与前途的行动”。对于这种在革命初期工人运动的幼稚表现，党、工会和国民政府都没有正确地加以引导。革命发展得如此迅猛，党和工会没有足够的干部对工人进行政治教育，提高工人群众的文化水平，加强工人的组织纪律；工会不善于运用政权机关，而是代替政府的职能和职权；国民政府没能够有系统、有计划地改善工人的生活，而是单凭工人自发地起来斗争，以改善过于恶劣的生活。这些都导致了工人运动中的“左”倾错误出现。

在国民革命中，工人运动的发展应该兼顾到统一战线内民族资产阶级特别是小资产阶级的利益，对于工人运动中的“左”倾错误应着力纠正。1926 年 12 月，刘少奇在武汉连续发表了《工会代表会》《工会基本组织》《工会经济问题》三篇重要文章，开始整顿武汉地区的工会和工人运动。湖北省总工会成立了劳资争议委员会，通令所属工会，“凡要求向资方提经济条件者，必须经劳资争议委员会批准”。以后又经过协商，由湖北省总工会代表、商会代表、国民党省党部代表、政务委员会代表、北伐军卫戍司令部代表，共同组成湖北

① 王永玺主编：《从一次劳大到工会十五大——中国工会历次代表大会巡礼》，北京：中国工人出版社，2013 年版，第 42-43 页。

劳资问题临时委员会，以解决湖北劳资争议问题。[①]

但是，国民党右派、资产阶级政客和大资产阶级，借口“阶级斗争破坏了联合战线”，要求政府“取缔工潮”。在国民政府限制工人运动的条例相继出笼的同时，国民党右派与工贼流氓等，对革命工会进行攻击、分裂和捣乱活动，甚至雇用流氓殴杀工人。对此，以陈独秀为代表的中国共产党的领导机关，一味退让、妥协，阻止工人群众的斗争，命令工人群众退却。出于对国民政府取缔工人运动和国民党右派对革命工会的进攻的极端愤怒，及其对妥协退让政策的极端不满，工人运动中的“左”倾错误，不仅没有得到纠正，反而日益发展。反革命则利用工人运动中的“左”倾错误，或施展阴谋诡计，为镇压革命寻找借口；或竭力加以渲染，破坏共产党和革命工会的声誉，使共产党与工会更加孤立；或推波助澜，使共产党和群众脱离，加剧形势的恶化。刘少奇深刻指出，“大革命的失败，无疑是由于右倾的错误”，但工人中的“左”倾错误，“至少是帮助了反革命，帮助了右派”。[②]

二、第四次全国劳动大会简况

“四一二”反革命政变之后，中华全国总工会认为，在买办大资产阶级退出国民革命的联合战线以后，中国的革命运动转变为小资产阶级及农民和工人阶级的共同运动，从而进入一个新时期。“革命的形势是如此紧迫，我们的责任又是如此重大，而目前需要解决的问题又是如此之多，因此，召开第四次全国劳动大会已不容片刻犹豫”。1927 年 4 月，中华全国总工会发表了《召开第四次全国劳动大会宣言》和《宣传纲要》，决定于 1927 年 5 月 1 日在汉口召开第四次全国劳动大会。

① 王永玺主编：《从一次劳大到工会十五大——中国工会历次代表大会巡礼》，北京：中国工人出版社，2013 年版，第 43-44 页。

② 王永玺主编：《从一次劳大到工会十五大——中国工会历次代表大会巡礼》，北京：中国工人出版社，2013 年版，第 44 页。

因太平洋劳动会议恰好于同日在汉口召开，遂决定将四次劳大改在 5 月 30 日举行，后因会议的筹备事繁及交通梗阻，延期至 6 月 19 日始得正式开幕。会前，于 6 月 18 日先在汉口举行预备会议，成立了以苏兆征为主席，包括邓中夏、李立三、刘少奇、向忠发等 25 人组成的主席团和 5 个专门委员会，讨论了大会的议事日程、会议事项和进行方法等。

1927 年 6 月，第四次全国劳动大会在汉口召开

1927 年 6 月 19 日下午 3 时，四次劳大正式开幕。出席会议的各地代表 400 余人，代表全国 290 余万名有组织的工人。苏兆征宣布大会开幕，全体起立，为各地死难烈士默哀 5 分钟。在开幕词中，苏兆征提出，在蒋介石叛变、帝国主义干涉中国革命的形势下，要保障革命胜利，第一要反对帝国主义的武力干涉，第二要反对蒋介石屠杀民众，第三要与国民政府同生死，第四要帮助农民打倒封建势力。在开幕式上，共产国际代表罗易、中共代表蔡和森、共青团代表徐伟、国民革命军总政治部代表郭沫若先后致词。大会通过了十多个决议案。

6 月 28 日，李立三宣读了四次劳大闭幕宣言，邓中夏宣读了中共中央致大会书，李立三最后致闭幕词。29 日上午，大会选举出中华全国总工会正式执行委员 35 人，候补执行委员 20 人，并举行闭幕典礼。30 日，中华全国总工会新一届执行委员会召开第一次全体会议，选举苏兆征、向忠发、李立三、王荷波、邓中夏、陈寿昌、罗珠、郑覆他、林育南 9 人为常务委员，刘少奇、董锄平、杨人杞、马超凡、黄钊 5 人为候补常务委员。苏兆征再次当选中华全国总工会委员长，李立三为党团书记兼秘书长，袁达时任组织部长，林育南任宣传部长，王根英（女）任女工部长，张金保（女）任福利部长。

三、《组织问题决议案》的主要内容

四次劳大通过的《组织问题决议案》，首先对当前的革命形势进行分析，强调“最近政治形势日趋复杂。很多工厂主和企业主在帝国主义的指使下，向工人阶级的组织进攻”。

第四次全國勞動大會決議案

—一九二七年六月二十八日—

A 會務報告決議案

B 關於工會組織問題之議決案

C 關於童工女工之決議案

D 關於失業問題之決議案

第四次全国劳动大会通过的决议案

根据革命形势，《组织问题决议案》对工会组织工作提出了十项原则。一是明确二次劳大和三次劳大通过的关于组织决议案，依然适用。二是确定“手工业工人和店员的组织工作，是今后工会组织工作中最重要的问题”，并对手工业工人和店员容易发生的问题进行了分析。三是通过多种途径，集中工会组织，使工会在群众中建立巩固的基础。四是对工人的斗争和组织两者之间关系进行阐述。五是确定全国总工会的组织系统。六是对由秘密转为公开的工会组织在工作中应该注意的问题提出明确要求。七是对武装工人的方式进行说明。八是明确工会会费缴纳和使用的标准。九是指导产业工会发展。十是针对时局的工作布置。

四、具有鲜明时代特点的《组织问题决议案》

经过多年的革命斗争，中国共产党对中国工人阶级和工人运动有了更加清晰而深刻的认识。第四次全国劳动大会通过的《组织问题决议案》有三个鲜明特点。一是对中国工人阶级和工人组织进行了客观而准确的分析，在肯定中国工人阶级革命性的同时，也认识到了工人阶级和工人组织存在的弊端与问题。二是为了集中工会的职权，对全国总工会的组织系统进行明确。通过各省市总工会和各全国产业总工会两条线，对工会的组织架构进行细化，避免了工会组织上的混乱。三是认识到武装斗争的重要性，开始通过动员工人参军、组织工人武装纠察队等方式，组织工人武装。

第五章

第五次全国劳动大会与《工会组织问题决议案》

1927 年 7 月，距四次劳大召开后不到一个月时间，武汉国民政府汪精卫集团步蒋介石后尘，正式通过“应制裁一切违反本党主义政策之言论行动”的决议，国共两党彻底决裂，中国革命由高潮渐入低谷，中华全国总工会及所属工会转入秘密活动。1928 年 6 月 18 日至 7 月 11 日在莫斯科召开中共六大后，中华全国总工会贯彻中共六大精神和“争取工人阶级大多数”的正确工运策略，调整全国总工会的领导机构，加强海员、铁路总工会及上海、香港等地工会建设，推动了国民党统治区工人运动的初步恢复和发展，工会运动在艰难困苦的恶劣环境中得到不懈的坚持。在此情况下，中华全国总工会决定召开第五次全国劳动大会（简称“五次劳大”）。

一、历史背景

（一）大革命失败后工人运动的严峻形势

大革命失败后，国内的政治形势和阶级关系发生了重大变化。首先，民族资产阶级追随大地主、大资产阶级反对革命，上层小资产阶级也大部分动摇，开始离开革命，中国共产党及其领导的人民革命力量因遭到突然的沉重打击而被削弱了。其次，国民党各派新军阀和政客在短时期为争夺最高权力互相争斗后，又相互勾结，于 1928 年初在反共的基础上达成共识，改组国民党中央机构和国民政府机构，建立了以蒋介石为首的南京国民政府。随后，张学良宣布“服从国民政府，改易旗帜”。至此，国民党政府实现了全国的统一。但这种表面的、暂时的统一，很快又为新的军阀混战所代替。

国民党新军阀的统治，建立在对共产党及工农群众运动血腥镇压的基础之上。由于共产党是工人阶级的政党，大革命时期共产党又以主要精力领导工人运动，因此，国民党反动派把清共反共的重点，放在镇压革命的工人运动方面，采取极其残酷的手段疯狂屠杀共产党人，到处取缔革命工会，逮捕杀害工人领袖，残酷镇压工人运动。为了维持其反动统治，防止工人群众的反抗和斗争，国民党当局还组织御用工会，颁布种种法令法规控制工人运动，剥夺工人阶级在革命高潮时期争得的一切政治权利，严禁工人罢工、怠工、集会和游行，甚至在工人群众中实行“联保制”。在国民党的镇压和控制下，中外资本家趁机向工人进行反攻倒算，纷纷推翻革命时期签订的有利于工人的劳资协议，开除大批参加过革命活动的工人，从各方面加重对工人的压迫和剥削。在工资工时、劳动条件和封建性的劳动管理方面，都恢复到大革命前的状况甚至更糟。工资降低、工时延长、失业增加、待遇恶化，工人阶级挣扎在饥寒交迫之中，生活日益恶化。①

面对国民党的背叛和屠杀，为审查和纠正党在大革命后期的严重错误，决定新的路线和政策，中共中央于 1927 年 8 月 7 日在湖北汉口召开紧急会议（即八七会议）。会议总结了大革命失败的教训，确立了土地革命和武装斗争的方针。② 为了使革命走向复兴，党领导人民进行了艰苦卓绝的斗争。南昌起义打响了武装反抗国民党反动派的第一枪，中国共产党开始在全国领导工农武装暴动，但多数以失败告

---

① 王永玺主编：《从一次劳大到工会十五大——中国工会历次代表大会巡礼》，北京：中国工人出版社，2013 年版，第 54 页。

② 中共中央党史研究室著：《中国共产党历史》（第一卷），北京：中共党史出版社，2002 年版，第 237 页。

终。实践证明，大革命失败之后，通过城市武装暴动或攻占中心城市来夺取革命胜利的道路，在中国是行不通的。毛泽东领导的湘赣边界秋收起义，在开始时虽然也以攻占大城市为目标，但在遭到挫折后，毛泽东适时地率领部队走上一条在农村建立革命根据地，以保存和发展革命力量的正确道路。这条道路，代表了1927年大革命失败后中国革命的发展方向。

（二）中国共产党关于白区工人运动方针政策的艰难探索

大革命失败后，工人运动所面临的形势是：中国革命处于低潮时期；在国民党反动派和中外资本家的联合进攻下，工人运动的处境极其艰难；毛泽东在井冈山点燃"工农武装割据"的星星之火已呈燎原之势，中国革命的道路开始从以城市为中心转向农村包围城市、武装夺取政权。在这样的历史条件下，在中心城市敌强我弱的形势面前，工人运动的任务应当以防御为主，争取工人阶级的大多数，积蓄工人阶级的雄厚力量，从而准备将来决定胜负的斗争。为此，中国共产党应特别注意领导工人群众从事经济的政治的日常斗争；善于利用包括国民党颁布的《工厂法》《工会法》及国民党政府的"调解"与"仲裁"，并利用一切"合法"的形式，如黄色工会及各种同乡会、互助会等公开的和灰色的组织形式，广泛联系群众和组织工人群众。

八七会议后，中国共产党重建了领导机构，确立了斗争方针，决定以武装起义反抗国民党的镇压与屠杀。然而，这时的中共中央并没有认识到革命形势已经转入低谷，而是错误地估计形势，不顾主客观条件，盲目地要求一些地区举行武装起义。因此，党内的"左"倾情绪逐步滋长起来。[①] 八七会议通过的《最近职工运动决议案》，拒绝承认革命处于低潮，拒绝在敌人统治势力强大而残酷的中心城市，采取暂时退却和防御的方针以保护和积蓄工人阶级的革命力量；在中国

① 中共中央党史研究室著：《中国共产党历史》（第一卷），北京：中共党史出版社，2002年版，第249页。

革命的道路问题上，坚持城市中心论，要求工会工作以夺取政权为中心，不断地暴动、暴动、再暴动，推翻反革命政权；在工人阶级的群众组织的形式上，拒绝利用公开合理的条件和敌人内部的矛盾，把白色恐怖下只有少数革命激进分子和先进工人才愿意参加的非法的秘密的赤色工会，作为组织白区工人群众的主要形式，反对参加和利用国民党工会，甚至提出职工运动的主要任务，“就是真工会与假工会之战”。1927 年 11 月召开的中央临时政治局扩大会议上，确定了以城市为中心的全国武装暴动总策略，要求“立即开始全国工人的经济罢工和反军阀战争的争斗”，结果使大革命失败后保留下来的党和工会的力量，又一次遭受严重损失。到中共六大时，全国可以统计的赤色工会已由 734 个减少到 81 个，并且都是秘密组织，参加的群众也很少。“左”倾盲动错误带来的惨痛教训，使中共中央开始冷静下来重新考虑问题。

1928 年 6 月 18 日至 7 月 11 日，中国共产党第六次全国代表大会在莫斯科召开。大会认真总结大革命失败以来的经验教训，对有关中国革命的一系列存在严重争论的根本问题，作出了基本正确的回答。

党的六大会址——莫斯科近郊

它集中解决了当时困扰党的两大问题：首先是在中国社会性质和革命性质问题上，针对党内普遍存在的认为民族资产阶级既然已经反革命，中国革命的性质便不再是资产阶级民主革命的错误认识，指出中国仍然是半殖民地半封建社会，引起中国革命的基本矛盾一个也没有解决，民主革命的任务没有完成。大会明确了决定革命性质的不是革命动力，只能是革命任务。因此，现阶段的中国革命依然是资产阶级性质的民主主义革命。其次是在革命形势和党的任务问题上，明确了革命正处于低潮，党的总路线是争取群众。党的中心工作不是千方百计地组织暴动，而是做艰苦的群众工作，积蓄力量。这两个重要问题的解决，基本上统一了全党的思想，对克服党内仍然存在的浓厚的"左"倾情绪，摆脱被动局面，实现工作的转变，推动中国革命的复兴和发展，起到了积极的指导作用。

（三）国民党统治区党的地下斗争的开展

为贯彻中共六大精神，中华全国总工会于1929年2月在上海秘密召开第二次执委扩大会议，贯彻和发展了党的六大有关"争取工人阶级的大多数"等工运策略的正确方面。会后，中华全国总工会委员长苏兆征不幸病逝，中华全国总工会在对领导机构进行调整的同时，也对各地工会进行了整顿，将一些没有实际工作、很难发挥作用的机关，如中华全国总工会南方办事处、天津办事处等撤销，加强了海员总工会、铁路总工会及上海和香港等地工会的组织建设，并加强了《中国工人》《劳动周刊》《工人宝鉴》及《上海工人》等报刊的出版和发行工作，推动了国民党统治区工人运动的初步恢复和发展。[①]

党的六大后的两年间，国民党统治区的工人斗争虽然取得一些成效，但在实际工作中仍然存在"左"的倾向，一定程度上妨碍了工人运动的恢复和发展。从总体上看，工人运动的规模不是很大，斗争取

① 王永玺主编：《从一次劳大到工会十五大——中国工会历次代表大会巡礼》，北京：中国工人出版社，2013年版，第56-57页。

得完全胜利的不是很多，工人斗争还带着明显的防御性质。共产党领导的有组织的革命力量仍然很弱小，远没有实现党的六大争取工人阶级大多数的目标。这一现实使得第五次全国劳动大会制定的方针与策略，不可避免地受到“左”倾错误思想的干扰，并成为贯彻“左”倾错误的一个重要标志。

二、第五次全国劳动大会简况

1929 年 11 月 7 日至 11 日，第五次全国劳动大会在上海秘密召开。出席大会的代表共有 29 人，来自全国 8 个省市地方工会、5 个产业工会和闽西苏区，代表上海、天津、香港等地区及苏区和海员、铁路等产业的 39800 多名赤色工会会员。中共中央在致大会的祝词中指

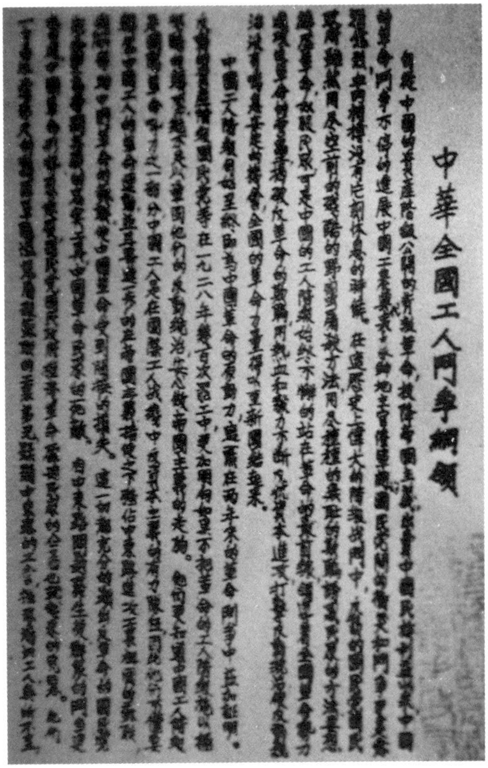
中華全國工人鬥爭綱領

第五次全国劳动大会通过的《中华全国工人斗争纲领》

出，为“全国革命运动正在复兴时期”的工人运动，提出了反对黄色工会；建立工厂委员会的组织；争取集会、结社、言论、出版、罢工的自由；打倒帝国主义；帮助农民进行土地革命；反对中国国民党和帝国主义进攻苏联；实行工会民主化，强固工会组织等7大任务。由于祝词改变了中共六大确立的在革命处于低潮形势下，党的主要任务是争取群众的正确决定，否定、放弃了有利于争取群众的一些正确策略和在实践中摸索出来的一些正确做法，肯定和强调了完全不符合中国工人运动实际的“左”的策略，对五次劳大起了消极作用。[①]

大会开了五天，听取了项英代表中华全国总工会作的报告。通过了《工会组织问题决议案》《全国工人斗争纲领》《工厂委员会决议案》《对黄色工会问题决议案》《反对国民政府工会法决议案》《工农联合决议案》《农村工人工作大纲决议案》等12个决议，发表了13项宣言、通电和告工人书。会议选举了项英、邓中夏、罗登贤、林育南、史文彬等27名执行委员和18名候补委员组成的中华全国总工会第五届执行委员会。大会闭幕后，五届一次执行委员会选举项英为委员长，罗登贤为党团书记（1930年7月项英调中共中央政治局工作后，任代理委员长），林育南任秘书长。

三、《工会组织问题决议案》的主要内容

五次劳大通过的《工会组织问题决议案》，首先阐述了“全国工人争斗浪潮的发展中，最明显的表现工人阶级在斗争中最大的弱点就是缺乏强固的组织力量，成为许多争斗中失败原因之一。组织问题成为目前工会运动中最迫切而至关重要的基本问题”。强调了完善中国工会组织对全国工人运动的重要意义。

《工会组织问题决议案》中通过对赤色工会与黄色工会的比较，认识到必须进一步加强赤色工会建设。一是强调“必须要争取广大工

---

① 王永玺主编：《从一次劳大到工会十五大——中国工会历次代表大会巡礼》，北京：中国工人出版社，2013年版，第58-59页。

人群众在其组织之内，必须普遍的在产业区域的工人中建立强固的赤色工会组织。为了实现这种任务，赤色工会在黄色工会与非黄色工会群众中，要有独立的发展。这是最基本的前提”。二是提出“赤色工会的发展，首先要在产业工人如铁路、海员、矿山、兵工厂、市政、纺织等，建立下层强固工会组织。这种组织的建立，才能树立赤色工会坚强基础”。三是明确“赤色工会的建立，必须以生产单位做基础、由下而上的建立起来，没有坚固的工会基本组织，就不能树立强有力的赤色工会”。《工会组织问题决议案》还对赤色工会的建立进行了详细的分析，确定赤色工会组织的原则是民主集中制，并对赤色工会的组建、日常活动、人员构成以及革命斗争工作提出具体要求。

四、大规模组建赤色工会的宣言书

五次劳大通过的《工会组织问题决议案》是大规模组建赤色工会的宣言书，标志着中国工人运动进入了另一个阶段。《工会组织问题决议案》最显著的特色，便是强调赤色工会组织是工人阶级自己的斗争工会，是最能拥护工人利益、反对一切敌人的最有力武器。因此必须普遍建立赤色工会，并强调赤色工会要独立领导斗争，反对一切合法和平的倾向，反对隐藏于黄色工会组织之下去开展工作。《工会组织问题决议案》正式取消了中共六大及其以后在工人运动方面的正确的规定和做法，重新采取了冒险主义和关门主义的进攻方针。这种脱离革命实际的决策，使五次劳大因此成为贯彻党内第二次“左”倾错误路线的标志。

第六章

陕甘宁边区工会与《陕甘宁边区总工会章程》

第五次全国劳动大会后，中国共产党领导下的工会，先后经历了土地革命战争、抗日战争，工人运动也随着革命形势的变化而不断发展变化。在烽火连天的革命战争中，中国共产党领导下的工会一直使用第二次全国劳动大会通过的《中华全国总工会总章》。1937 年，中国工农红军经过长征胜利进入陕北后，陕甘宁边区职工在中共中央和中华全国总工会西北执行局的领导下，召开了陕甘宁边区工人第一次代表大会，成立了陕甘宁边区总工会，并通过了《陕甘宁边区总工会章程》，用以指导、规范边区工会工作。

一、历史背景

（一）党内的“左”倾错误给工运事业造成了严重灾难

第五次全国劳动大会后，在共产国际对中国革命形势的错误分析及关于任务和策略的错误主张的直接影响下，中共中央认为实行武装暴动直接推翻反动统治的形势即将到来。[①] 此后，在李立三等人主持制定的“左”倾冒险错误计划指导下，工人运动遭受严重挫折。虽然 1930 年 9 月 24 日至 28 日在上海召开的中共六届三中全会正式取消了李立三等人的冒险错误计划，但并没有从思想上、理论上对李立三的

① 李玉赋主编：《新编中国工人运动史》（修订版，下），北京：中国工人出版社，2020 年版，第 145 页。

"左"倾冒险错误加以彻底清算，关于中国革命的形势、任务和策略问题上的"左"倾错误仍然存在。而且在1931年1月中共扩大的六届四中全会王明担任党的领导人后，继续和发展了李立三的"左"倾工运政策，推行一条更"左"的冒险主义和关门主义路线。在这种错误方针指导下，中华全国总工会在"斗争高于一切，一切为了斗争"的口号下，经常无条件地号召和组织政治罢工、游行示威以至武装暴动等冒险行动。王明"左"倾错误路线执行的结果，断送了九一八事变后出现的有利的革命形势，使共产党和赤色工会几乎损失殆尽。据1931年10月统计，在工人最集中的上海，赤色工会会员还不到300人，"赤色工会的会员比党员还少"。[①] 对于冒险主义和关门主义的方针，党内的一些同志进行过抵制。在工人运动中，中央主管工运工作的刘少奇提出过反对冒险主义的主张，他于1931年至1932年间，在不同的会议上同实行"左"倾错误方针的中央领导人发生争论，并在此期间写下十几篇文章，比较系统地提出了工人运动的策略思想。但1932年3月召开的临时中央政治局会议，撤销了刘少奇所担任的中央职工部部长职务。后来，临时中央政治局常委会还决定，取消中央职工部，其工作任务交由中华全国总工会党团担负。[②] 到1933年1月，中共临时中央和中华全国总工会领导机关已在白区无法立足，不得不从上海迁往苏区。中华全国总工会迁到苏区后，与中华全国总工会苏区执行局合并，改称中华全国总工会苏区中央执行局，中华全国总工会从此实际上停止了活动。[③]

（二）苏区工会在"左"倾压力下取得的成绩

中共临时中央迁到中央苏区后，即在根据地全面贯彻"左"倾教

---

① 王永玺主编：《从一次劳大到工会十五大——中国工会历次代表大会巡礼》，北京：中国工人出版社，2013年版，第64页。

② 中共中央党史研究室著：《中国共产党历史》（第一卷），北京：中共党史出版社，2011年版，第346-347页。

③ 王永玺主编：《从一次劳大到工会十五大——中国工会历次代表大会巡礼》，北京：中国工人出版社，2013年版，第64页。

条主义的方针，并为此打击了一大批坚持正确意见、有实践经验的领导干部。[1] 在这样的压力下，苏区工会仍然在各方面积极开展活动，在增加会员人数、成立行业工会、改善工人工作和生活状况等方面都取得了一些成绩，对于提高工人参加苏区建设和参加红军的热忱起到了积极作用。

中華全國總工會蘇區中央執行局機關報
蘇區工人
第二期
目錄

全总苏区中央执行局机关报《苏区工人》

1929 年公布的《苏维埃区域工会组织大纲》

全总苏区中央执行局旧址

① 中共中央党史研究室著：《中国共产党历史》（第一卷），北京：中共党史出版社，2011 年版，第 375 页。

在会员人数方面，确定工会会员成分标准，组织90%以上的工人、雇农、苦力加入工会，几个主要苏区有近25万名会员。其中，中央苏区最多，共有14.5万名会员，湘鄂赣苏区有4万名会员，湘赣苏区有2.5万名会员，闽浙赣苏区有1.8万名会员，闽北苏区有7700名会员，闽赣苏区有7000名会员。

在行业工会方面，成立了四个工会，即农业工人工会、店员手工业工人工会、苦力运输工人工会、纸业工人工会，组织中央苏区的33个工厂、消费合作社、粮食调剂局、贸易局、邮政局和银行中的工人和雇员加入工会。[①]

在改善工人工作和生活状况方面，除特殊情况外，不论是在国有企业、合作社企业和私人企业，都基本实行了八小时工作制。工人的工资也得到了大幅提高，中央苏区“一般的工资，比革命前是增加了最少的百分之二十的，有的是增加的几倍至十几倍”，乡村中工人的工资也得到了增加。

（三）长征胜利后在陕甘宁边区继续开展工会工作

随着第五次反围剿的失败，1934年10月，中共中央和中央红军实施战略转移，从中央苏区撤出，被迫开始了著名的万里长征。1935年1月15日至17日，中共中央政治局在遵义召开扩大会议（即遵义会议），结束了“左”倾教条主义错误在中央的统治，确立了毛泽东在中共中央和红军中的领导地位。1935年10月，中央红军长征到达陕北。

中央红军到达陕北后不久，全国总工会决定撤销苏区中央执行局，由刘少奇主持召开全国总工会会议，决定成立全国总工会西北执行局（简称“全总西北执行局”）。1935年11月初，在陕甘晋省总工会筹委会召开的各县工会工作联系会议上宣布全总西北执行局成立，办公驻地设在瓦窑堡，刘少奇任委员长（1936年6月刘少奇调走后，邓振询、刘长胜先后继任）。

---

① 中央苏区工运史征编协作小组编著：《中央革命根据地工人运动史》，北京：改革出版社，1989年版，第329页。

全总西北执行局成立后，即开始整顿陕甘苏区的工会组织，开展对陕甘苏区和接近白区的工会工作。1935年底，全总西北执行局决定把陕甘晋省总工会筹委会改为陕北省总工会筹委会，同时决定于1936年2月20日召开陕北省第一次工会代表大会，正式成立陕北省总工会，并建议陕北省总工会抓紧筹备黄河水手工会。会上，全总西北执行局干部和与会的各县工会干部共同讨论和修改“工会章程”，起草“工会选举法”。从此，全总西北执行局与陕北省总工会筹委会合署办公。1936年5月，红军西征，退出瓦窑堡，全总西北执行局和陕北省总工会迁到安塞县谭家营，1937年1月又随中共中央机关迁至延安。①

1937年初，西安事变和平解决。为坚持国内和平，与国民党团结抗日，原陕甘宁革命根据地的苏维埃政府正式改称陕甘宁边区政府，服从国民政府统一领导。随之，全总西北执行局改称陕甘宁特区工会，下辖陕北、陕甘宁、陕甘晋3个省级工会。同年6月19日，中华全国总工会西北执行局召开干部（包括陕北省总工会干部）联席会议，决定召开陕甘宁边区工人第一次代表大会，成立陕甘宁边区总工会，并提出采取最彻底最民主的选举方法，逐级选举代表。会后，成立了陕甘宁边区总工会临时委员会，全总西北执行局主任刘长胜兼任临时委员会主任。1937年8月，中共陕甘宁边区党委派毛齐华接替已调往上海工作的刘长胜任边区总工会临时委员会主任，并由管瑞才任副主任，加紧进行陕甘宁边区总工会的筹备工作。1937年11月26日，临委会会议决定：1938年3月18日（后推迟到4月17日）在延安召开陕甘宁边区工人第一次代表大会；同时成立了陕甘宁边区总工会筹备委员会，毛齐华任主任。② 由此开始，全总西北执行局的工作

---

① 陕西省地方志编纂委员会编：《陕西省志第六十二卷（一）工会志》，西安：陕西人民出版社，2003年版，第59页。

② 陕西省地方志编纂委员会编：《陕西省志第六十二卷（一）工会志》，西安：陕西人民出版社，2003年版，第73页。

逐渐由陕甘宁边区总工会筹委会代替。[1]

（四）抗战时期的工会工作十六字方针

抗日战争时期，中国共产党与国民党实行了第二次合作，建立了抗日民族统一战线。中国共产党领导的工人阶级与工会运动服从服务抗战大局，与各党派各抗日团体的工人结成统一战线，极大地增强了抗日救亡的力量。[2] 随着形势发展，中国共产党领导下的工会的工作方针也在发展变化。抗战初期，党的工运方针的主要特点是：其一，白区的工人运动，应以防御为主，“争取群众，争取工人阶级的大多数，积蓄工人阶级的雄厚力量，以准备将来决定胜负的斗争”。其二，利用一切合法形式和手段进行斗争。其三，注意斗争策略，改变工人的组织形式等。后来随着形势的变化，党又为工运制定了新的方针，其内容是：“与各抗日党派抗日团体的工人实行统一战线，在统一运动中把工人组织起来，积极参加战争的各方面工作，在抗战中去解决工人失业、饥饿问题与改善工人阶级政治、经济、文化地位，以增强抗战建国力量。”同时，党又根据国统区、沦陷区、解放区三种不同的情况提出了不同的具体工运方针，特别是工运生存和发展的十六字方针，即“荫蔽精干、长期埋伏、积蓄力量、以待时机”。当抗战胜利后，工人运动的方针也随之转变，即“为彻底粉碎蒋介石的进攻，建立独立、和平、民主的新中国”而奋斗。[3]

二、陕甘宁边区工人第一次代表大会简况

陕甘宁边区总工会临委会会议后，陕甘宁边区总工会筹委会成

---

① 陕西省地方志编纂委员会编：《陕西省志第六十二卷（一）工会志》，西安：陕西人民出版社，2003 年版，第 61 页。

② 王永玺著：《中国工人运动史研究》，北京：中国工人出版社，2013 年版，第 239 页。

③ 王永玺著：《中国工人运动史研究》，北京：中国工人出版社，2013 年版，第 173-174 页。

立并开展了紧张的筹备工作。首先，加强会员发展和基层组织建设工作，把全边区的工人群众组织起来；其次，在边区各城乡召开工人代表会（或大会），由上而下地民主改选各级工会组织，选举出席边区代表大会的代表，同时对工人普遍进行政治、军事和文化技术教育。

1938年4月17日至23日，陕甘宁边区工人第一次代表大会在延安召开。出席大会的代表226人，来宾300余人。香港海员工会、码头工会，武汉、广州、开封及同蒲铁路工人自卫队，郑州豫丰纱厂工人生活维持会，平汉铁路工人破坏大队等工人团体均派出代表参加大会。

会上，毛泽东就抗日民族统一战线问题发表讲话。刘少奇作《关于抗战形势与任务》的报告，筹委会主任毛齐华作题为《边区抗战以来职工运动的总结和今后的方针》的报告。大会通过了《陕甘宁边区总工会章程》，同时通过的还有《陕甘宁边区店员、手艺工人工会章程》《陕甘宁边区农业工人工会章程》和《陕甘宁边区总工会抗战期间工作纲领》以及《大会宣言》等。大会民主选举毛齐华、管瑞才等37名执行委员和9名候补执委，组成陕甘宁边区总工会第一届执行委员会，并宣布陕甘宁边区总工会成立。

延安邓家沟陕甘宁边区总工会旧址

1938年4月24日，执委会举行第一次全体会议。推选毛齐华、管瑞才、卢正义、刘呈云、刘子载、高长久、李子厚、白文生、张如洲9人为常务委员，毛齐华、管瑞才分别为正、副主任，刘呈云为组织部长，卢正义为文教部长，李子厚为劳动保护部长，高长久为抗战动员部长，刘子载为秘书长，白文生为巡视团团长。边区总工会成立后，针对工会组织中存在的问题，在组织上进行了必要的整顿，加强了统一领导。[①]

随着陕甘宁边区总工会的成立，全总西北执行局便不再起作用，陕甘宁边区总工会则担当起了推动各敌后抗日根据地工人运动发展和行使抗日根据地工人代表权利的责任。

1939年12月，陕甘宁边区总工会成为中国劳动协会的团体会员。

三、《陕甘宁边区总工会章程》的主要内容

《陕甘宁边区总工会章程》共五章14条，对会名、宗旨、会员资格、权力机关、各职能部门、经费等事项作了规定。

（一）关于“总则”

1938年的中国正在遭受日本帝国主义的侵略，抗日民族统一战线已经建立。充分发挥工人阶级的作用来争取抗战胜利，成为边区工会工作的核心任务，所以陕甘宁边区总工会的宗旨定为：“团结全边区工人、职员、雇农，拥护工人的利益，争取民族和工人的解放。”

为了巩固和扩大抗日民族统一战线，《陕甘宁边区总工会章程》规定陕甘宁边区总工会“加入全国性的工人团体与全国工人联合”。在大会通过的宣言中，对这一项的表述是：“大会决定边区总工会须尽力赞助全国职工运动的统一与普及，并应正式加入中国工人抗

① 陕西省地方志编纂委员会编：《陕西省志第六十二卷（一）工会志》，西安：陕西人民出版社，2003年版，第73-74页。

敌总会接受其领导，同时大会号召全国各地工会、工人救亡团体踊跃参加中国抗敌总会……以集中工人抗敌力量，为保卫祖国而奋斗！”[①]

（二）关于会员

为了团结广大工人，《陕甘宁边区总工会章程》规定边区产业工人、店员手工业工人、农村工人、苦工运输工人等工会团体，边区职员工会联合会、各县及地方性工会以及边区附近和其他工人团体，“不分派别信仰，均得加入本会为会员”。经过不懈努力，截至1938年4月，在边区的工人，已有百分之九十以上都加入了工会。加入工会的工人成分，“农业工人占百分之六十五，手艺工人占百分之二十八，产业工人只占百分之七”。[②]

针对“不分派别信仰，均得加入本会为会员”存在的一些争论，毛齐华在这次代表大会上作报告时说，“工会是工人自己的组织，是用来团结和教育工人，为工人谋幸福求解放的，它是在实际斗争中生长起来的”，“工会是和党不同的，工会只要他是出卖自己的劳动而生活的人，不管他是加入任何党派的都可以入”，“工会是革命的学校，所以虽然有各种信仰不同的工人，但他们基本的利益是相同的，他们加入了工会组织之后，经过职工教育来锻炼他们”。[③]

（三）关于本会代表大会和执行委员会

与二次劳大通过的《中华全国总工会总章》相比较，在召开代表大会方面，《陕甘宁边区总工会章程》有多处不同的地方。《中华全国总工会总章》规定全国代表大会每年举行一次，而《陕甘宁边区总

① 陕西省总工会工运史研究室编：《陕甘宁边区工人运动史料选编（上册）》，北京：工人出版社，1988年版，第204页。

② 陕西省总工会工运史研究室编：《陕甘宁边区工人运动史料选编（上册）》，北京：工人出版社，1988年版，第153页。

③ 陕西省总工会工运史研究室编：《陕甘宁边区工人运动史料选编（上册）》，北京：工人出版社，1988年版，第199-200页。

工会章程》规定边区工会代表大会每两年举行一次；《中华全国总工会总章》规定可以由执行委员会召集临时代表大会，《陕甘宁边区总工会章程》进一步明确了召集临时代表大会的条件，即“经执行委员之通过或会员团体三分之一以上的请求”。

《陕甘宁边区总工会章程》规定常务委员会共设七个职能部门，其中，抗战动员部为抗日战争时期所特有，设立的目的是广泛发动工人参加自卫军，组织游击队，动员全边区工人积极参加政府及抗日军队的一切抗日工作，开展抗日斗争，以便取得全国抗战的最后胜利。

《陕甘宁边区总工会章程》规定“实行民主集中制，一切决议以多数同意为通过”，这是“民主集中制”第一次出现在工会章程中，从此明确了中国共产党领导下的工会组织原则。

（四）关于经费

《陕甘宁边区总工会章程》规定，经费包括三部分，即会费、政府津贴、募捐款。在 1938 年 4 月《陕甘宁边区总工会给全国工人抗敌总会的工作报告》中，对经费收支有具体说明：（1）工会会员缴纳的会费，农村工人在业的，按月交五个铜子；有工资的工人，每月交工资的百分之一。（2）资方的津贴，厂方除付工人工资外，还需付工资以外的百分之一交给工会作为办公费；百分之二交给工会作为工人文化教育费。[①]

四、符合抗日民族统一战线的工会章程

党中央和中国工农红军进入陕北后，陕甘宁边区成为中共中央所在地和人民抗战的政治指导中心以及八路军、新四军和其他抗日武装

---

① 陕西省总工会工运史研究室编：《陕甘宁边区工人运动史料选编（上册）》，北京：工人出版社，1988 年版，第 154 页。

的战略总后方，[1] 陕甘宁边区工会随之成为大革命的遗产和传统的保留者。[2] 陕甘宁边区总工会成立后，逐渐代替了全总西北执行局开始开展陕甘苏区和接近白区地区的工作；将原陕北省总工会、陕甘宁省总工会改为分区工会，各级地方工会和各产业工会组织均受边区总工会的领导，实现了工会组织上的统一。

总的来说，这是一部符合抗日民族统一战线、争取民族独立要求的章程。从组织方式、工作方针、工作性质、工作范围、工作对象上看，不仅体现了抗战时期中国共产党领导下的工会工作方针，也体现了边区工会的性质和特点，对于团结边区职工促进生产、支援抗日战场、保护抗日统一战线等都起到了极其重要的作用。尤其是章程确定的“不分派别信仰，均得加入本会为会员”的原则，使边区工会会员迅速增长，保证了边区工会组织活动在战争环境下的正常运行，也为抗战提供了大量新生力量。同时，《陕甘宁边区总工会章程》也为制定其他工会章程，如《陕甘宁边区店员、手艺工人工会章程》《陕甘宁边区农业工人工会章程》等，提供了重要依据。

---

① 中共中央党史研究室著：《中国共产党历史》（第一卷），北京：中共党史出版社，2011 年版，第 504 页。

② 陕西省总工会工运史研究室编：《陕甘宁边区工人运动史料选编（上册）》，北京：工人出版社，1988 年版，第 168 页。

第七章

第六次全国劳动大会与《中华全国总工会章程》

1948 年 8 月 1 日至 22 日在哈尔滨召开的第六次全国劳动大会(简称“六次劳大”),是解放战争即将取得全国胜利的历史转折之际召开的一次重要会议。大会恢复重建了中华全国总工会,重新实现了中国工会组织的团结统一;对《中华全国总工会总章》进行全面修订,通过了《中华全国总工会章程》。

一、历史背景

(一)抗战胜利后的工会运动方针任务

抗战胜利后,中国共产党代表工人阶级和全国人民的根本利益,致力建立独立、自由、民主、统一、富强的新国家。但是,代表大地主、大资产阶级的国民党统治集团坚持独裁统治,企图抢夺抗战胜利果实,剥夺人民取得的自由民主权利。抗战一结束,中国就进入两个前途、两种命运的决战时期。

中国共产党正确分析了抗战胜利后国内外局势,对国民党利用和平谈判进行内战准备的阴谋有清醒的认识,提出了领导人民争取和平民主、保卫抗战胜利果实,准备用自卫战争粉碎国民党军事进攻的方针。解放区和国民党统治区的工人运动和工会工作正是在这一方针指导下进行的。

1945年，中国解放区职工联合会筹备会在《中国解放区职工联合会纲领（草案）》中，规定了解放区工人斗争和工会工作的具体方针和任务：一是扩大与巩固解放区工会组织，动员解放区职工参加恢复和发展工业建设，贯彻公私兼顾、劳资兼顾与调节劳资关系的政策；二是开展职工政治、技术、文化教育，保护职工的利益；三是援助各地工人斗争，促进全国工人运动的团结和统一，争取国内和平民主，积极动员和组织工人群众保卫和建设解放区，增强自卫战争的力量。

在国民党统治区，国民党为了加紧准备内战，不断强化对工会的控制，摧残破坏工会运动的进步力量。同时，由于通货膨胀、物价上涨，大批工人失业，在业工人也处境艰难。根据这种情况，中国共产党制定的在国民党统治区领导工会运动的基本方针是：充分利用公开合法条件，采取灵活多样的斗争形式，发展工会进步力量，团结工人群众，广泛开展争取生存权利、改善生活待遇的经济斗争和争取和平民主，反对国民党卖国、内战、独裁的政治斗争。[1]

（二）中国工会走向团结统一

1947年，随着解放战争的胜利进行和国民党统治区第二条战线的迅速发展，蒋介石政府已陷入军事、政治、经济的全面危机，解放战争在全国的胜利已指日可待。随着人民解放军战略进攻的不断胜利和新解放地区的增加，解放区的工人阶级队伍不断壮大，工会组织也进入了蓬勃发展的新时期。在这种新形势下，中国解放区职工联合会筹备委员会决定召开一次全国各解放区工会代表大会，准备建立解放区统一的工会联合会。

1948年2月28日，中国劳动协会领导人朱学范到达哈尔滨，明确表示完全同意并竭诚拥护中国共产党“粉碎蒋政权，驱逐美帝国主义，实行土地革命，组织真正的人民民主联合政府，完成独立民主和

① 王永玺、赵巧萍主编：《新编中国工会史》，北京：中国工人出版社，2013年版，第55-56页。

平的革命事业”的英明主张，表示要同中国共产党“并肩作战”。中共中央十分重视朱学范的这个行动，对他到达哈尔滨并决心与中国共产党合作“表示热烈欢迎”。朱学范的行动，推动了党召开全国劳动大会的决心，标志着中国工人运动的统一战线取得了历史性的重大胜利。中共中央在 1948 年 4 月 30 日发出的纪念五一国际劳动节口号中提出，解放区和蒋管区职工联合起来，为建立全国工人的统一组织，为全国工人阶级的解放而斗争。

国民党反动派对中国劳动协会和解放区工会的联合行动极为恐慌。为了破坏中国工人运动的统一，骗取国际工会组织的支持，操纵推选工会的“国大”代表，于 1948 年 4 月 18 日至 22 日，在南京召开中华民国全国总工会成立大会，通过了《中华民国总工会章程》。国民党组织成立中华民国总工会的闹剧，从客观上起了加速召开六次劳大、恢复中华全国总工会的作用。[①]

二、第六次全国劳动大会简况

从 1929 年五次劳大到 1948 年六次劳大，中间整整隔了 19 年。1948 年 3 月 5 日，中共中央工作委员会给各地发出指示，将于 6 月 10 日在哈尔滨召开全国解放区工会代表大会，准备成立解放区统一的工会联合会。中国劳动协会领导人朱学范到达哈尔滨后，建议由中国解放区职工联合会筹备会、中国劳动协会和各地工会共同发起召开第六次全国劳动大会，以实现十多年来全国工人的共同夙愿。中共中央经过慎重考虑，最后明确大会采用“第六次全国劳动大会”的名称，恢复中华全国总工会。[②]

1948 年 8 月 1 日至 22 日第六次全国劳动大会（简称“六次劳

① 王永玺主编：《从一次劳大到工会十五大——中国工会历次代表大会巡礼》，北京：中国工人出版社，2013 年版，第 66-67 页。

② 王永玺主编：《从一次劳大到工会十五大——中国工会历次代表大会巡礼》，北京：中国工人出版社，2013 年版，第 67-68 页。

大”）在哈尔滨隆重举行。出席代表共518人，代表全国有组织的工人283万余名。六次劳大是在中国新民主主义革命胜利前夕召开的一次承前启后、继往开来的重要会议。会议在名称上继承了中国新民主主义革命时期工人运动的光荣传统，正式恢复重建大革命时期的中华全国总工会。中共中央向六次劳大发表祝词。大会期间，陈云作了《当前中国职工运动的总任务》的报告，报告阐明了包括解放区、国统区在内的全国工人阶级及其群众当前的总任务，就是要彻底推翻帝国主义及其走狗在中国的统治，建立新民主主义人民共和国。朱学范报告了国民党统治区的职工运动，并在六次劳大闭幕式上宣布，中国劳动协会以团体会员资格加入中华

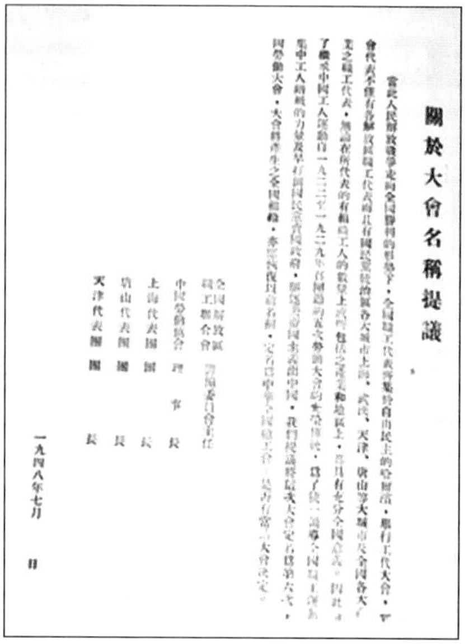
關於大會名稱提議

全國解放區職工聯合會 籌備委員會主任
中國勞動協會 理事長
上海代表團 團長
唐山代表團 團長
天津代表團 團長

一九四八年七月 日

《关于大会名称提议》

1948年8月，第六次全国劳动大会在哈尔滨召开

全国总工会，标志着重新实现了全国工人阶级的大团结和全国工人运动在组织上的统一。刘宁一作了《关于国际职工运动工作》的报告。李立三作了《关于中华全国总工会章程》的报告。大会决定恢复中华全国总工会，通过了《中华全国总工会章程》；选举产生了由53名正式执委和20名候补执委组成的中华全国总工会第六届执行委员会。大会通过的根据中共中央祝词起草的《关于中国职工运动当前任务的决议》明确指出，解放区职工运动的任务，应贯彻执行"发展生产、繁荣经济、公私兼顾、劳资两利"的经济建设总方针。六次劳大接受新民主主义经济建设总方针为解放区工人运动的方针，是六次劳大最主要的历史功绩。

1948年10月10日在哈尔滨召开的全总六届一次执委会议，选举产生常务委员15名、候补常务委员6名，选举陈云为主席。1949年5月30日，全总第六届执行委员会常委会扩大会议推选刘少奇为名誉主席。

三、《中华全国总工会章程》的主要内容

1948年8月13日，李立三向大会作了《关于中华全国总工会章程》的报告，对章程修改情况作了说明。六次劳大通过的《中华全国总工会章程》，共五章22条，各章分别是"总纲""会员""组织""经费""附则"。

（一）"总纲"修改的内容

"总纲"明确由大会产生的全国组织定名为中华全国总工会，恢复历史上光荣的名称。明确工会的宗旨为"团结全国职工，保护职工利益，争取中国工人阶级的解放，联合全国一切被压迫人民争取中国人民的解放，联合全世界工人为保卫世界和平与民主而奋斗"。章程修改报告分析了工人阶级的政党和工人阶级的群众组织的区别，指出工会是工人阶级群众组织的主要形式。明确"工会的宗旨，第一条，

基本的一条，就是要保护工人阶级的利益”，“任何一个工会，都应当是保护工人阶级利益的组织，如果工会不保护工人群众利益，那这个工会就不成其为工会”。强调“工会不仅要保护工人当前的利益，而且更重要的，要保护工人阶级长远的利益，不仅要为工人目前利益奋斗，而且要为工人阶级的长远利益奋斗”。

（二）“会员”一章的修改内容

“会员”一章规定中华全国总工会“以团体会员为基础”，明确了职工入会条件，强调了入会与退会的自愿原则，规定了会员的权利和义务。

章程修改报告强调工会要具有广泛的群众性和坚持自愿的原则，职工入会，不问民族、性别、宗教信仰，只要是自愿，赞成工会的宗旨，就可以加入工会。报告指出，过去有一种严重的倾向，把工会看成同一个政党差不多，一定要相信新民主主义才能加入工会，这就把工会变成狭小的一部分人的组织，就不会成为群众的组织。报告还主张，会员入会一定要征收会费，工会是群众组织，一定要工人拿钱来办。

（三）“组织”一章的修改内容

“组织”一章规定“本会之组织原则为民主集中制”，并规定了中华全国总工会的组织机构。

章程修改报告突出地倡导工会的民主原则，指出“工会的民主生活是工会的灵魂，工会没有民主生活，就像一个死尸一样”。修改报告坚持选举制，反对委派制，提出“工会里一定严格执行选举制，要严格真正的民主选举制”。行政方面应该采取各种办法来帮助工会，但不能干涉工会内部的民主生活，把工会变成行政附属的东西，使工会失去群众性。

（四）“经费”“附则”两章修改内容

“经费”一章规定了团体会员和会员个人缴纳会费的标准。

“附则”一章规定了章程的生效时间、修改权和解释权等。

四、以团结统一为特点的工会章程

六次劳大通过的《中华全国总工会章程》，作为大会一项重要的组织建设成果，载入中国工运史册。但大会的这项议程的实际意义和作用，远不止于工会的组织建设。《关于中华全国总工会章程》的报告深刻阐述了工会的性质、工人阶级目前利益和长远利益的关系、工会的经常任务、工会的群众性和自愿原则、工会的内部民主等问题，从理论上阐明了工会工作的一系列基本观点，对工会工作产生了深远的影响。

第八章

中国工会第七次全国代表大会与《中华人民共和国工会章程》

1953 年 5 月 2 日至 12 日在北京举行的中国工会第七次全国代表大会（简称“工会七大”），是新中国成立后召开的第一次工会全国代表大会。在这次代表大会上，将《中华全国总工会章程》改名为《中华人民共和国工会章程》，并根据党的工运方针作了修订。

一、历史背景

（一）新中国成立初的国内政治经济状况和工人阶级队伍状况的变化

1949 年 10 月 1 日，中华人民共和国宣布成立，由此开创了中国人民当家作主的新纪元。在新中国诞生之初，国际、国内形势险象环生。外有帝国主义的封锁、禁运以至挑衅，内有国民党残余部队和暗藏的反革命分子的捣乱、破坏及颠覆活动，同时还面临着继续完成民主革命的遗留任务。经过三年的艰苦奋斗，到 1952 年底，抗美援朝、土地改革、镇压反革命三大运动取得了伟大胜利，“三反”“五反”运动业已结束，各项民主改革任务也基本完成。更加令人瞩目的是，经过不懈努力，我国工农业总产值已经超过新中国成立前的最高水平。这标志着恢复国民经济的任务已经提前完成。这一伟大成就是在三年前还几乎是一片废墟的基础上建立起来的，是在以巨大财力支持抗美援朝战争的情况下取得的。随着财政经济状况的好转和国家政权的稳定，人民的物质生活和精神面貌也发生了极大的改观。市场丰盈，物价稳定，人民生活水平显著提高。政通人和，万象更新，中国大地上充满生机和希望。这一切，为即将到来的大规模经济建设准备了条件。

新中国的成立，工人阶级成为国家的领导阶级，从根本上改变了工人阶级在国家和社会政治生活中的地位。但由于新中国成立初期中国现代工业不发达，工人阶级队伍人数不多，所占全国人口总数的比重很小。1949 年全国人口为 5.4 亿，全国职工只有 809 万人，其中产业工人约 300 万人。随着国民经济的恢复和发展，工人阶级队伍迅速壮大，到 1952 年底，全国职工总数已达 1500 多万人。尤其是这支队伍的思想面貌已经焕然一新。由于党积极贯彻全心全意依靠工人阶级的方针，注意教育和启发工人阶级的觉悟和高尚情操，结合实际斗争需要开展了多种形式的政治启蒙和爱国主义教育活动，使得工人群众的思想觉悟、劳动热情大大提高，涌现出许许多多英雄模范人物。中国工人阶级已经成为国家经济建设和政治斗争的主力军。

(二)《中华人民共和国工会法》的公布施行

1950 年 6 月 29 日，《中华人民共和国工会法》（简称“《工会法》”）公布施行，这是新中国成立后最早公布施行的重要法律之一。《工会法》以法律形式确定了中国工会组织在人民民主专政体系中的地位和作用，明确规定了工会应有的权利和职责。同时还规定了工会的任务、组织原则、工会与国家的关系、工会与企业的关系、工会的组织机构和领导机关、工会经费的来源等。

为了动员和组织工人阶级投入国民经济恢复和巩固新生人民民主政权的斗争，按照《工会法》的规定，中国工会迅速把工人阶级组织起来，按照产业和地域，建立起各级工会组织。到工会七大召开前夕，产业工人 90% 以上都参加了工会，工会基层组织有 20.7 万个，全国工会会员已达 1020 万人。这极大地增强了工人阶级的凝聚力和

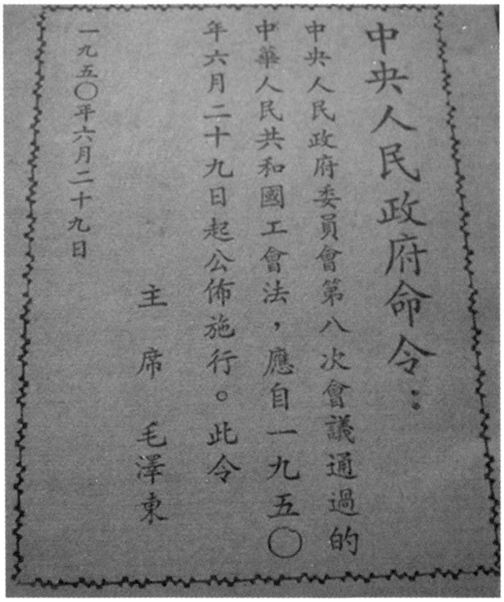
中央人民政府命令：
中央人民政府委員會第八次會議通過的中華人民共和國工會法，應自一九五〇年六月二十九日起公佈施行。此令
主席 毛澤東
一九五〇年六月二十九日

1950 年 6 月，新中国第一部《工会法》公布施行

战斗力，成为生产建设和社会政治生活中一支极为重要的力量。[①]

（三）新民主主义工运方针的提前结束

“发展生产、繁荣经济、公私兼顾、劳资两利”的新民主主义工运方针是在中共中央的指导下于六次劳大上确立的。新中国成立前后，中华全国总工会坚决贯彻这一方针，工会工作呈现出欣欣向荣的局面。

新中国成立后，针对出现的工会脱离群众的现象，中共中央中南局第三书记邓子恢在中南总工会筹委扩大会议上作的关于中南区的工会工作的报告中提出，工会工作发生脱离群众的现象，首先是因为工会工作者缺乏明确的阶级立场，未能及时反映和切实代表工人阶级利益及在工作方法中存在严重的官僚主义。邓子恢的报告得到了中共中央的肯定，《人民日报》全文转载。邓子恢的报告发表后，引起新中

① 王永玺主编：《从一次劳大到工会十五大——中国工会历次代表大会巡礼》，北京：中国工人出版社，2013 年版，第 85-87 页。

国成立以后对工会理论问题的第一次争论。中共中央东北局书记高岗对邓子恢的报告进行了批判。为了统一思想，刘少奇写了一篇笔记，对国营企业的基本矛盾和工会存在的客观基础、性质、地位和任务等重大问题作了认真的研究和思考，对邓子恢、李立三的观点从理论的高度予以肯定。

1951 年 12 月，按照中共中央指示，召开了中华全国总工会党组第一次扩大会议。会议认为李立三在主持中华全国总工会工作中犯了“经济主义”“工团主义”等错误，认为李立三的错误倾向“是完全反马克思列宁主义的，是对职工运动和我们党的事业极其有害的”。

新中国成立后关于工会工作和工会理论的第一次争论，实质在于贯彻什么样的工运方针，关系到坚持还是放弃新民主主义工运方针的原则问题。中华全国总工会党组第一次扩大会议所表现出来的急于结束新民主主义工运方针的观点，同党内急于结束过渡时期的倾向是一致的，都是“左”倾急性病的表现。会议给全国总工会领导工作戴的“经济主义”和“工团主义”这两顶帽子，成为禁锢广大工会工作者思想、束缚广大工会工作者开拓精神的桎梏，对工会运动造成了消极影响。①

（四）过渡时期总路线与工人阶级面临的历史任务

从 1952 年秋开始到 1953 年，中共中央经过近一年的酝酿，形成并提出了党在过渡时期的总路线，即“从中华人民共和国成立，到社会主义改造基本完成，这是一个过渡时期。党在这个过渡时期的总路线和总任务，是要在一个相当长的时期内，逐步实现国家的社会主义工业化，并逐步实现国家对农业、对手工业和对资本主义工商业的社会主义改造”。中央提出，要完成这个任务，大约需要三个五年计划，就是十五年左右的时间。1954 年 2 月，在中共七届四中全会上正式通过了党在过渡时期的总路线，并写进中国第一部宪

① 《当代中国工人阶级和工会运动》编辑委员会编：《当代中国工人阶级和工会运动》上册，北京：当代中国出版社，1997 年版，第 129-136 页。

法，成为团结和动员全国人民为建设一个伟大的社会主义新中国而奋斗的新的纲领。[1]

党的过渡时期总路线，概括起来就是“一化三改”，这是一条社会主义工业化和社会主义改造同时并举的路线。

实现国家的工业化，是中国近代以来无数仁人志士在追求民族独立的同时所梦寐以求的理想。但是，在帝国主义、封建主义双重压迫下的旧中国，实现国家工业化只能是一种梦想。只有在中国共产党领导下，推翻了反动政权，扫清了道路，中国才获得实现工业化的条件。国家工业化是中国共产党的伟大奋斗目标，也是中国工人阶级的历史使命。

为筹划国家工业化，还在国民经济恢复时期，党和国家领导人就开始制定我国国民经济发展的第一个五年计划。这是使国家工业化从百年梦想变为现实的第一步，也是具有重大意义的一步，反映了工人阶级和全国人民建设一个强大社会主义国家的强烈愿望。从 1953 年起，我国开始进入有计划大规模的经济建设时期。[2]

二、中国工会第七次全国代表大会简况

为了开好工会七大，中华全国总工会于 1953 年 1 月和 4 月先后召开了两次执委会议，为即将召开工会代表大会做思想上和组织上的准备。在 1953 年 1 月召开的中华全国总工会六届二次执委扩大会议上，决定于 1953 年 5 月召开第七次全国劳动大会。在当年 4 月召开的中华全国总工会六届三次执委会议上，决定将大会名称改为中国工会第七次全国代表大会。从此，“工会代表大会”这一名称一直沿用至今。

---

① 中共中央党史研究室著：《中国共产党历史》（第二卷），北京：中共党史出版社，2011 年版，第 182-191 页。

② 王永玺主编：《从一次劳大到工会十五大——中国工会历次代表大会巡礼》，北京：中国工人出版社，2013 年版，第 88-89 页。

1953 年 5 月，中国工会第七次全国代表大会在北京召开

1953 年 5 月 2 日至 12 日，中国工会第七次全国代表大会在北京召开。这次大会的主要任务是，总结六次劳大以来我国工人运动和工会工作取得的成绩与经验，制定国家进入大规模计划经济建设时期工会工作的方针任务，动员全国工人阶级为完成国家经济建设任务而努力奋斗。出席工会七大的有来自全国各省、市和产业工会的代表 813 人，代表全国 1020 万名工会会员。中央国家机关代表和职工家属代表共 175 人应邀列席了会议。大会还邀请了以世界工会联合会总书记路易·赛扬为首的代表团和苏联工会代表团及亚洲、欧洲、大洋洲、非洲等 20 多个友好国家的 30 多个工会组织的代表 77 人列席会议。刘少奇代表中共中央向大会致祝词，高度赞扬了中国工人阶级的广大群众在人民革命中和在革命胜利以后的巩固人民民主专政、支援抗美援朝和恢复国民经济工作的胜利斗争中所表现出来的勇敢、勤劳和智慧，强调为了使我们的国家逐步成为具有高度技术水平的工业国，必须尽最大的努力充分地发挥广大工人群众的积极性和创造性，为完成与超额完成国家的经济计划而奋斗，并

明确地指明了工人阶级和工会的任务。

赖若愚代表中华全国总工会第六届执行委员会，向大会作了《为完成国家工业建设的任务而奋斗》的工作报告，明确提出了国家建设时期的工会工作任务：在中国共产党的领导下，联系并教育工人群众，不断地提高工人群众的觉悟和组织程度，巩固工农联盟，团结各阶级人民，积极地完成国家建设计划，并在发展生产的基础上，逐步地改善工人阶级和全体劳动人民的物质生活与文化生活，为逐步实现国家的工业化和过渡到社会主义而斗争。大会选举产生了由99名执委和42名候补执委组成的中华全国总工会第七届执行委员会和由17名经审委员组成的中华全国总工会第七届经审委员会。大会通过了关于工作报告、财务工作报告、拥护世界工联召开世界工会第三次代表大会等决议；通过了《关于修改中国工会章程的决议》，决定将《中华全国总工会章程》改为《中华人民共和国工会章程》。

在全总七届一次执委全体会议上，继续推选刘少奇担任名誉主席；选举产生由24名委员组成的主席团，赖若愚当选为主席，刘宁一、刘长胜、朱学范当选为副主席；赖若愚、刘宁一、许之桢、陈少敏、李颉伯、刘子久、栗再温、董昕当选为书记处书记。在全总七届一次经审会议上，王文兴当选为经审会主任。

三、《中华人民共和国工会章程》的主要内容

工会七大通过的《中华人民共和国工会章程》，由《中华全国总工会章程》的五章22条修改为七章39条。“总纲”部分单列，不再作为一章；“组织”一章拆分为“组织机构”“工会的全国领导机关”“工会的地方组织”“工会的基层组织”四章；加上“会员”“经费”“附则”，共七章。

工会七大通过的工会章程

(一)“总纲”部分修改的内容

关于人民民主专政下工会的性质、任务与作用，在1948年8月召开的六次劳大所通过的《中华全国总工会章程》中，不可能对取得全国解放、建立人民民主政权以后的工会组织作出相关规定，因此，工会七大对这些根本问题作了明确的规定。

关于工会的性质，规定中国工会“是工人阶级的群众组织”，这既表明了它的阶级性，划清了工人阶级与剥削阶级的界限，分清了工人阶级与独立生产者的区别，也体现了它的群众性，是一个“凡以工资收入为自己生活资料之全部或主要来源的体力劳动者和脑力劳动者，不分民族、性别及宗教信仰自愿结合的工人阶级的群众组织”。

关于工会的任务，规定：“中国工会在国家建设时期最重要的任务，就是加强工人阶级的团结，巩固工农联盟，教育工人群众自觉地遵守国家法令和劳动纪律，努力发展生产，不断地提高劳动生产率，为完成与超额完成国家生产计划，加速国家工业化和逐步过渡到社会主义社会而斗争。工会应经常地关心工人群众的生活状况和劳动条件，并应在发展生产的基础上，逐步地、积极地改善工人群众的物质生活和文化生活。”这一规定表明，人民民主专政下的工会，必须以搞好生产为自己经常的中心任务。

章程还对工会在国营企业、公私合营企业和私营企业的作用进行了阐述。

（二）“会员”一章修改内容

六次劳大通过的章程规定“以团体会员为基础”，随着人民革命的胜利和国家的统一，中国工会已经不是某些局部工人的不同组织的联盟，而是全国工人阶级统一的群众组织。因此，过去“以团体会员为基础”的规定就必须加以修改。工会七大通过的章程规定：“凡以工资收入为自己生活资料之全部或主要来源的体力劳动者与脑力劳动者，承认本章程，均得加入工会为会员。”

20世纪50年代初颁发的中华全国总工会会员证

“会员”一章规定了工会会员的权利和义务，明确了对工会会员的处分的有关规定。

（三）关于工会的组织原则与组织机构

“组织机构”一章规定，“中国工会是按照产业原则在民主集中制的基础上建立起来的”，产业工会的组织原则，是将同一企业、机关等单位的工会会员组织在同一产业工会的基层组织中；将国民经济同一工业部门中的工会会员组织在一个全国性的产业工会组织中。

“工会的全国领导机关”一章规定：“中华全国总工会执行委员会的全体会议选举主席团和书记处。”全国总工会过去由常务委员会领导日常工作，为了更集中地加强全国总工会的工作及对各产业工会的领导，所以设立主席团和书记处。

地方工会组织的名称，改为地方工会联合会。各级地方工会联合会，是各地方产业工会组织和地方工会组织的联合领导机关。

“工会的基层组织”一章，对建立工会基层委员会作了规定。

（四）“经费”“附则”两章修改内容

章程规定，工会各级组织设立经费审查委员会，工会各级组织的财务报告，必须有经费审查委员会主席签名盖章，方为有效。其目的是充分发扬民主，使工会会员监督工会经费的正确使用。

“附则”一章规定，“中国各产业工会得根据产业特点制定自己的章程”，“手工业工会联合会的组织办法另订之”。原因是：手工业不仅与近代的产业不同，而且各地情况也不同，故不能采用产业工人的组织形式与方法去组织手工业工人。

四、新中国成立后的首部工会章程

工会七大修改通过的《中华人民共和国工会章程》，是新中国成立后的首部工会章程。新中国成立以后，中国工人阶级已经成为国家的领导阶级。在新民主主义革命时期确立的工会工作的方针、任务与作用，已经因为这种伟大的历史变革而发生了根本的变化。《中华人民共和国工会章程》根据新中国成立以后的新形势和工会工作的新经验，在关于人民民主专政下工会的性质、任务与作用，关于入会条件和会员权利义务，关于工会组织原则和组织机构，关于工会基层组织和手工业工人中的工会组织等问题上，作了较大的修改和补充。可以说，《中华人民共和国工会章程》基本符合新中国成立后工人阶级地位变化的要求，明确了中国工会在国家建设时期的任务、方针，对指导工会发动全国工人群众贯彻党的过渡时期总路线，提前和超额完成第一个五年计划，实现社会主义改造发挥了巨大作用。

第九章

中国工会第八次全国代表大会与《中国工会章程》

1957 年 12 月 2 日至 12 日在北京举行的中国工会第八次全国代表大会（简称“工会八大”），是在我国基本上实现了对农业、手工业和资本主义工商业的社会主义改造，确立了社会主义基本制度，我国政治经济生活发生了历史性的深刻变化的背景下召开的一次大会。工会八大将《中华人民共和国工会章程》改名为《中国工会章程》，沿用至今，并对内容作了修订，特别是确立了中国工会产业与地方相结合的组织领导原则。

一、历史背景

（一）社会主义基本制度的初步建立和“一五”计划的提前完成

1956 年底，原定用三个五年计划实现的社会主义改造任务，仅仅经过四年时间就基本完成，从而使我国的经济结构发生了根本变化。全民所有制和劳动群众集体所有制这两种社会主义公有制形式，已经在整个国民经济中占据了绝对优势地位。伴随着社会主义经济基础的建立，我国人民民主专政的国家制度也逐步健全，马克思主义在国家政治生活中指导地位的确立，促使社会主义思想意识和社会道德规范在人民中间逐渐树立起来。所有的这些成果，表明社会主义基本制度已经在中国初步建立，为我国今后的进步和发展奠定了基础。

在经济建设上，当第一个五年计划开始的时候，虽然我国的工业已经恢复并且超过历史上的最高水平，但工业化的水平很低。仅仅经过四年，到1956年底，第一个五年计划的各项指标已提前完成，一大批旧中国没有的现代工业骨干企业如春笋般建立起来。“一五”期间工业建设和生产所取得的成就，远远超过了旧中国的一百年，[①] 形成中国近代以来规模最大、效果最好、作用最大的工业化浪潮。我国的工业生产能力和技术水平前进了一大步，取得了令人瞩目的成就。[②]

（二）党的八大和探索社会主义道路的良好开端

党的八大的召开，标志着中国共产党在探索建设社会主义道路上有了良好开端。在这之前，毛泽东在1956年4月召开的中共中央政治局扩大会议上作了《论十大关系》的报告。报告确定的基本方针，就是要把国内外一切积极因素全部调动起来，为社会主义建设事业服务。

1956年9月15日至27日，中共八大在北京举行。大会正确地分析了国内外形势和国内主要矛盾的变化，明确指出：由于社会主义改造已经取得决定性胜利，我国无产阶级同资产阶级之间的矛盾已经基本上解决，国内的主要矛盾，已经是人民对于建立先进的工业国的要求同落后的农业国的现实之间的矛盾，已经是人民对于经济文化迅速发展的需要同当前经济文化不能满足人民需要的状况之间的矛盾。党和全国人民当前的主要任务，就是要集中力量解决这个矛盾，把我国尽快地从落后的农业国变为先进的工业国。大会根据这条正确路线，确定了经济、政治、文化和外交工作的方针。这次大会对我国建设社会主义道路的探求，取得了初步且具有深远意义的成果，对于社会主义事业的发展和党的建设具有长远的重要意义。[③]

---

① 王永玺主编：《从一次劳大到工会十五大——中国工会历次代表大会巡礼》，北京：中国工人出版社，2013年版，第99-100页。

② 中共中央党史研究室著：《中国共产党历史》（第二卷），北京：中共党史出版社，2011年版，第417页。

③ 中共中央党史研究室著：《中国共产党历史》（第二卷），北京：中共党史出版社，2011年版，第404页。

（三）整风"反右"和中华全国总工会党组第二次扩大会议

1956年秋冬，由于社会主义改造的迅速完成，加上经济建设中出现冒进倾向的影响未能完全消除，国内经济出现了生产资料和生活资料供应紧张的情况，一些新的社会矛盾突出显现。从借鉴斯大林的错误和波匈事件的教训入手，面对中国的实际，总结自己的经验，正确认识和处理中国社会主义社会的各种矛盾，成为当时党中央着重思考的重大课题。经过调查研究和慎重思考，1957年2月，毛泽东在有1800多位各方面人士出席的最高国务会议上发表《关于正确处理人民内部矛盾的问题》的讲话，系统地阐明了关于严格区分社会主义社会的敌我和人民内部两类矛盾以及正确处理人民内部矛盾的问题。毛泽东在这篇具有重大理论和实践意义的著作中，深入研究社会主义社会的矛盾问题，形成一套系统的关于社会主义社会内部不同性质矛盾及其处理这些矛盾的理论，这是党的八大路线的继续和发展。[①]

毛泽东的这篇讲话在党内外引起了极大的反响。1957年4月，中共中央决定在全党进行一次以正确处理人民内部矛盾为主题，以反对官僚主义、宗派主义、主观主义为内容的整风运动。在整风运动中，群众提出了许多有利于改进党的领导、有益于社会主义事业发展的正确意见。但是，随着整风运动的迅猛开展，极少数人在涉及党的领导地位和社会主义制度方面，发表了一些过激言论，从而引发反击"右"倾斗争的运动。更为严重的是，由于党对阶级斗争形势作出了过于严重的判断，导致反右派斗争严重扩大化。1957年10月，在党的八届三中全会上，毛泽东根据对阶级斗争形势作出的错误判断，否定了党的八大关于我国社会主义矛盾已经改变的正确分析，断定无产阶级和资产阶级的矛盾、社会主义道路和资本主义道路的矛盾仍是当前我国社会的主要矛盾。党的指导思想上的"左"倾错误开始形成。

---

① 中共中央党史研究室著：《中国共产党历史》（第二卷），北京：中共党史出版社，2011年版，第426-428页。

反右派斗争扩大化给工人运动和工会工作造成的严重后果之一，就是引起了工会干部思想的混乱及对工会八大的筹备工作产生了消极影响。自工会七大以来，各级工会组织贯彻执行建设时期工会工作方针，为提前、超额完成“一五”计划和实现私营工商业的社会主义改造作出了重大贡献。但是，由于受整风运动中出现的反右派斗争严重扩大化的影响，不少工会干部受到了迫害。①

为统一工会干部思想，做好中国工会第八次全国代表大会召开的准备工作，1957 年 9 月在北京召开了全国总工会党组第二次扩大会议。由于这次会议是在反右派斗争扩大化的形势下召开的，不可避免带有“左”倾思想。在这次会议上，全国总工会领导人坚持维护 1951 年全国总工会第一次党组扩大会议批判李立三的错误结论，并对持不同意见的人进行批判，使会议未能达到分清是非、统一认识的目的。而对若干工会理论和工作问题的认识分歧与争论，在反右派斗争的大气候下重新被掩盖起来。这就使不久后召开的工会八大在理论上和工会工作方针上，未能作出和社会主义基本制度建立以后的新形势相适应的调整。②

二、中国工会第八次全国代表大会简况

1957 年 12 月 2 日至 12 日，工会八大在北京召开。出席工会八大的正式代表 989 人、候补代表 100 人，代表全国 1360 多万名工会会员。工会八大的主题是：把全体工人阶级动员起来，为完成国民经济第二个五年计划，把我国建设成为一个具有现代工业、现代农业和现代科学文化的社会主义强国继续努力奋斗。

党和国家领导人毛泽东、刘少奇、周恩来、朱德、邓小平等以

① 王永玺主编：《从一次劳大到工会十五大——中国工会历次代表大会巡礼》，北京：中国工人出版社，2013 年版，第 102-104 页。

② 《当代中国工人阶级和工会运动》编辑委员会：《当代中国工人阶级和工会运动》上册，北京：当代中国出版社，1997 年版，第 229 页。

1957 年 12 月，中国工会第八次全国代表大会在北京举行

及各民主党派、政府各部门、各人民团体和人民解放军及北京郊区农民的代表出席了开幕式。全国人大常委会副委员长宋庆龄、李济深、黄炎培到会祝贺。世界工联总书记路易·赛扬和国际工会组织及各友好国家工会组织代表团也应邀参加了大会。毛泽东主席等党和国家领导人接见了大会主席团成员。刘少奇代表中共中央向大会致祝词，指出：我国工人阶级和我国人民在今后十年到十五年内的基本任务，就是要在优先发展重工业的基础上，实行工农业同时并举的方针，把我国建设成为一个具有现代工业、现代农业和现代科学文化的社会主义强国。李富春作了关于我国第一个五年计划的成就和今后社会主义建设的任务、方针的报告。赖若愚代表中华全国总工会第七届执行委员会向大会作了《团结全国人民，勤劳节俭，建设社会主义的新中国》的工作报告，总结了工会七大以来工会工作的成绩和缺点，重申了工会七大规定的建设时期的工会工作方针，提出要把工人阶级队伍培养成为一个有觉悟、有组织、有纪律、有文化技术的更加坚强的战斗队伍，把工会造就成为真正的千百万人的教育者、新生活的建设者。

大会通过了关于工会工作报告、财务工作报告、经审工作报告的决议，决定将《中华人民共和国工会章程》改为《中国工会章程》。大会选举产生了由137名执委和69名候补执委组成的中华全国总工会第八届执行委员会。大会还发表了《告全国职工书》。在随后举行的全总八届一次执委会第一次全体会议上，选举产生了由31名委员组成的主席团，赖若愚当选主席，刘长胜、朱学范、许之桢、陈少敏当选副主席；选举产生赖若愚等10人为书记处书记；选举产生由19名经审委员组成的中华全国总工会第八届经审委员会。

三、《中国工会章程》的主要内容

工会八大通过的《中国工会章程》与工会七大通过的章程相比，虽章节仍为七章39条，但章程内容有许多修改补充，特别是确定了我国工会地区和产业相结合的组织领导原则，还将经费审查委员会原由代表大会选举产生改为由工会的各级委员会选举产生。

（一）“会员”一章修改的内容

关于会员权利的条文中，补充了两款：“有向工会一切领导机关提出询问和申诉的权利”；“在企业、机关和学校发生违反国家的政策法令而损害会员的物质利益和民主权利的时候，有要求工会在法律上予以维护和支持的权利”。

关于会员义务的条文中，补充规定了“积极完成国家建设任务”，“维护社会主义制度，爱护公共财产，向一切反对社会主义的言行、破坏公共财产、违法乱纪和贪污浪费的现象作斗争”和“发扬阶级友爱、团结互助”等条款。

关于工会的纪律问题，补充规定：“对于破坏工会章程的会员，工会组织应该给予批评教育；对于情节严重或者屡教不改的，应该开

工会八大通过的《中国工会章程》

除会籍；对于无故不缴纳会费连续在六个月以上的，可以开除会籍。”此次修改没有再把工会七大通过的章程中规定的“劝告、警告、当众警告”列入。开除会员会籍规定了由会员大会通过，并由上一级工会组织批准。此外，还补充规定了保留会员会籍内容。

（二）关于工会组织原则和组织机构

《中国工会章程》对民主集中制的内容作了补充规定：“工会的各级领导机关实行集体领导和个人负责相结合的原则，一切重大问题都要经过集体的讨论和决定”；工会的各级组织“听取会员群众和下级组织的批评和意见”；“每个工会会员都应该执行工会组织的决议，少数服从多数，下级工会组织服从上级工会组织”；工会的各级组织在进行选举的时候，“每一个参加会议的成员都可以提出候选人，都可以批评任何一个候选人；在选举的时候，每个参加选举的成员，都可以不选或者调换任何一个候选人”。为了严格遵守民主集中制，充分发扬民主，还补充规定了在代表大会闭会期间召开的代表会议上，可以补选委员，也可以撤销那些严重违反国家政策法令、违背工会章程和群众利益的委员，但补选和撤销的工会委员的人数不得超过委员总人数的五分之一，并且应该报告上一级工会组织备案。

针对工会七大通过的章程关于“中国工会是按照产业原则组织起来的”规定与工会组织迅速发展现实不相适应的情况，工会八大将其修改为：“中国工会是按照产业和地区相结合的原则组织起来的。”“产业和地区相结合的原则，就是省、自治区、直辖市、自治州、省辖市、县（镇）工会联合会是当地工会组织和各产业工会组织的地方联合领导机关；中华全国总工会是各地区工会组织和各产业工会全国组织的全国联合领导机关。”同时把“将国民经济同一工业部门中的工会会员组织在一个全国性的产业工会组织中”的规定修改为“同一国民经济系统中或者性质相近的几个国民经济系统中的会员，可以组织在全国性的或者地方性的产业工会组织中”。

工会八大通过的章程还把由全国代表大会选举产生的经费审查委员会，修改为由“工会的各级委员会选举各级经费审查委员会”，并且规定“经费审查委员会在本级工会委员会领导下，负责审查本级工会组织的经费收支和财产管理情况”。

为了与我国发展国民经济的每个五年计划相适应，工会八大通过的章程将中国工会全国代表大会由每四年改为每五年举行一次。同时还确定中华全国总工会执行委员会全体会议每年举行两次，主席团全体会议每年举行四次。

（三）关于工会基层组织

关于工会基层组织，工会八大通过的章程规定：“一个单位会员在十人以上的，建立企业、机关、学校委员会；十人以下的，参加附近性质相近的工会基层组织，或者成立联合基层组织。”从而改变了工会七大章程中“二十五人以上建立委员会”的规定。还专门加上了一条规定：“厂矿企业中的职工代表大会（小企业是全体职工大会），是职工群众参加企业管理、监督企业行政和加强自我教育的组织。它的职权按照党的政策和国家法令的规定执行。”

中国工会章程

第二章 组织机构

第四章 地方组织

第五章 基层组织

《长江日报》刊发的《中国工会章程》全文

四、产业和地区相结合的工会组织领导原则的确立

工会八大通过的《中国工会章程》，将工会的组织领导原则调整为“产业和地区相结合的原则”，体现了我国政治体制和工人运动的特点，是我国工会组织原则的一项重要变化。这样的组织原则，符合我国的国情和工人阶级的状况，与党和国家的领导体制相一致，有利于工会在地方党委统一领导下，因地制宜地开展各种活动，履行应有的社会职能；可以兼顾产业和地方的特点，调动产业和地方工会两个积极性，更好地为职工群众服务。

工会八大根据中央的意见，将工会的产业原则，改为产业与地方相结合的原则。进入 1958 年后，群众运动大规模展开。中共中央在加强统一领导和加快地方工业发展的同时，加强了地方党委统一领导。在这种情况下，如何理顺工会与党的关系，使工会更好地接受同级党委的领导和上级工会的领导，成为亟待解决的问题。然而，当时全国总工会的主要领导人对如何在工作中贯彻执行产业与地方相结合的原则，解决好上述问题，并没有具体研究和实际行动。这种情况，引起中央的关注。

1958 年 3 月，中共中央在成都召开的工作会议上，通过了《关于工会组织问题的意见》。意见指出："为了便利工作，精简机构，更好地发挥工会组织在社会主义建设中的积极作用，各级工会组织应该以由同级党委领导为主，同时接受上级工会的领导。各省、市、自治区工会联合会可以考虑改为省、市、自治区总工会。产业工会的组织也应该作适当的调整：有的可以保留；有的可以适当合并；有的可以保留名义，实际上成为各级工会的一个部门；有的可以取消。建议全国总工会党组根据具体情况和工作需要加以研究，提出具体措施，报中央审批。"

1958 年 5 月至 8 月召开的全国总工会党组第三次扩大会议，通过了《全国总工会党组第三次扩大会议的决议》，提出"工会必须坚决贯彻执行中央成都会议关于工会工作的决议，改变工会体制。各级工会都必须无条件地在各级党委的领导下进行工作，全国总工会和各产业工会要改变过去垂直领导的方法。各省、市、自治区工会联合会改为地方总工会，各级产业工会实际上要成为各级工会的工作部门。全国总工会必须下放权力，大大紧缩机构，修改规章制度，充分发挥地方工会的积极性"。会议结束后，全国总工会同各地方工会的联系、各地方工会和产业工会同基层的联系都大大减少，工会经常业务活动基本停顿，工会组织作用大为削弱，不仅使工会脱离了职工群众，也使党同职工群众的联系受到影响。这次会议强调了发挥地方工会的积极性，这是对的；但忽视和过分削弱了产业工会的作用，影响了产业工会的积极性和工作的开展。①

1959 年 1 月召开的全国总工会党组第四次扩大会议，开始部分纠正党组第三次扩大会议后工会工作的错误和问题。会议讨论制定了《关于全国总工会及产业工会全国委员会的组织机构和组织制度的规定》，明确各省、自治区、直辖市总工会以省、自治区、直辖市党委领导为主，同时接受全国总工会的领导。全国总工会在必要时得根据党在每个时期所提出的政治任务和中心工作，发布指示、号召，召开

① 《当代中国工人阶级和工会运动》编辑委员会编：《当代中国工人阶级和工会运动》上册，北京：当代中国出版社，1997 年版，第 257-260 页。

会议；同时，可定期或不定期地向省、自治区、直辖市总工会布置工作，检查工作。各省、自治区、直辖市总工会要定期或不定期地向全国总工会反映情况、报告工作。大部分产业工会全国委员会可与其下级工会组织建立相互联系，下级工会要将其向同级党委和地方工会报送的有关工作报告、专题材料抄送产业工会全国委员会。铁路工会的区委会，以同级党委和地方工会领导为主，同时接受铁路工会全国委员会的领导。由此可见，全总党组第四次扩大会议没有也不可能完全解决工会工作中的问题，但是对纠正党组第三次扩大会议后工会工作中出现的问题，是起了积极作用的，使工会工作开始有所恢复和改进。[①]

① 《当代中国工人阶级和工会运动》编辑委员会编：《当代中国工人阶级和工会运动》上册，北京：当代中国出版社，1997 年版，第 263-265 页。

第十章
中国工会第九次全国代表大会与《中国工会章程》

1958年以后，由于始终没有解决好如何在社会主义条件下更好地发挥工会作用的问题，加之工会七大、八大提出的正确主张也没有得到很好的贯彻，特别是“文化大革命”的冲击，工会运动遭遇严重挫折。直到党的十一届三中全会召开前后，工会运动才开始恢复。

1978年10月11日至21日在北京举行的中国工会第九次全国代表大会（简称“工会九大”），是我国工人阶级在结束“文化大革命”之后进入新时期，向社会主义四个现代化进军的大会。这次大会是中国工会经历“文化大革命”破坏之后得以复兴的标志，在中国工运史上具有重大意义。大会对《中国工会章程》作了修订。

一、历史背景

（一）“文化大革命”的结束

粉碎“四人帮”后，党中央立即采取措施，稳定局势，摧毁和清查“四人帮”的残余势力，发动对“四人帮”的揭发和批判。但是，随着揭批“四人帮”运动的开展和对其罪行的逐步揭露，人们不能不触及“文化大革命”中的极“左”错误。[①]

---

① 中共中央党史研究室著：《中国共产党历史》（第二卷），北京：中共党史出版社，2011年版，第986-990页。

1977 年 3 月召开的中央工作会议通过了关于提前召开党的十一大的决定。这次会议最重要的成果是邓小平再次复出，担任中央党政军领导职务。1977 年 8 月 12 日至 18 日，中国共产党第十一次全国代表大会在北京召开。这次大会使“文化大革命”中被打乱的党和国家政治生活的正常秩序逐步得到恢复，开始走上正常轨道。但党的指导思想仍然没有从根本上转变，党和国家的工作总体上还是处在徘徊中前进的局面。[①]

（二）拨乱反正的局部进展和真理标准问题的讨论

在揭批“四人帮”的斗争中，各条战线努力进行思想上、政治上、组织上的拨乱反正。但由于“两个凡是”方针的推行，更由于“文化大革命”和长期“左”倾错误造成的影响，拨乱反正的开展遇到了严重的思想阻碍。要彻底澄清思想混乱，不能不首先解决判定历史是非的标准问题以及如何对待毛泽东思想的问题。[②]

1978 年 5 月 11 日，《光明日报》头版发表《实践是检验真理的唯一标准》一文，文章重申了马克思主义认识论的一个基本原理：社

实践是检验真理的唯一标准

本报特约评论员

检验真理的标准只能是社会实践

理论与实践的统一，是马克思主义的一个最基本的原则

（下转第二版）

《光明日报》发表《实践是检验真理的唯一标准》的评论

① 中共中央党史研究室著：《中国共产党历史》（第二卷），北京：中共党史出版社，2011 年版，第 1002-1008 页。

② 中共中央党史研究室著：《中国共产党历史》（第二卷），北京：中共党史出版社，2011 年版，第 1009 页。

会实践不仅是检验真理的标准，而且是唯一的标准，从而在党内外引起真理标准问题的大讨论。这场讨论为冲破“两个凡是”的严重束缚，重新确立马克思主义的思想路线、政治路线和组织路线奠定了理论基础，成为实现党和国家历史性伟大转折的思想先导。[①]

1978 年 10 月 11 日，邓小平在中国工会第九次全国代表大会致词时更加明确地提出，揭批“四人帮”的斗争在全国广大范围内已经取得决定性的胜利，“我们已经能够在这一胜利的基础上开始新的战斗任务”。而这一新的战斗任务，就是要实现四个现代化，大幅度改变目前落后的生产力，改革生产关系和上层建筑。邓小平的上述意见，很快在中央领导层取得共识，从而为将于年底召开的中央工作会议和十一届三中全会作出全党工作重点转移的决策，进而实现党和国家的历史性转折，准备了更加充分的条件。[②]

二、中国工会第九次全国代表大会简况

“文化大革命”结束后，工会系统经过开展揭批查斗争，在许多重大问题上分清了思想理论是非，干部队伍的阵线也比较清楚了。党中央对中国工会第九次全国代表大会筹备组原主要负责人实行隔离审查，并于 1977 年 8 月批准成立了由中华全国总工会书记处书记马纯古主持的中华全国总工会机关领导小组。全国有半数左右的省、自治区、直辖市总工会调整了领导班子，工会组织初步恢复了正常工作。

1977 年 8 月召开的党的十一大提出，要加强党对工会、共青团、妇联等群众组织的领导，把这些组织整顿好、建设好，充分发挥他们应有的作用。根据党中央的部署，中华全国总工会于 1978 年 4 月召开八届七次执委扩大会议，这是中华全国总工会因“文化大革命”而停

① 中共中央党史研究室著：《中国共产党历史》（第二卷），北京：中共党史出版社，2011 年版，第 1024-1029 页。

② 中共中央党史研究室著：《中国共产党历史》（第二卷），北京：中共党史出版社，2011 年版，第 1053 页。

止工作以后召开的第一次执委会议。会议决定于 1978 年 10 月在北京召开工会九大。这次会议标志着中华全国总工会工作开始全面恢复。在工会九大召开之前，中共中央主席华国锋和副主席叶剑英分别为工会九大题了词。

1978 年 10 月 11 日，中国工会第九次全国代表大会在北京开幕。出席工会九大的有来自各地方和产业部门的工会代表 1967 人。这是中国工会历次代表大会规模空前的一次盛会。由台湾地区的工会会员代表组成代表团参加大会，是历次工会代表大会所未有的。党和国家领导人出席了大会开幕式。邓小平代表党中央和国务院向大会致词，高度评价了工会九大的召开对我国工人运动的发展和加快实现四个现代化具有的重要意义，全面地、深刻地阐明了工会的性质、地位、作用和任务，是指导新时期工人运动和工会工作的纲领性文献。倪志福代表中华全国总工会第八届执行委员会，向大会作了《中国工人阶级新的伟大历史使命》的工作报告，回顾了工会八大以来工人运动的发展历程，论述了工人阶级新的历史使命，提出了新时期工会工作的基本方针，即在中国共产党的领导下，遵循党的十一大路线，团结、教育、吸引广大职工不断提高政治觉悟，掌握现代科学技术，积极参加企业管理，广泛开展社会主义劳动竞赛，努力提高劳动生产率，并在发展生产的基础上逐步改善职工群众的物质文化生活，为实现新时期的总任务而奋斗。大会期间，国务院副总理余秋里作了经济形势报告；国务院副总理方毅作了科学技术工作的书面报告。大会通过了关

1978 年 10 月，中国工会第九次全国代表大会在北京举行

于工作报告的决议和修改《中国工会章程》的决议。大会选举产生了由193名执行委员和85名候补执行委员组成的中华全国总工会第九届执行委员会。1978年10月22日，中华全国总工会第九届执行委员会第一次全体会议选举倪志福为主席。

此外，在工会九大召开时，因为按《工会法》规定的基层行政向工会拨交工会经费的制度尚未恢复，故全国总工会第九届执行委员会第一次全体会议没有选举产生全总的经费审查委员会。1979年后，经与财政部商定，基层行政按《工会法》规定拨交工会经费，恢复了工会经费独立的制度。1979年11月，全总九届二次执委全体（扩大）会议选举产生了由13名经审委员组成的全总第九届经费审查委员会。

三、中国工会九大对工会章程修改的主要内容

工会九大通过的《中国工会章程》，由原来的七章39条修改为五章20条。第二章“组织机构”改为“组织制度”；第三章“全国领导机关”和第四章“地方组织”合并为“工会的全国组织和地方组织”一章；删除“附则”一章。

（一）“总纲”部分修改内容

工会接受党的领导，是中国工会必须坚持的根本原则。章程“总纲”部分在规定工会的性质、作用和任务时，都明确地体现了这个原则。

在工会的地位和作用方面，章程阐述了中国工会“是党联系群众的纽带和中华人民共和国政权的支柱，是广大职工群众学习管理的学校，学习主持经济的学校，学习共产主义的学校”。肯定了在整个社会主义历史阶段工会存在的必要性，强调“在整个社会主义的历史阶段，工会都必须发挥应有的作用”。

关于工会在新时期的基本方针，根据党的十一大制定的路线和

新时期总任务的要求，规定："中国工会在新时期的基本方针是：在中国共产党的领导下，遵循党的十一大路线，团结、教育、吸引广大职工不断提高政治觉悟，掌握现代科学技术，积极参加企业管理，广泛开展社会主义劳动竞赛，努力提高劳动生产率，并在发展生产的基础上逐步改善职工群众的物质文化生活，为实现新时期总任务而奋斗。"

在密切联系群众方面，规定工会的各级组织"必须发扬群众路线、实事求是和批评自我批评的优良传统和作风，并以说服教育作为基本的工作方法；必须围绕党的中心任务，深入基层，深入生产，深入群众，依靠群众和积极分子，积极主动地做好工作"。

（二）关于工会的组织制度和组织机构

工会九大通过的章程把八大章程的第二、三、四章，合并为"组织制度"和"工会的全国组织和地方组织"两章。将有关规定修改为"同一国民经济部门或性质相近的几个国民经济部门，根据需要建立地方或全国性的产业工会或工作委员会"。为了在章程中更好地体现"产业和地区相结合"的原则，将八大章程中规定的各级地方"工会联合会"，改为各级地方"总工会"。为了减少层次，在中华全国总工会的执行机构中，用常务委员会代替了八大章程规定的主席团。将书记处由执行委员会选举产生，改为其人选由常务委员会决定，同时，第一次明确书记处设候补书记。

关于工会基层组织，明确规定了新时期工会基层组织的六项具体任务，是新时期工会工作基本方针在基层组织的具体化。同时，将建立基层工会委员会的会员数标准由"十人以上"改为"二十五人以上"。

（三）"经费"一章修改的内容

工会经费的来源，明确了"行政方面根据工会法的规定，每月按照职工工资总额百分之二拨交的经费"。

四、中华全国总工会恢复后的第一部工会章程

工会九大是我国社会主义建设事业进入新的历史发展时期工会的首次盛会，是我国工人运动经历了“文革”破坏之后得以复兴的标志。工会九大通过的章程，阐述了工会的地位和作用，明确了工会在新时期的基本方针。但是，由于工会九大是在党的十一届三中全会之前召开的，当时党的指导思想尚处于徘徊中前进的局面，在思想、政治、组织等领域的拨乱反正还未全面展开，国家还未实现“以阶级斗争为纲”到以经济建设为中心的历史性转变。限于当时的历史条件，大会通过的章程，还沿用了一些“左”倾思想的提法，如“无产阶级专政下继续革命”等错误口号和理论；在工人运动和工会工作的方针方面，没有突出工会维护职工权益的本质属性与独特作用。同时应该看到，在拨乱反正之初，工会长期受“左”倾思想的束缚尚未被根本冲破的情况下，这些问题是难以完全避免的，但总体上不影响工会章程主导方向的正确性。

第十一章

中国工会第十次全国代表大会与《中国工会章程》

1983年10月18日至29日在北京召开的中国工会第十次全国代表大会（简称“工会十大”），是在中共十一届三中全会之后，我国的思想、政治、经济和社会等方面的拨乱反正和恢复发展已顺利完成，实现了党的历史性伟大转折，中国进入改革开放新的历史时期的背景下召开的一次重要会议。大会对《中国工会章程》进行了修订，更加突出了工会作为群众组织的特点。

一、历史背景

（一）历史性伟大转折的实现

中国共产党第十一届中央委员会第三次全体会议于1978年12月18日至22日在北京召开。十一届三中全会是新中国成立以来党的历史上具有深远意义的伟大转折。全会作出了把党和国家工作重心转移到经济建设上来、实行改革开放的历史性决策。这次全会结束了粉碎“四人帮”之后的两年中党的工作在徘徊中前进的局面，实现了新中国成立以来党的历史性伟大转折，开启了我国改革开放历史新时期。从此，党领导全国各族人民在新的历史条件下开始了新的伟大革命。[①]

① 中共中央党史研究室著：《中国共产党历史》（第二卷），北京：中共党史出版社，2011年版，第1053-1061页。

1981 年 6 月，中共十一届六中全会举行。全会通过了《关于建国以来党的若干历史问题的决议》，对统一党内和全国人民的思想有很重要的作用。这次全会标志着中国共产党在指导思想上的拨乱反正已胜利完成，为 1982 年召开党的十二大奠定了坚实的基础。从中共十一届三中全会到党的十二大，中间相隔三年多时间，中国的社会主义现代化建设事业走上了健康发展的轨道。中国在经历了十年“文革”动乱之后，在很短时间内，顺利实现了伟大的历史性转折。这确实是中国社会主义事业发展过程中具有划时代意义的成就。[①]

1978 年 12 月，中共中央召开了具有历史转折意义的十一届三中全会

（二）党的十二大召开和全面改革纲领的制定

1982 年 9 月 1 日至 11 日，中国共产党第十二次全国代表大会在北京召开。邓小平在开幕词中明确指出，“把马克思主义的普遍真理同我国的具体实际结合起来，走自己的路，建设有中国特色的社会主义”。

党的十二大制定了全面开创社会主义现代化建设新局面的奋斗纲领，确定了党在新的历史时期的总任务。大会提出，从 1981 年到 20 世纪末，我国经济建设总的奋斗目标是：在不断提高经济效益的前提下，力争使全国工农业的年总产值翻两番，使人民的物质文化生活达

① 金冲及著：《二十世纪中国史纲（第四卷）》，北京：社会科学文献出版社，2009 年版，第 1157–1174 页。

到小康水平。

党的十二大的召开，指明了建设具有中国特色社会主义的道路，制定了全面开创社会主义现代化建设新局面的纲领。从此，建设有中国特色的社会主义成为把全国各族人民凝聚在一起，进行改革开放和现代化建设的旗帜。

二、中国工会第十次全国代表大会简况

党的十二大闭幕后，针对开创社会主义新局面的要求和工会工作的现状，中共中央书记处在胡耀邦主持下于 1983 年 3 月 14 日召开会议，专门讨论了工会十大工作报告提纲和中华全国总工会十届执委会主席团（章程未修改前为常委会）组成的初步设想，明确指出工会存在“三个不够”：组织不够健全、联系群众不够密切、活动不够经常，并对工会工作提出了明确指示：第一，工会的性质和任务应当是在党的领导下，代表工人阶级利益、为工人阶级办事的群众性组织；第二，目前工会工作面临着开创新局面的伟大任务，要认真研究如何进行改革，包括体制改革、制度改革、工作方法和工作作风改革；第三，各级工会组织机构的变化不宜过大，主要是新班子人员和组成方面应该有一个显著的变化；第四，工会系统有 29 万名脱产干部，是一个很大的力量，要制定轮训计划，提高他们的工作水平，对于在机构调整中退下来的老同志，要妥善安排，使他们各得其所，继续发挥作用。

1983 年 10 月 18 日，工会十大在北京开幕。出席大会的代表共 1998 人，其中包括归国华侨和台湾省籍的会员代表、集体企业和中外合资企业的会员代表，代表全国各条战线的 7331 万名工会会员。还有 328 名特邀代表和港澳地区的职工以及退休职工、个体劳动者、职工家属的代表与会。党和国家领导人胡耀邦、邓小平、李先念、陈云、彭真、邓颖超、乌兰夫等出席了大会开幕式并会见全体代表。李先念代表党中央和国务院向大会致词。倪志福代表中华全国总工会第

九届执行委员会，向大会作了《在社会主义物质文明和精神文明建设中发扬工人阶级的主人翁精神》的工作报告，总结了工会九大以来我国工人运动和工会工作所取得的成绩和经验，提出新时期工会工作的方针是：以四化建设为中心，为职工说话、办事，维护职工合法权益，加强对职工的思想政治教育和文化技术教育，建设一支有理想、有道德、有文化、守纪律的职工队伍，充分发挥工人阶级在社会主义物质文明和精神文明建设中的主力军作用。大会选举产生了由 241 名执委、83 名候补执委组成的中华全国总工会第十届执行委员会和由 42 名经审委员组成的中华全国总工会第十届经费审查委员会。大会通过了关于工作报告、财务工作报告、修改工会章程的决议和新的《中国工会章程》。大会于 10 月 29 日闭幕。1983 年 10 月 30 日，中华全国总工会第十届执行委员会第一次全体会议选举倪志福为主席。

1983 年 10 月，中国工会第十次全国代表大会在北京举行

三、中国工会十大对工会章程修改的主要内容

经过全体代表的认真审议，大会对《中国工会章程》进行了修订。新修订的章程与工会九大修订的章程比较，有较大的修改。在章程结构上，由五章 20 条增加到八章 36 条。重新起草了“总则”，专设了“工会干部和工会积极分子”一章；增加了“附则”一章；“工会的全国组织和地方组织”分设为“全国组织”“地方组织”两章。

工会十大修订的《中国工会章程》，清除了九大章程中存在的“左”的错误内容，力求体现群众组织群众化的精神，解决工会密切联系群众的问题，首次明确把工会办成“职工之家”。

（一）“会员”一章的修改内容

会员部分，对会员退会作出了规定：“会员有退会自由。会员退会应由本人向工会小组提出，由基层委员会宣布除名并收回会员证。”“会员没有正当理由连续六个月不交纳会费、不参加工会组织生活，经教育拒不改正，应视为自动退会。”

（二）关于组织制度

组织制度部分，主要是贯穿工会民主化、群众化的精神。对会员是工会的主人，基层工会是工会的基础，章程作了一系列的阐述。规定：“工会各级代表大会的代表和委员会的产生，要体现选举人的意志。候选人名单，要反复酝酿，充分讨论。选举采用无记名投票方式。任何组织和个人，不得以任何方式强迫选举人选举或不选举某个人。”还规定：“各级工会代表大会选举产生同级经费审查委员会”，改变了工会八大、九大章程关于各级经费审查委员会由工会的各级委员会选举的规定。明确了全国工会是一个统一的整体，各级工会既要在同级党委的领导下，积极主动、独立负责地开展工作，又要接受上级工会的系统领导。为保障会员和工会组织的合法权益，新增加了县以上工会设立法律顾问组织的规定。

（三）关于组织机构

新修订的章程规定，中华全国总工会执行委员会全体会议选举主席一人、副主席若干人、主席团委员若干人，组成主席团，不再设立常务委员会。规定“主席团下设书记处，由主席团推选第一书记一人，书记、候补书记若干人组成”，第一次设立“第一书记”一职。

根据机构改革的精神，从加强基层工会和群众工作着眼，从加强市级总工会着手，注意调动地方工会和产业工会两个积极性，有区别地对产业工会作了一些新的规定：“产业工会全国委员会与地方总工会对所属地方产业工会实行双重领导”，“产业工会工作委员会对相应的地方产业工会的工作实行指导”。“基层组织”一章写得比较具体，主要是从会员的愿望和“四化”建设的要求考虑，突出了承担职工代表大会的工作机构这一侧重点。

（四）关于工会干部和工会积极分子

新增“工会干部和工会积极分子”一章，强调工会必须适应新时期的需要，按“四化”要求，建设一支密切联系群众、全心全意为职工群众服务的干部队伍，依靠积极分子活跃工会工作，从而对工会干部提出了更高的要求。这些是开创工会工作新局面的组织保证。

四、突出群众组织特点的工会章程

工会十大修订的《中国工会章程》，继承了历届工会章程的优点，清除了工会九大章程中存在的“左”的错误内容，更好地反映了会员群众对工会的意愿和要求，突出了工会群众组织的特色；阐明了工会的性质、特性与作用，强调了工会组织的阶级性、群众性和民主化；扩大了会员的民主权利，进一步健全了工会的民主生活和民主制度；贯彻了面向基层、面向群众、加强基层工会建设的要求，力求减少机构设置的层次，以便更好地为广大会员群众服务。新章程的贯彻执行，对于进一步加强工会的自身建设，促进工会生活的民主化，实现工会组织的群众化，使工会增加吸引力、凝聚力和活力，真正成为“职工之家”，在国家和社会生活中发挥自身独特的、更加积极的作用，作出了重要贡献。

第十二章

中国工会第十一次全国代表大会与《中国工会章程》

1988年10月22日至28日在北京召开的中国工会第十一次全国代表大会（简称“工会十一大”），是贯彻党的十三大确定的社会主义初级阶段的基本路线，适应我国经济体制改革和社会发展需要，推进政治体制改革，并实施工会改革基本设想背景下召开的一次重要会议，它以其改革主题而被载入中国工会运动的史册。这次大会提出了工会组织的维护、建设、参与、教育四项职能，并把维护职能放在四项职能之首，这是工会理论与实践的重要突破，对后来的工会工作具有重要的影响。大会通过了《中国工会章程部分条文修正案》，对《中国工会章程》进行了修订，体现了工会自身改革的进程。

一、历史背景

（一）改革开放大潮中的工人阶级

中共十二大以后，经济体制改革在全国范围内迅速地全面展开。1984年10月12日，党的十二届三中全会召开。全会通过《中共中央关于经济体制改革的决定》（简称“《决定》”），提出“要突破把计划经济同商品经济对立起来的传统观念”的论断，是理论上的重要突破。《决定》还提出，改革的任务是为了建立充满生机的社会主义经济体制，促进社会生产力的发展。经济体制改革的中心环节是增强企业活力。这一改革在当时被形象地称为打破“大锅饭”，关系到企业职工根本利益的劳动关系从此逐步发生极为深刻的变化，工人阶级群众和工会组织经受着前所未有的考验和洗礼。特别是工会十大以来，经济体制改革的重大措施相继出台，传统体制发生深刻变化，工会运动也遇到了很多前所未有的新问题。

（二）中共十三大与政治体制改革

1987 年 10 月 25 日至 11 月 1 日，中国共产党第十三次全国代表大会在北京召开。这次大会系统论述了中国正处于社会主义的初级阶段，全面阐发了“一个中心、两个基本点”的基本路线：领导和团结全国各族人民，以经济建设为中心，坚持四项基本原则，坚持改革开放，自力更生，艰苦创业，为把我国建设成为富强、民主、文明的社会主义现代化国家而奋斗。

为了贯彻落实这个基本路线，适应经济体制改革和社会发展的需要，大会还提出了要进行政治体制改革的重要任务。这对于工会十一大的影响是至为关键的，它是工会进行改革、理顺工会与党和政府关系的基本前提。关于工会的重要作用和职能，大会特别提出，工会作为党和政府联系职工群众的桥梁和纽带，在社会主义民主生活中具有重要作用。要理顺党和行政组织同群众组织之间的关系，在维护全国人民总体利益的同时，更好地表达和维护职工群众的具体利益。大会要求工会组织在深化改革中，应积极推进组织制度的改革，转变活动方式，积极参与社会协商对话、民主管理和民主监督，把工作重点放在基层，克服“官”气和行政化倾向，赢得群众特别是基层群众的信任。

不仅如此，党中央还十分明确地指导了工会改革的问题。在 1988 年 2 月，中央政治局常委会议讨论召开工会十一大准备工作时，就指出，这次大会必须开成一个改革的大会，既要明确工会在国家全面改革中的任务，又要着力解决好工会改革的问题。显然，工会十一大改革的主题与设想，是与党对工会的指导思想的发展变化、与当时的社会政治环境密不可分的。[①]

（三）工会改革的基本设想

为贯彻党的十三大提出的社会主义初级阶段的基本路线和进行政治体制改革的任务，全国工会系统逐步把自身改革提上议事日程。1988 年 9 月，中华全国总工会十届六次执委会议审议通过的《工会改革的基本设想》（简称“《设想》”），确定了工会改革的基本框架，成为工会十一大的中心内容。《设想》确定的新时期工会工作的社会职能，就是后来被称为工会的维护、建设、参与、教育四项基本职能，被认为是工会十一大在指导思想和工会理论上的重要突破和贡献之一。它不仅体现了党的以经济建设为中心，在维护全国人民的总体利益的同时，更好地表达和维护职工群众的具体利益的基本指导原则，而且作为互相联系、互相作用的有机整体，从不同的方面体现了工会应有的社会作用。[②]

二、中国工会第十一次全国代表大会简况

1988 年 10 月 22 日，工会十一大在北京开幕。出席大会的代表 1515 人，代表全国各条战线上的 9600 多万名工会会员。党和国家领导人邓小平、杨尚昆、李鹏、万里、李先念、彭真、王震等会见了出席大会的代表。中共中央和国务院向大会致祝词，高度评价工人阶级在改革开放和社会主义现代化建设中的巨大贡献和重要作用，充分肯定中国工会在团结广大职工投身改革和建设事业、促进国家经济繁荣和维护社会安定团结中的重要作用，要求把以经济建设为中心，在维护全国人民总体利益的同时，更好地表达和维护职工群众的具体利

① 王永玺主编：《从一次劳大到工会十五大——中国工会历次代表大会巡礼》，北京：中国工人出版社，2013 年版，第 146 页。

② 王永玺主编：《从一次劳大到工会十五大——中国工会历次代表大会巡礼》，北京：中国工人出版社，2013 年版，第 146-147 页。

益，作为中国工人运动和工会工作的一项基本指导原则。7 个群众团体的代表和解放军的代表向大会致贺词。

1988 年 10 月，中国工会第十一次全国代表大会在北京举行

倪志福代表中华全国总工会第十届执行委员会向大会作了《推进工会改革，团结亿万职工在全面深化改革中发挥主力军作用》的工作报告，回顾了工会十大以来工会工作取得的成绩，提出了今后的工会工作方针：以经济建设为中心，立足改革全局，把发展生产力和维护职工具体利益结合起来，增强基层工会活力，实现工会的群众化、民主化，团结教育广大职工为建设有中国特色的社会主义而奋斗。大会采取差额选举和无记名投票方式，选出由 229 名执委和 35 名经审委组成的中华全国总工会第十一届执行委员会和经费审查委员会。大会通过了关于工作报告、财务工作报告、经审工作报告的决议和关于中国工会章程部分条文修正案的决议。大会于 10 月 28 日闭幕。1988 年 10 月 27 日，中华全国总工会第十一届执行委员会第一次全体会议选举倪志福为主席。

工会十一大提出的对工会工作的基本指导原则、工作方针及对工会改革的设想，都对当时以及后来的工会工作和工会理论探索产生了重要的影响。通过改革来理顺工会与党和行政的关系，通过改革使工会成为党领导的，独立自主、充分民主、职工信赖的工人阶级群众组织，只有如此，才能在维护全国人民总体利益的同时，更好地表达和维护职工群众的具体利益。这一指导思想和理论上的突破，表达了工会组织长期以来的愿望和要求。当时的工会工作者认为它将作为我国工会在新的政治体制下独立自主开展工作，在国家和社会生活中作为重要的社会政治团体发挥作用的伟大开端而载入史册；将作为中国工会由习惯于计划经济条件下进行工作，向更加自觉地转向社会主义商品经济条件下进行工作的重要开端而载入史册；将作为工会从行政化倾向比较严重向群众化、民主化转变的重要开端而载入史册。①

三、中国工会十一大对工会章程修改的主要内容

工会十一大通过的《中国工会章程部分条文修正案》，对章程部分条文作了修订。

（一）“总则”部分修改的内容

根据党的十三大对群众团体的要求，使工会性质的表述更加科学、完整，将“总则”第一段改为：“中国工会是中国共产党领导的职工自愿结合的工人阶级群众组织，是重要的社会政治团体。工会坚持以经济建设为中心，在维护全国人民总体利益的同时，更好地表达和维护职工群众的具体利益，为职工说话、办事，建设一支有理想、有道德、有文化、有纪律的职工队伍，充分发挥工人阶级在社会主义物质文明和精神文明建设中的主力军作用。”将“总则”最后一段改为：“中国工会坚持群众化、民主化，坚持群众路线，依靠会员群众办工会，根据会员群众的意愿和要求开展活动，用民主的方法，吸引诱导的方法进行工作，全心全意为职工群众服务，把工会建设成‘职

① 王永玺主编：《从一次劳大到工会十五大——中国工会历次代表大会巡礼》，北京：中国工人出版社，2013 年版，第 151-153 页。

工之家’。”

（二）关于工会组织制度和组织机构

充分发扬民主，完善工会民主选举制度，是实现工会组织群众化、民主化的一项基本要求，也是工会自身改革的重要内容，因此，在第九条增写了“可以直接采用候选人数多于应选人数的差额选举办法进行正式选举，也可以先采用差额选举办法进行预选产生候选人名单，然后进行正式选举”。同时，将第二十五条中“工会基层委员会选举主席、副主席”改为“工会委员会的主席、副主席，可以由会员大会和会员代表大会直接选举产生，也可以由基层工会委员会选举产生。主席、副主席和工会委员会委员的人选，应由会员自下而上提名，并在充分酝酿协商的基础上确定正式候选人”。

依据工会章程选举工会领导人

关于全国总工会领导机构的设置，实践证明，在全国总工会领导机构中，没有必要设立“候补书记”。因此，将第十八条中“主席团下设书记处，由主席团推选第一书记一人，书记、候补书记若干人组成”改为“主席团下设书记处，由主席团推选第一书记一人，书记若干人组成”，取消了“候补书记”的设置。

为进一步加强工会组织的经费收支和财产管理的民主监督，严肃财经纪律，保证用好工会经费，在第十二条关于经费审查委员会的职责中增写了“监督财经法纪的贯彻执行和工会经费的合理使用”。

密切工会同妇女联合会的合作，理顺工会女职工委员会同妇女联合会的关系，加强工会女职工的工作，是工会和妇联组织的共同愿望。因此，在第十三条增写一段“县和县以上各级工会设女职工委员会，表达和维护女职工的特殊利益”。同时，在第二十七条第二段后面增写一段“基层工会设女职工委员会。厂矿企业工会女职工委员会可成为妇女联合会的团体会员”。

为了健全工会的民主制度，工会基层组织会员代表大会的代表改为常任制，工会基层组织的会员大会或会员代表大会一般每年召开一次。同时，考虑到基层工会换届选举过频，也不利于代表及基层工会干部熟悉工会业务和总结积累经验，有必要适当延长代表及基层委员会的任期。从上述两方面的需要出发，将第二十四条中“工会基层组织的会员大会或会员代表大会，一般每二年召开一次”改为“工会基层组织的会员大会或会员代表大会，一般每年召开一次。会员代表大会的代表实行常任制，任期三至五年”。

为有利于县和县级市总工会的领导成员熟悉业务，积累工作经验，也有必要对这个层级召开代表大会的时间和届期作适当延长。因此，将第二十条中“不设区的市、县（旗）的工会代表大会，每三年举行一次”改为“不设区的市、县（旗）的工会代表大会，三至五年举行一次”。

四、改革过程中的工会章程

工会十一大召开时，由于我国经济体制改革在不断深化，政治体制改革在逐步展开，工会改革还刚刚起步，许多问题尚待在实践中进一步探索。因此，工会十一大对《中国工会章程》未作全面修改，只对个别条款作了局部修改。差额选举和基层工会代表大会代表常任制的规定，对推动工会群众化、民主化，发挥了积极作用。

第十三章

中国工会第十二次全国代表大会与《中国工会章程》

1993年10月24日至30日在北京召开的中国工会第十二次全国代表大会（简称“工会十二大”），是在国际共产主义运动处于低潮的国际背景下，为贯彻1992年邓小平南方谈话和中共十四大精神，在社会主义市场经济条件下推进中国工会工作而召开的一次重要会议，也是在1992年《工会法》修订后召开的一次重要的大会。大会通过了《中国工会章程（修正案）》，对《中国工会章程》进行了修订，依据新修改的《工会法》对章程进行了规范和完善，与《工会法》规定保持一致。

一、历史背景

（一）加强和改善党对工会的领导

1989年6月，在中国共产党十三届四中全会上，进一步重申了党的全心全意依靠工人阶级的指导方针。为指导工会、共青团、妇联更好地在改革和建设中发挥作用，1989年12月，中共中央下发了《中共中央关于加强和改善党对工会、共青团、妇联工作领导的通知》，阐明了党对群众工作领导的重要意义，是指导工会工作的纲领性文件，对于稳定思想和开展工作起了重要作用。

（二）《工会法》的修订与工会法律地位的进一步确立

中华人民共和国的第一部《工会法》颁布实施于1950年6月，已经不能适应改革开放和实现四个现代化的形势和环境需要。1992年4月3日，由第七届全国人大第五次会议通过的《中华人民共和国工会法》正式颁布实施。这是中国政治生活中的一件大事，也是工会建设史上的一件大事。修订后的《工会法》继承和发展了1950年的《工会法》，体现了有中国特色的社会主义工人运动和工会工作的基本特征。它标志着我国以宪法为核心的社会主义民主与法制的进一步完善，使工人阶级和工会的各项权利的实现有了坚实的基础和法律的保障，使社会主义民主有了更丰富、更充实的内容。同时，《工会法》的颁布与实施，有利于进一步加强工会自身建设，推进工会改革，发挥工会组织在国家政治、经济和社会生活中的作用，为工会进一步支持改革、组织和动员职工投身改革提供了有力的法律依据。

（三）工会在社会主义市场经济建立过程中面临的形势

1992年10月，中国共产党第十四次全国代表大会在北京召开，江泽民作了《加快改革开放和现代化建设步伐，夺取有中国特色社会主义事业的更大胜利》的报告。报告确定了中国改革的目标是建立社会主义市场经济体制，并明确将建设有中国特色社会主义的理论作为全党的指导思想，第一次比较系统地初步回答了在中国这样经济比较落后的国家如何建设社会主义、如何巩固和发展社会主义等一系列基本问题。报告在论述社会主义领导力量和依靠力量上，强调要坚持全心全意依靠工人阶级和广大劳动群众，充分发挥全体人民的积极性和创造性的方针，并把它纳入建设有中国特色社会主义理论体系，成为这一理论的主要内容。

党的十四大的召开，为社会主义市场经济条件下的中国工会事业的发展明确了前进方向。在社会主义市场经济体制的探索中，如何搞好国有企业经营体制的转换，同时又能维护好职工的合法权益；如何处理国家、企业、职工三者的关系；如何加强监督；如何创新工作方法，应对新形势新问题，都是工会所面临的问题。1992 年 12 月，中华全国总工会第十一届十六次主席团会议和十一届五次执委会议在北京召开。胡锦涛发表重要讲话，他指出，贯彻全心全意依靠工人阶级的方针，工会责无旁贷。工会要通过全面履行社会职能，推动党的全心全意依靠工人阶级方针的落实。

二、中国工会第十二次全国代表大会简况

1993 年 10 月 24 日，中国工会第十二次全国代表大会在北京开幕。出席大会的代表有 1600 人，代表全国各条战线的 1.02 亿名工会会员。特邀代表 296 人和 21 名港澳地区工会界的来宾列席大会。党和国家领导人江泽民、李鹏、乔石、李瑞环、朱镕基、刘华清、胡锦涛等出席了开幕式并接见了全体代表。会前，江泽民等中央领导人接见大会主席团常务主席，江泽民作重要讲话，他指出，当前深化企业改革、转换国有企业特别是大中型企业的经营机制，是摆

1993 年 10 月，中国工会第十二次全国代表大会在北京隆重召开

在我们面前的一个重大课题。各级工会要团结和动员广大职工积极投身改革，推动改革不断深入；要及时反映职工群众的意见和要求，切实维护职工的合法权益；要积极探索有中国特色的社会主义工会工作新路子，努力开创工会工作的新局面。各级党委要加强和改善对工会工作的领导，支持工会依照宪法、法律和自己的章程独立自主地开展工作，使工会真正成为党和政府密切联系广大职工群众的桥梁和纽带。中共中央政治局常委、中央书记处书记胡锦涛代表党中央、国务院作了题为《我国工人阶级的伟大使命》的祝词，指出：发展社会主义市场经济，并不改变国家的性质和工人阶级在国家生活中的领导地位，各级党委和政府必须旗帜鲜明、毫不动摇地坚持全心全意依靠工人阶级的方针。全国妇联负责人代表群众团体和解放军代表向大会致词。受倪志福委托，中华全国总工会副主席、书记处第一书记张丁华代表中华全国总工会第十一届执行委员会向大会作了《团结动员全国职工发挥主力军作用，为夺取有中国特色社会主义事业的更大胜利而奋斗》的工作报告。10 月 28 日，大会邀请中共中央政治局常委、国务院副总理朱镕基作经济形势报告。大会在全面学习贯彻党的十四大精神的基础上，系统地总结了自党的十一届三中全会以来工人运动和工会工作的伟大成就和基本经验，确定了今后一个时期工会工作的方针和主要任务，强调工会要坚定不移地贯彻执行党的基本路线，全心全意依靠工人阶级，在维护全国人民总体利益的同时，更好地表达和维护职工群众的具体利益，全面履行好工会的各项职能，充分发挥民主渠道和社会调节作用。大会通过了关于工作报告、财务工作报告、经审工作报告和中国工会章程修正案的决议。大会选举产生了由 241 名执行委员和 40 名经审委员组成的中华全国总工会第十二届执行委员会、经费审查委员会。1993 年 10 月 29 日，中华全国总工会第十二届执行委员会第一次全体会议选举尉健行为主席。

三、中国工会十二大对工会章程修改的主要内容

在中国工会第十二次全国代表大会上，通过了《中国工会章程（修正案）》。新修订的章程由原来的八章36条修改为九章41条，除增加了“会徽”一章外，基本保持原来的总体结构。

（一）“总则”部分的修改内容

修订后的工会章程，对“总则”部分作了较大的调整和充实。进一步明确了工会的性质、身份和活动准则，扼要阐述了中国工人阶级的地位和作用，明确了工会工作的指导思想和基本任务，集中阐述了工会的社会职能，增写了工会在社会主义市场经济条件下参与协调劳动关系、调节社会矛盾的作用，对工会与政府、工会与企业事业行政间关系的内容作了补充。

1. 进一步明确了工会的性质以及工会作为会员和职工利益代表者的身份。“总则”第一自然段规定：“中国工会是中国共产党领导的职工自愿结合的工人阶级群众组织，是党联系职工群众的桥梁和纽带，是国家政权的重要社会支柱，是会员和职工利益的代表。”

2. 明确规定了工会的活动准则。“总则”第二自然段规定：“中国工会以宪法为根本的活动准则，依照《中华人民共和国工会法》和《中国工会章程》独立自主地开展工作，依法行使权利和履行义务。”

3. 增写了中国工人阶级的地位和作用，提出了中国工会工作的指导思想和基本任务。“总则”第三自然段在充分肯定我国工人阶级的地位和作用的同时，明确了中国工会工作的指导思想和基本任务。

4. 扼要阐述了工会的社会职能。“总则”第四自然段集中阐述了中国工会在社会主义初级阶段的维护、建设、参与、教育这四项社会

职能。工会的这四项社会职能是正确总结新中国成立以来工会工作长期实践经验而取得的重要成果。它体现了我国工会的性质和特点，反映了广大职工的利益和要求。

5. 增写了在社会主义市场经济条件下，工会在参与协调劳动关系、调节社会矛盾、促进社会长期稳定和经济发展方面应当发挥重要作用的内容。

6. 补充和增写了工会与政府、工会与企事业行政关系的内容。“总则”第六自然段阐述了工会与政府的关系，第七自然段增写了工会与企事业行政的关系。

7. 对工会建设的内容作了补充。“总则”第九自然段补充了以下内容：“中国工会坚持群众化、民主化，保持同会员群众的密切联系，依靠会员群众开展工会工作。各级工会领导机关坚持把工作重点放到基层，全心全意为基层、为职工服务，增强基层工会的活力，把工会建设成为‘职工之家’。”

8. 增写了工会兴办企事业的内容。“总则”第十自然段明确规定了工会兴办企事业的宗旨：“坚持为改革开放和发展社会生产力服务，为职工群众服务，为推进工运事业服务。”

9. 进一步明确了中国工会在国际活动中的基本立场和原则。“总则”规定“在国际事务中坚持独立自主、广泛联系的方针，在独立、平等、互相尊重、互不干涉内部事务的原则基础上，广泛发展同各国工会组织的友好关系”。

（二）条文部分主要修改的内容

对条文部分的修改主要是对会员的权利、义务作了调整；对工会干部的条件作了修改和补充，提出了更高的要求；根据当前工会工作实际需要，对工会的组织制度、产业工会与地方工会的关系、工会基层组织的任务、工会的财产管理和经费审查委员会的职权等，作了必要的调整、修改和补充。

1. 适当调整了职工加入工会的条件，进一步明确了会员的权利与义务。规定职工加入工会的地域范围是在中国境内的企业、事业单位和机关。把以工资收入为主要生活来源的“职工”，改为以工资收入为主要生活来源的“体力劳动者和脑力劳动者”。同时，还增加了不分“种族”“教育程度”的规定。在第三条会员的权利中，增写了会员对工会工作进行监督等内容。补充了工会组织要关心离休、退休和待业会员的生活，积极向有关方面反映他们的愿望和要求等内容。

2. 进一步健全了工会的组织制度。增写了“会员大会和会员代表大会有权撤换或者罢免其所选举的代表和工会委员会组成人员”的规定。根据工会十一大以来试行联合制、代表制的经验，增写了“全国产业工会、各级地方产业工会、乡镇工会和城市街道工会的委员会，可以按照联合制、代表制原则，由下一级工会组织民主选举的主要负责人和适当比例的有关方面的代表组成”。为及时健全工会组织的领导机构，体现领导机构的代表性，更好地贯彻民主集中制原则，增写了中华全国总工会执行委员会和中华全国总工会经费审查委员会委员替补制的规定。鉴于在深化改革中，一些地方不断出现非法撤销、合并工会组织和机构的现象，增写了撤销工会组织的有关规定。按中共中央办公厅的意见，明确了工会女职工委员会与妇联的关系。

3. 在工会的组织领导体制方面，进一步明确了产业工会与地方工会的关系。修改后的章程第十条规定：“除少数行政管理体制实行垂直管理的产业，其产业工会实行产业工会和地方工会双重领导，以产业工会领导为主外，其他产业工会均实行以地方工会领导为主，同时接受上级产业工会领导的体制。各产业工会的领导体制，由中华全国总工会确定。”

4. 对工会的全国组织和地方组织的设置、任期等内容作了适当调整，并且增写了建立乡镇和城市街道工会的内容。从实际出发，在第十九条中将主席团会议“至少每季度召开一次”改为“一般每季度举行一次”。在第二十一条中将不设区的市、县（旗）的工会代表大会，由三年至五年举行一次，改为每五年举行一次。为了适应形势发展和工会工作的要求，加强对乡镇和街道企事业单位工会的领导，第二十一条增写了“县和城市的区可在乡镇和街道建立乡镇工会和街道工会组织”。

5. 进一步明确了工会基层组织的任务，并对会员不足二十五人的单位工会组织的建立作了补充规定。对工会基层组织的基本任务作了比较大的调整和充实，将内容相近的规定进行了归类合并，突出了工会基层组织在参与协调劳动关系方面的作用。为有利于会员不足二十五人的单位的工会开展工作，完成工会基层组织的任务，根据各地的实践经验，将第二十四条的有关规定改为“会员人数不足二十五人的，可以选举组织员一人，也可以选举工会主席、副主席，主持基层工会工作”。

6. 对工会干部提出了新的更高的要求。在第三十一条中要求工会干部努力做到：“认真学习马克思列宁主义、毛泽东思想，认真学习建设有中国特色社会主义的理论，学习经济、法律和工会业务知识。”“执行党的基本路线和各项方针政策，遵守国家法律、法规，在改革开放和社会主义现代化建设中勇于开拓创新。”

7. 充实了工会经费和财产管理的内容，扩大了工会经费审查委员会的职权，将第七章“经费”改为“工会经费和财产”。在第三十六条中规定，“工会根据经费独立原则，建立预算、决算和经费审查监督制度”，明确了工会的财务管理体制是“统一领导、分级管理”。为保障工会的财产所有权不受侵犯，与《工会法》相衔接，规定了工会经费和财产处置原则。随着工会企事业的发展、工会经费和财产的增加，为进一步加强对工会经费的审查监督工作，章程扩大了经费审查委员会的职权。

8. 增写了“会徽”一章。自 1925 年中华全国总工会建立以来，没有会徽。此次增补第八章，对中国工会会徽的造型、寓意和使用范围作了规定。中国工会会徽，选用汉字“中”“工”两字，经艺术造型呈圆形重叠组成，象征中国工会和中国工人阶级的团结统一。中国工会会徽在制作时为红色底，选用“中”“工”两字组成金色主体图案。

四、贯彻落实《工会法》精神的工会章程

根据修订后的《工会法》的有关规定，正确处理继承和发展的关系，凡章程中与《工会法》不相符合的内容，以及不适合当时工会工作和建设实际状况的内容，此次代表大会均作出了修改。修订后的章程把总结实践经验和适应形势发展要求结合起来，使各项制度和规定的内容更加完善，更加适合改革开放和现代化建设对工会工作的要求。如中华全国总工会执行委员会和中华全国总工会经费审查委员会委员实行替补制和对经费审查监督的规定，进一步适应了工会工作的实际和要求。

第十四章

中国工会第十三次全国代表大会与《中国工会章程》

1998年10月19日至24日在北京召开的中国工会第十三次全国代表大会（简称“工会十三大”），是20世纪召开的最后一次工会全国代表大会，是中国工运史上承前启后、继往开来的一次盛会。大会贯彻党的十五大精神，对跨世纪的工会工作作出部署。工会十三大通过了《中国工会章程（修正案）》，对《中国工会章程》进行了修订，把邓小平理论作为工会工作的指导思想明确写入了章程，系统地概括了邓小平关于工人阶级和工会工作的理论，反映了改革开放和社会主义现代化建设对工会的要求，对指导工会工作具有十分重要的意义。

一、历史背景

（一）党的十五大坚定经济体制改革和经济发展战略思想

中国共产党第十五次全国代表大会于1997年9月12日至18日在北京召开。党的十五大为我国社会主义改革开放和现代化建设的跨世纪的发展作出了全面部署，是一次具有承前启后、继往开来意义的重要大会。江泽民代表第十四届中央委员会作了《高举邓小平理论伟大旗帜，把建设中国特色社会主义事业全面推向二十一世纪》的报告。报告首次明确提出了“邓小平理论”的科学论断，指出必须用邓小平理论来指导中国整个事业和各项工作。党的十五大报告郑重地宣布：必须坚持十一届三中全会以来的路线不动摇，坚持高举邓小平理论的旗帜不动摇。

报告系统论述了社会主义初级阶段的基本路线和纲领，指出：中国现在处于并将长期处于社会主义初级阶段。完成这样的历史进程，至少需要一百年时间。[①]

党的十五大是在20世纪末召开的一次具有跨世纪意义的党代会。这次大会的召开表明我国用邓小平理论指导整个事业和各项工作，继续坚持有中国特色的社会主义市场经济体制之路，坚持改革开放，全心全意依靠工人阶级，大踏步走改革之路，把建设有中国特色社会主义事业全面推向21世纪。

（二）深化改革中工会工作面临的挑战

党的十四大以来，国有经济布局和结构调整步伐加快，社会主义市场经济体制建立并不断完善，国有企业的管理体制和经营机制发生了深刻变化，市场竞争力明显增强，为我国经济发展和社会进步作出了重要贡献。但随着传统的计划经济体制向社会主义市场经济体制转变，工会也面临一系列新情况新问题。三方格局的形成，使经济关系、劳动关系日趋多元化、复杂化，迫切需要工会作为职工利益的代表者和维护者，代表和维护职工的合法权益，调整劳动关系，保护和调动职工的积极性，动员职工投身改革和现代化事业，完成党和政府提出的各项任务，在改革、发展、稳定的大局中发挥作用。[②]

（三）传统的工会组织体制面临变革的需要

工会十二大召开后的五年来，中国工会工作存在的缺点和不足

① 金冲及著：《二十世纪中国史纲（第四卷）》，北京：社会科学文献出版社，2009年版，第1313-1314页。

② 王永玺主编：《从一次劳大到工会十五大——中国工会历次代表大会巡礼》，北京：中国工人出版社，2013年版，第163-172页。

进一步暴露，主要表现为工会组织体制、运行机制、活动方式、干部素质等有的还不适应发展社会主义市场经济的要求。工人阶级发生内部结构变化，出现了乡镇企业职工和外来务工者群体等，而工会组建工作未能够及时有效开展。另外，在工会工作中，有的地方没有把工作重点放在基层，工会维护职工合法权益、密切联系职工群众方面还不尽如人意；有的工会干部思想工作作风不扎实，有脱离职工群众的倾向等。

（四）《中华人民共和国劳动法》的颁布施行

1994 年 7 月，《中华人民共和国劳动法》颁布，于 1995 年 1 月 1 日起开始施行。《劳动法》作为一部全面规定劳动制度、调整劳动关系、保护劳动者合法权益的综合性法律，在工会表达和维护劳动者合法权益、依法独立自主地开展活动、依法对用人单位遵守劳动法规的情况进行监督等方面，赋予工会各项职责，使工会更好地维护职工劳动权益有了基本法律的保障。这给各级工会组织如何贯彻落实《劳动法》赋予工会的各项权利，更好地维护广大职工的合法权益，做好工会工作带来了重大机遇与挑战。

二、中国工会第十三次全国代表大会简况

1998 年 10 月 19 日，中国工会第十三次全国代表大会在北京开幕。出席大会的代表 1652 人，特邀代表 207 人，代表全国各条战线的工会会员 8913 万人，另有列席代表 24 人，港澳来宾 25 人。大会的主题是：高举邓小平理论伟大旗帜，团结动员各族职工为实现我国跨世纪宏伟目标而奋斗。党和国家领导人江泽民、李鹏、朱镕基、李瑞环、胡锦涛、尉健行、李岚清等出席大会并会见大会代表。开幕式由中共中央政治局常委、中央书记处书记、中华全国总工会主席尉健行主持。中共中央政治局常委、中央书记处书记、国家副主席胡锦涛代表党中央发表了题为《工人阶级要为实现我国跨世纪发展的宏伟目

1998 年 10 月，中国工会第十三次全国代表大会在北京召开

标不懈奋斗》的祝词。祝词充分肯定了中国工人阶级的伟大历史功绩和工会组织发挥的重要作用，号召工人阶级发扬识大体、顾大局的优良传统，正确对待改革过程中的利益关系调整，珍惜工人阶级队伍的团结和统一。祝词要求工会把自觉接受党的领导与独立自主开展工作统一起来，在思想上、政治上与党中央保持一致，同时要从工会工作的实际出发，充分发挥自身的特点和优势，积极开展社会需要、基层需要、职工欢迎的工作和活动，进一步增强工会组织的吸引力和凝聚力。群众团体代表和解放军代表分别向大会致贺词。

受尉健行委托，中华全国总工会副主席、书记处第一书记张丁华代表中华全国总工会第十二届执行委员会向大会作了题为《高举邓小平理论伟大旗帜，团结动员各族职工为实现我国跨世纪宏伟目标而奋斗》的工作报告。报告肯定了 20 世纪工人运动和工会工作的光辉业绩和重大贡献，高度评价了工会工作总体思路，并提出今后五年工会工作的指导方针：在中国共产党的领导下，高举邓小平理论伟大旗帜，全面贯彻党的十五大精神，坚持基本路线和基本纲领，坚定不移地推动全心全意依靠工人阶级方针的落实，突出工会的维护职能，充分发挥民主参与、民主监督和社会调节作用，不断加强工会的群众化、民主化、法制化建设，更好地为职工群众服务，团结、教育和动员广大职工为深化改革、促进发展、维护稳定，把建设有中国特色社会主义事业全面推向21世纪而努力奋斗。

大会期间，中共中央政治局常委、国务院总理朱镕基向大会作了当前经济形势的报告。大会经差额选举产生了由258名执委和41名经审委员组成的中华全国总工会第十三届执委会和经费审查委员会。大会通过了关于工作报告、财务工作报告、经审工作报告和《中国工会章程（修正案）》的决议。1998年10月23日，中华全国总工会第十三届执行委员会第一次全体会议选举尉健行为主席。

三、中国工会十三大对工会章程修改的主要内容

工会十三大通过了《中国工会章程（修正案）》。修改后的工会章程仍为九章41条。参照党章修改内容，把“总则”部分“中国工会以建设有中国特色社会主义理论为指导”修改为“中国工会以马克思列宁主义、毛泽东思想、邓小平理论为指导”；“工会干部”一章中“建设有中国特色社会主义理论”改为“邓小平理论”。在第二章按照《中华人民共和国工会法》规定，增写了“全国建立统一的中华全国总工会”的规定。

四、邓小平理论作为工会的指导思想写入工会章程

工会十三大把邓小平理论作为工会工作的指导思想明确写入了《中国工会章程》，使工会章程体现了邓小平理论和党的基本路线、基本纲领的精神，反映了改革开放和社会主义现代化建设对工会的要求，符合《工会法》的规定和工会工作的实际，对于在改革开放和发展社会主义市场经济新形势下，做好工会工作，加强工会建设，具有十分重要的意义。

第十五章

中国工会第十四次全国代表大会与《中国工会章程》

2003年9月22日至26日在北京召开的中国工会第十四次全国代表大会（简称“工会十四大”），是进入21世纪以来中国工会首次召开的全国代表大会，是贯彻党的十六大精神，我国开始全面建设小康社会新形势下召开的一次重要会议。工会十四大通过了《中国工会章程（修正案）》，对工会章程进行了修订，把“三个代表”重要思想写进章程，将其确立为工会工作的指导思想之一，并明确中国工会的基本职责是维护职工合法权益，对于指导和推进工会工作，具有十分重要的意义。

一、历史背景

（一）跨入新世纪工会所面临的社会政治经济形势

自1978年开始改革开放到党的十六大召开，改革开放已走过20多年历程。这一时期，全党、全国各族人民艰苦奋斗，胜利实现了现代化建设“三步走”战略的第一步和第二步目标，人民生活实现了由温饱向小康的历史性跨越，综合国力大幅度提高，社会主义市场经济体制初步建立，全方位对外开放格局基本形成，这是我国改革开放和社会主义现代化建设取得的举世瞩目的伟大成就，是中华民族发展史上的一个新的里程碑。

国际上，和平与发展已成为当今时代的主题。世界多极化和经济全球化的趋势在曲折中发展，并带来新的机遇和有利条件。国与国之间综合国力竞争日趋激烈，在较长时期内国际环境与周边环境也大体处于和平状态，这对于我国进行社会主义市场经济体制改革、大力进行经济建设来说，是难得的发展契机。

进入21世纪，2002年11月8日，中国共产党第十六次全国代表大会在北京召开。中共中央总书记江泽民代表十五届中央委员会作了《全面建设小康社会，开创中国特色社会主义事业新局面》的报告。报告深刻分析了我们党和国家面临的新形势新任务，向全党、全国各族人民明确指出，必须紧紧抓住本世纪头二十年这一重要战略机遇期，集中力量全面建设惠及十几亿人口的更高水平的小康社会的奋斗目标：到2020年我国国内生产总值比2000年翻两番，基本实现工业化，人民生活更加富足；社会主义民主和法制建设更加完善，人民的各项权益得到切实尊重和保障，基层民主更加健全；全民族综合素质明显提高，普遍接受良好教育，不断促进人的全面发展；可持续发展能力增强，生态环境改善，人与自然更加和谐。

党的十六大深入总结了改革开放以来特别是十三届四中全会以来党领导全国各族人民建设中国特色社会主义的基本经验，对建设中国特色社会主义经济、政治、文化和加强党的建设等各项工作作出全面部署，提出全面建设小康社会的宏伟战略目标。这个目标的确立，描绘了新世纪头二十年宏伟蓝图，吹响了全党全国各族人民加快推进社会主义现代化建设新的号角，我国进入了全面建设小康社会、加快推进社会主义现代化的新阶段。

党的十六大把“三个代表”重要思想写入党章，确立为党的指导思想。它继承和发展了邓小平理论，反映了当代世界和中国的发展变化对党和国家工作的新要求，是加强和改进党的建设、推进我国社会主义自我完善和发展的强大理论武器，是全党集体智慧的结晶。

全国各级工会组织作为党联系职工群众的坚固桥梁和纽带，适应新的形势要求，以邓小平理论和“三个代表”重要思想为指导，认真贯彻落实党的十六大精神，紧紧围绕党和国家的工作大局开展工作，与时俱进，开拓创新，坚定不移地推动党的全心全意依靠工人阶级根本指导方针的贯彻落实，全面履行各项社会职能，突出维护职能，保护、调动、发挥广大职工的积极性和创造性，团结动员广大职工为实现全面建设小康社会的宏伟目标建功立业，充分发挥工人阶级的主力军作用。

（二）工会组建工作任重道远

进入新世纪新阶段，伴随我国经济建设和经济结构调整，大量农民进城务工，绝大部分进入第二、第三产业就业。这不仅壮大了职工队伍，同时也使我国城市经济始终保持着较低的运行成本，成为平衡我国城乡之间、东西部地区之间经济社会发展的重要力量。虽然当时我国进城务工人员已达 1 亿人左右，成为我国工人阶级的新鲜血液和不可剥离的组成部分，在经济发展和社会稳定中有着举足轻重的作用，但由于进城务工人员多以非正规就业为主，多数与用人单位未能签订劳动合同，从而造成其合法权益经常受到侵犯。同时由于进城务工人员就业不稳定，流动性大，劳动关系呈现动态化、市场化、复杂化，增加了入会难度，使大部分人游离于工会组织之外。将他们吸纳到工会中来，维护好他们在工资收入、劳动安全、文化需求等方面的基本权益，进而逐步加大维权工作力度，对于整个社会的和谐稳定具有重大意义。

20 世纪 90 年代后，随着经济体制改革的深入，国有、集体企业的改制，出现了一些认为发展社会主义市场经济不再需要依靠工人阶级的错误观点和模糊认识，一些国有、集体改制企业削弱、撤并工会组织和工作机构，削减工会专职干部，导致了基层工会组织数量减少，会员人数下降。据统计，截至 1999 年底，全国会员总数为 8700 多万名，较 1995 年的 1.03 亿名会员减少了约 1600 万名。虽然一年后全国工会会员总数回升到1.03亿名，但也仅占全国职工总数的二分之一左右。如何在国有企业改制过程中，确保工会组织机构的完整和健全，保障改制企业职工合法权益，推进企业改革和确保职工队伍的稳定，有效防止企业随意撤并、撤销工会组织的现象和问题的发生；如何采取多种措施，加快工会组建步伐，力求有更大突破和发展，工会工作任重道远。①

（三）职工队伍层次结构失衡，高级技术工人严重缺失

工人队伍中的高技能人才，是推动技术创新和实现科技成果转化不可缺少的重要力量。随着学习贯彻科学发展观的不断深入，人们越来越认识到高技能人才的价值。尤其在我国已进入全面建设小康社会、加快推进社会主义现代化的新发展阶段，工人阶级作为社会主义物质文明、政治文明和精神文明建设的主力军，其政治素养、文化素质尤为重要。全面建设小康社会对职工队伍的整体素质、对保持和发展工人阶级的先进性提出了新的更高的要求，国内对技能人才的需求量逐年增大。

在我国，人们普遍存在着重学历教育、轻职业教育，重学历文凭、轻职业技能的错误观念，技能人才在社会上还没有得到应有的重视和尊重，这造成了我国的劳动力市场严重缺乏具有熟练技术水平和一定文化知识的高技能人才。劳动和社会保障部宣传中心发布的一份调查报告显示，当时技工市场亟待解决的问题是“总量不足、年龄老化、复合型人才匮乏”，供需比例严重失调。

提高广大职工的整体素质，是工人阶级发挥主力军作用和巩固主人翁地位的重要保证。为了缓解高技能人才匮乏的情况，工会需要履行教育职能，配合政府以多种形式、多种渠道和多种途径加大对技能人才特别是高技能人才的培养力度，大力开展职工文化技术培训，努力办好各级各类职工学校，充分发挥工会教育阵地的作用，教育企业

① 王永玺主编：《从一次劳大到工会十五大——中国工会历次代表大会巡礼》，北京：中国工人出版社，2013年版，第187-188页。

尊重知识、尊重人才，建立健全有利于高技能人才成长的激励机制，调动企业职工，特别是青年技术工人提高自身技能水平的积极性，大力弘扬劳模精神，这是现代化建设的要求，也是提高职工竞争能力、维护职工利益的需要。[①]

（四）构建“和谐社会”需要工会突出维护职能

“以公有制为主体、多种所有制经济共同发展”这一基本经济制度的确立，使我国劳动关系由计划经济下的单一形式转换为市场经济条件下的多元形式。由此产生大量的新矛盾和纠纷，劳动争议案件增多，职工群体性事件时有发生，劳动关系矛盾增加，已经成为影响职工队伍和社会稳定的重要因素。

全面建设小康社会是党和国家的奋斗目标，也是广大职工群众的根本利益所在。职工的利益只有在促进国家和企业发展中才能真正得以实现保障，中央针对这一实际，提出了构建社会主义和谐社会的要求。对工会来说，推动社会主义和谐社会建设，就是要以建立稳定协调的劳动关系为着力点，进一步实现好、维护好、发展好职工群众的切身利益，保护好、引导好、发挥好职工群众的积极性，努力保持工人阶级队伍的团结统一，保持社会的稳定和谐，而这需要工会进一步突出维护职能。[②]

二、中国工会第十四次全国代表大会简况

2003 年 9 月 22 日，工会十四大在北京开幕。大会的主题是：高举邓小平理论伟大旗帜，以“三个代表”重要思想为指导，认真学习贯彻党的十六大精神，团结动员广大职工，充分发挥工人阶级主力军

① 王永玺主编：《从一次劳大到工会十五大——中国工会历次代表大会巡礼》，北京：中国工人出版社，2013 年版，第 188-189 页。

② 王永玺主编：《从一次劳大到工会十五大——中国工会历次代表大会巡礼》，北京：中国工人出版社，2013 年版，第 189 页。

作用，为全面建设小康社会、加快推进社会主义现代化作出新的贡献，努力开创新世纪新阶段工会工作新局面。出席大会的正式代表1698名，特邀代表253名，列席代表23名，港澳来宾34名，代表全国各条战线的1.34亿名会员。党和国家领导人胡锦涛、吴邦国、温家宝、贾庆林、曾庆红、黄菊、吴官正、李长春、罗干等出席大会并会见大会代表。曾庆红代表党中央发表题为《我国工人阶级要在全面建设小康社会的伟大事业中发挥主力军作用》的祝词。祝词指出，中国工人阶级始终是推动中国先进生产力发展的基本力量，是我们党最坚实、最可靠的阶级基础，是我们国家当之无愧的领导阶级。在新的历史条件下，工人阶级的历史地位和作用没有变也不能变。因此，全心全意依靠工人阶级始终是我们党不可动摇的方针，是我们从胜利走向胜利的重要保证。同时，必须在实践中不断发展工人阶级的先进性，提高广大职工的整体素质，把他们锻炼成一支真正具有先进阶级理想、社会主义道德、现代科学文化知识和严格组织纪律的强大阶级队伍。群众团体代表和人民解放军、武警部队代表分别向大会致贺词。

2003年9月，来自全国各地、各条战线的1600多名代表相聚北京，出席新世纪召开的第一次中国工会全国代表大会

王兆国代表中华全国总工会第十三届执行委员会作了《以“三个

代表”重要思想为指导，团结动员广大职工在全面建设小康社会中充分发挥工人阶级主力军作用》的工作报告。报告回顾了中国工会的历史，总结了工会十三大以来的成绩及基本经验，提出了以“三个代表”重要思想统领工会工作全局，努力开创新世纪新阶段工会工作新局面的要求。大会以书面形式印发财务工作报告、经审工作报告、大会工作报告起草情况说明、《中国工会章程（修正案）》的说明。24日，大会选举产生由267名执行委员和40名经审委员组成的中华全国总工会第十四届执行委员会和经费审查委员会。2003年9月25日，中华全国总工会第十四届执行委员会第一次全体会议选举王兆国为主席。

三、中国工会十四大对工会章程修改的主要内容

工会十四大通过了《中国工会章程（修正案）》的决议。工会章程修改情况的说明指出，工会十三大后的五年来，我国的政治、经济和社会生活发生了深刻变化，人员流动频繁，劳动关系日趋复杂，再加上我国2001年《工会法》的修订，特别是党的十六大提出的全面建设小康社会的宏伟目标，都对工会工作和工会建设提出了新的更高要求。为适应形势发展的要求，对《中国工会章程》进行了必要的修改。修订后的《中国工会章程》保持原有总体框架不变，与原来的章程相比，增加了1条，修改了15处。

其中，最重要的修改是把“三个代表”重要思想写进章程，确立为工会工作的指导思想之一。章程明确提出，中国工会“以马克思列宁主义、毛泽东思想、邓小平理论和‘三个代表’重要思想为指导”，同时把“推动党的全心全意依靠工人阶级的根本指导方针的贯彻落实”写入工作指导思想，这与党的十六大精神是一致的。

受到广泛关注的修改还有“总则”中明确“中国工会的基本职责是维护职工合法权益”，强调职工权益维护，将维权由工会的“主

要社会职能”明确为“基本职责”。这项修改是工会适应市场经济发展，进一步密切联系职工群众的体现，表明工会将在改革、发展、参与、帮扶的过程中全面维权。

此外，还在第一章第五条增写了“会员组织关系随劳动（工作）关系变动，凭会员证接转”；在第五章第二十五条增写了一款“职工二百人以上企业、事业单位的工会，可以设专职工会主席。工会专职工作人员的人数由工会与企业、事业单位协商确定”。这些都是为了适应我国政治、经济、社会生活的深刻变化，特别是劳动关系变化的客观形势，更好地履行工会各项职能、切实维护广大职工群众的合法权益、服从服务于改革发展稳定大局的需要。

四、明确工会基本职责的工会章程

工会十四大通过的《中国工会章程（修正案）》体现了“三个代表”重要思想和党的十六大精神，反映了新形势新任务对工会工作的新要求，吸收了近几年来工会工作的新鲜经验。新修改的工会章程突出了工会的维护职能，使之上升到工会的基本职责的高度，解决了长期困扰工会的“四项职能孰主孰从”的问题，为广大工会会员和工会干部指明了方向。

第十六章

中国工会第十五次全国代表大会与《中国工会章程》

2008年10月17日至21日在北京召开的中国工会第十五次全国代表大会（简称“工会十五大”），是中国工会贯彻党的十七大精神，在新的历史起点上开创工会工作新局面的一次重要会议。工会十五大通过了《中国工会章程（修正案）》，对工会章程进行了修订，把“深入贯彻落实科学发展观”写进章程，强调坚持走中国特色社会主义工会发展道路，对指导和推进工会工作具有深远意义。

一、历史背景

（一）党的十七大提出全面建设小康社会奋斗目标的新要求

2007年10月，中国共产党第十七次全国代表大会在北京召开。这次大会是在国际形势和国内发展出现一系列新特征的背景下召开的。首先，世界正在发生广泛而深刻的变化。和平、发展、合作日益成为时代潮流；世界多极化不可逆转，国际上各种力量的整合和分化进一步加剧；经济全球化深入发展，世界经济发展不平衡日益突出；国际形势总体稳定，以综合国力竞争尤其是软实力为核心的国际竞争日趋激烈。其次，当代中国社会正在发生广泛而深刻的变革。进入21世纪以来，我国现代化进程明显加快，社会结构深刻变动，利益格局深刻调整，思想观念深刻变化。这使得经济社会协调发展的任务更加艰巨，对社会主义民主政治和文化发展提出了更高的要求。

在这种背景下召开的党的十七大，是我国改革发展关键阶段的一次十分重要的大会。根据社会主义现代化建设“三步走”的总体战略部署，21 世纪头二十年是实现第三步战略目标必经的承上启下的发展阶段，是完善社会主义市场经济体制和扩大对外开放的关键阶段。为确保到 2020 年实现全面建成小康社会的奋斗目标，党的十七大后的五年是全面建设小康社会的关键时期。

在此情况下，党的十七大适应国内外形势的新变化、顺应各族人民过上更好生活的新期待，提出了实现全面建设小康社会奋斗目标的新要求。在这次大会上，中共中央总书记胡锦涛代表第十六届中央委员会作了题为《高举中国特色社会主义伟大旗帜，为夺取全面建设小康社会新胜利而奋斗》的报告。报告将“增强发展协调性，努力实现经济又好又快发展；扩大社会主义民主，更好保障人民权益和社会公平正义；加强文化建设，明显提高全民族文明素质；加快发展社会事业，全面改善人民生活；建设生态文明，基本形成节约能源资源和保护生态环境的产业结构、增长方式、消费模式”作为中国特色社会主义经济建设、政治建设、文化建设、社会建设和生态文明建设的新目标。

报告强调要规范和协调劳动关系，依法维护劳动者权益；坚持实施积极的就业政策，完善市场就业机制；提高劳动报酬在初次分配中的比重，加快完善社会保障体系；健全面向全体劳动者的职业教育培训制度；完善和落实国家对农民工的政策；等等。既对各级党委和政府提出了更高的要求，也为工会团结动员全国广大职工、切实维护职工群众合法权益指明了方向。

党的十七大描绘了我国经济、政治、文化和社会建设的宏伟蓝图，在深刻把握经济社会发展趋势和规律的前提下，在中国特色社会主义伟大旗帜的指导下，在党的十六大确立的全面建设小康社会目标的基础上对我国发展提出新的更高的要求，这是包括工人阶级在内的全国各族人民的根本利益所在。新要求的实现需要始终依靠工人阶级，需要工人阶级继续解放思想、锐意改革创新、推动科学发展、促进社会和谐；需要各级工会组织坚持以邓小平理论和“三个代表”重要思想为指导，深入贯彻落实科学发展观，充分发挥自身优势，全面履行各项职能，努力把党的路线、方针、政策贯彻落实到各项工作中去，更好地团结动员全国广大职工为夺取全面建设小康社会新胜利而奋斗。[①]

（二）工会组建工作实现历史性突破

改革开放在重塑中国经济基础、上层建筑和社会结构的同时，极大地解放了社会生产力，为中国工会的发展和工会工作创新提供了广阔的空间和巨大的动力。随着工业化、信息化、城镇化、市场化、国际化的深入发展，我国所有制结构和企业状况发生深刻变化，职工队伍不断发展壮大，各级工会按照“扩大覆盖面、增强凝聚力”的要求，坚持“党建带动工建、工建服务党建”，大力加强工会组建工作，走出了一条中国特色的工会组建新路子。

首先，全国各级工会积极探索党工共建工作，开创了党工共建工作新局面。其次，积极开展改制和关闭破产国有企业工会组织的整顿重建工作，保证工会组织不涣散、会员不流失，确保工会组织机构在经济结构调整和企业改制中的完整和健全。再次，大力推进乡镇（街道）工会组建工作，实现了工会组织的向下延伸，全国工会“小三级”组织网络基本形成。与此同时，把农民工作为职工队伍的新生力量，以农民工为重点对象创新工会建会思路、组织形式和活动方式，将6600万名农民工吸纳到工会中来，促进了社会的和谐稳定。最后，以非公有制企业尤其是外商投资企业为重点领域，扎实推进工会组建工作，实施推进世界500强等跨国公司在华企业集中建会行动，使跨国公司在华企业组建工会和签订集体合同工作

① 王永玺主编：《从一次劳大到工会十五大——中国工会历次代表大会巡礼》，北京：中国工人出版社，2013年版，第202-204页。

取得重大进展。

截至2008年6月，全国工会会员总数已超过2亿名，中华全国总工会成为世界上最大的工会组织。其中，全国农民工会员人数6674.6万人，全国工会基层组织数170.2万个，全国职工入会率为77.2%。中国工会在组建和发展会员中工作成效显著，工会组建工作取得历史性突破。这一重大突破进一步巩固了党的阶级基础、扩大了党的群众基础，工会作为党联系职工群众的桥梁纽带作用更加显著。①

二、中国工会第十五次全国代表大会简况

工会十五大于2008年10月17日在北京开幕。出席大会的正式代表1800名，特邀代表289名，列席代表21名，港澳来宾29名，代表了全国2亿多名工会会员。大会的主题是：全面贯彻党的十七大精神，高举中国特色社会主义伟大旗帜，以邓小平理论和“三个代表”重要思想为指导，深入贯彻落实科学发展观，坚定不移地走中国特色社会主义工会发展道路，努力建设中国特色社会主义工会，务实创新、开拓进取，团结动员全国亿万职工为夺取全面建设小康社会新胜利而奋斗。党和国家领导人胡锦涛、吴邦国、温家宝、贾庆林、李长春、习近平、李克强、贺国强等出席大会。习近平代表党中央发表了题为《在夺取全面建设小康社会新胜利中充分发挥工人阶级主力军作用》的祝词。祝词指出，夺取全面建设小康社会新胜利，是新的历史起点上充分发挥工人阶级主力军作用的聚焦点，也是发挥各级工会组织优势和作用的切入点，工人阶级一定要积极发挥主力军作用，为夺取全面建设小康社会新胜利建功立业。各人民团体代表和解放军、武警部队代表向大会致贺词。

① 王永玺主编：《从一次劳大到工会十五大——中国工会历次代表大会巡礼》，北京：中国工人出版社，2013年版，第205页。

2008 年 10 月，中国工会第十五次全国代表大会在北京隆重召开

王兆国主持开幕式并代表中华全国总工会第十四届执委会作了《高举中国特色社会主义伟大旗帜，团结动员亿万职工为夺取全面建设小康社会新胜利而奋斗》的工作报告。报告回顾了过去五年工会工作取得的重大成就，提出了中国工会要高举旗帜，坚持走中国特色社会主义工会发展道路，努力建设中国特色社会主义工会。大会还以书面形式向代表提交财务工作报告、经审工作报告和《中国工会章程（修正案）》。10 月 19 日，大会选举产生由 276 名执委和 40 名经审委员组成的中华全国总工会第十五届执行委员会和经费审查委员会。2008 年 10 月 20 日，中华全国总工会第十五届执行委员会第一次全体会议选举王兆国为主席。

三、中国工会十五大对工会章程修改的主要内容

工会十五大通过了《中国工会章程（修正案）》的决议，并决定自通过之日起生效。工会章程修改情况的说明指出，工会十四大以来，我国社会经济成分、组织形式、就业方式、利益关系和分配方式日益多样化，非公有制经济迅速发展，工会协调劳动关系、维护职工

合法权益的任务日益繁重。为适应时代变化和工会工作要求的需要，工会十五大对《中国工会章程》进行了修改。《中国工会章程（修正案）》共修改了28处，其中，增加了2条，删除了1条，总条数增加1条。

（一）“总则”部分充实了工会工作指导思想的内容

一是按照党的十七大精神，把“高举中国特色社会主义伟大旗帜”“深入贯彻落实科学发展观”，全面推进经济建设、政治建设、文化建设、社会建设四位一体的中国特色社会主义事业总体布局，写入工会工作的指导思想。

二是总结工会十四大以来探索坚持走中国特色社会主义工会发展道路的新鲜经验，把已经形成的工会工作重大理论创新成果写入工会章程。在“总则”第六款增写了“坚持走中国特色社会主义工会发展道路”“坚持以职工为本，主动依法科学维权的维权观”“坚持组织起来、切实维权的工作方针”的内容。

三是为充分体现在全面建设小康社会、构建社会主义和谐社会中工会组织所肩负的职责任务，在“总则”第六段增写了“构建和谐劳动关系”的内容。

四是为进一步明确企事业单位基层工会工作指导原则，在推进企业改革发展中，切实履行维护职工合法权益的职责，在“总则”第八款增写了“坚持促进企业发展、维护职工权益”的内容。

五是为不断增进与世界各国工会和工人的友谊、合作与交流，发挥工会民间外交的优势，把中国工会建设成为推动形成公正合理的国际工运新秩序、维护国家根本利益和我国职工权益的积极力量，在“总则”中充实了中国工会在参与国际事务中坚持的方针，增写了“独立自主、相互尊重、求同存异、加强合作、增进友谊”的内容。

(二) 对“会员”一章作了必要的修改

一是适应以公有制为主体、多种所有制经济共同发展，社会组织形式多样化和当前职工就业形式及获得劳动报酬方式多样化的要求，为有利于最大限度地把职工组织到工会组织中来，扩大工会组织覆盖面，首先，对建立工会组织的范围作了修改，在第一条“凡是中国境内的企业、事业单位、机关”之后增写了“其他社会组织”。其次，根据各地的经验，对入会条件作了修改，在坚持“以工资收入为主要生活来源”的同时，增写了“或者与用人单位建立劳动关系”的内容。

二是为简化入会程序，方便职工加入工会组织，在第二条删除了职工申请入会经“工会小组讨论通过”的规定。

三是为保障会员权利，发挥会员的民主监督作用，增强工会组织的凝聚力、吸引力，参照《中国共产党章程》关于党员权利的规定，将第三条“会员享有以下权利”中第（二）项改写为“对工会工作进行监督，提出意见和建议，要求撤换或罢免不称职的工会工作人员”。第（三）项增写了“对本单位工作”提出批评建议的权利；第（五）项增写了享受工会举办的“生活救助、法律服务、就业服务”等优惠待遇的内容。

(三) 进一步完善了组织制度的有关内容

一是总结各地在非公有制企业组建工会、发展会员的经验，按照《工会法》的规定，第十二条增写了“上级工会可以派员帮助和指导用人单位的职工组建工会”的内容。

二是为加强工会经费审查监督工作，发挥上级经费审查委员会对下级工会及其直属企业、事业单位的经费收支和资产管理情况进行审查监督的作用，第十三条第二款中删除了“上级经费审查委员会认为必要或在下一级经费审查委员会提出要求时”的内容。明确了“上级经费审查委员会应当对下一级工会及其直属企业、事业单位的经费收支和资产管理情况进行审查”的职责。

三是为正确处理好基层工会女职工委员会与妇联组织的关系，有利于女职工委员会在同级工会委员会领导下开展工作，根据中央办公厅有关文件的规定，第十四条增写了“企业工会女职工委员会是县或者县以上妇联的团体会员，通过县以上地方工会接受妇联的业务指导”的内容。根据工作需要，增写了工会女职工委员会在充分协商的基础上组成“或者选举产生，女职工委员会与工会委员会同时建立”的内容。

（四）关于“基层组织”一章修改的主要内容

一是为有利于进一步推进工会组建和会员发展工作，在总结各地经验的基础上，第二十五条增写了“社区和行政村可以建立工会组织”的内容。为有利于工会主席作为职工代表协调劳动关系，维护职工合法权益，增写了“基层工会具备法人条件的，依法取得社团法人资格，工会主席为法定代表人”。

二是为保证会员的民主权利，在第二十六条中，根据《工会法》的有关规定，明确了工会基层组织的会员大会或会员代表大会“每年至少召开一次”，“经基层工会委员会或者三分之一以上的工会会员提议，可以临时召开会员大会或者会员代表大会。工会会员在一百人以下的基层工会应当召开会员大会”。为了进一步发挥工会会员大会或会员代表大会的作用，增加了“撤换或者罢免其所选举的代表或者工会委员会组成人员”“讨论决定工会工作的重大问题”两项职权。增写了工会基层委员会和经费审查委员会“任期届满，应当如期召开会议，进行换届选举。在特殊情况下，经上一级工会批准，可以提前或者延期举行”。

三是考虑到随着我国经济体制改革的深化，外商投资企业、私营企业与国有企业享有同等国民待遇，工会工作任务基本相同，没有必要再对外商投资企业、私营企业工会单独作出规定。因此，删除了原工会章程第二十九条的有关内容。

（五）关于“工会干部”一章修改的主要内容

为适应基层工会工作需要，保障工会干部依法履行职责，在第三十五条增加了“县和县以上工会设立工会干部权益保障金”“县和县以上地方工会可以为基层工会选派、聘用工作人员”。

（六）关于“工会经费和财产”一章修改的主要内容

在党和政府有关部门的重视与支持下，工会十四大以来，工会财务实行“一改三策”（即工会经费收缴改革，委托税务代收、财政拨款的行政事业单位工会经费由财政统一划拨、收取建会筹备金），加强工会企事业单位资产监督管理，实现工会资产保值增值，取得明显效果。工会章程根据有关政策和改革的经验作了适当修改。

一是根据全国总工会、财政部联合下发的《关于财政拨款的行政事业单位计拨工会经费有关问题的通知》有关规定，并征求了国家税务总局和财政部的意见，增写了第三十七条：“县和县以上各级工会应当与税务、财政等有关部门合作，依照规定做好工会经费收缴和应当由财政负担的工会经费拨缴工作。未成立工会的企业、事业单位、机关和其他社会组织，按工资总额的百分之二向上级工会拨缴工会建会筹备金。”同时，把“建会筹备金”列入工会经费的来源。

二是根据《中华人民共和国物权法》第六十八、六十九条有关规定，第三十八条增写了“工会资产是社会团体资产，中华全国总工会对各级工会的资产拥有终极所有权”。强调建立资产监管制度，“实行统一所有、分级监管、单位使用的资产监管体制”。为加强工会经费和资产的监督管理，在第四十条增写了国家及企业、事业单位等拨给工会的不动产和“拨付资金形成的资产”受法律保护的内容。

四、适应形势任务发展要求的工会章程

工会十五大通过的《中国工会章程》，全面贯彻党的十七大精神，

反映了新形势新任务对工会工作的新要求，吸收了近几年来工会工作的新经验。它的通过和实施，对于更好地发挥工会组织、引导、服务职工和维护职工合法权益的作用，坚定不移地走中国特色社会主义工会发展道路，努力建设中国特色社会主义工会，具有十分重要的意义。

第十七章

中国工会第十六次全国代表大会与《中国工会章程》

2013年10月18日至22日在北京召开的中国工会第十六次全国代表大会（简称“工会十六大”），是中国工会贯彻党的十八大精神，团结动员各级工会和亿万各族职工为全面建成小康社会、实现中华民族伟大复兴的中国梦而奋斗的一次重要会议。大会通过了《中国工会章程（修正案）》，对工会章程进行了修订，把“坚定不移地走中国特色社会主义工会发展道路”写入工会章程，为今后工会工作指明了方向。

一、历史背景

（一）中国共产党第十八次全国代表大会的召开

2012年11月，中国共产党第十八次全国代表大会在北京召开。党的十八大是在我国进入全面建成小康社会决定性阶段召开的一次十分重要的大会。大会高举中国特色社会主义伟大旗帜，确立了科学发展观作为党的指导思想的历史地位。大会提出了“两个一百年”奋斗目标：在中国共产党成立一百年时全面建成小康社会，在新中国成立一百年时建成富强民主文明和谐的社会主义现代化国家。随后，习近平总书记在参观《复兴之路》主题展览时，鲜明地提出了“中国梦”的概念。从此，以“两个一百年”为奋斗目标的中华民族伟大复兴中国梦，成为凝聚全党全国各族人民团结奋斗的一面旗帜。

（二）中国工会十五大以来工会工作取得显著成绩

一是组织动员广大职工投身社会主义现代化建设，发挥了工人阶级主力军作用。大力弘扬工人阶级伟大品格和劳模精神，深入开展多种形式的劳动竞赛建功立业活动，高扬“工人先锋号”旗帜；积极应对国际金融危机冲击，广泛开展“共同约定行动”；组织广大职工积极投身重点工程建设、抗击重特大自然灾害、推动企业改革创新发展，促进了经济平稳较快发展。

二是教育引导广大职工全面提升自身素质，发展了工人阶级的先进性。深入开展社会主义核心价值体系主题教育活动，广泛开展形势政策任务宣传教育，坚定了广大职工的共同理想信念；加强职工思想政治工作，开展公民道德建设和法治宣传教育，推进先进企业职工文化建设；推进职工素质建设工程，组织职工开展技能大赛、技术培训、技术创新等，掀起学技术、比技能的热潮，发挥了工会“大学校”作用。

三是大力加强工会组织建设，巩固了党的阶级基础和群众基础。依法推动企业普遍建立工会组织，推进区域性、行业性工会建设，组织体系更加健全，工人阶级队伍不断壮大。截至 2013 年 6 月底，全国基层工会组织达 275.3 万个，会员发展到 2.8 亿人，其中农民工会员 1.09 亿人。充分发挥产业工会作用，健全工会女职工组织，推进“职工之家”建设，激发了基层工会的生机活力。

四是不断加大立法执法参与力度，推动了劳动法律的健全和实施。抓住国家加强劳动立法和社会领域立法的有利契机，主动与立法机关建立工作联系制度，积极推动和参与立法；组织职工就重大法律草案提出意见和建议，向立法机关反映职工诉求和工会的主张，努力从立法源头上保障职工的利益。参与各级人大执法检查、政府监察、政协视察活动，推动解决法律实施中的突出问题。

五是努力构建和谐劳动关系，促进了职工权益实现、企业发展和社会稳定。联合召开全国构建和谐劳动关系先进表彰暨经验交流会，有力推进了构建和谐劳动关系工作。健全工会与政府联席会议制度、协调劳动关系三方机制，发挥劳动合同、集体合同和职代会制度作用，推进企业民主管理，开展劳动关系和谐企业创建活动，健全劳动关系矛盾预警、调解机制，促进了劳动关系总体稳定。

六是有效深化维权帮扶工作，保障了广大职工共享经济社会发展成果。不断完善职工群众权益维护机制，推动落实积极就业政策，扩大职工就业渠道，扶持职工创业；普遍开展工资集体协商，推动提高职工工资收入，促进解决欠薪问题；积极参与社会保障政策制定和监督实施，促进社会保障逐步覆盖全体职工；加强劳动保护工作，维护职工健康权益和生命安全；健全帮扶工作网络，加强法律援助，实现帮扶送温暖常态化、长效化。

七是进一步加强工会外事工作，提高了中国工会的国际影响力。坚持工会外事工作服务国家总体外交、服务工会全局工作，加大对外交流交往力度，与各国、地区及国际性工会组织广泛建立友好合作关系。“经济全球化与工会”国际论坛影响不断扩大，中国工会代表当选国际劳工组织理事会工人正理事，提升了我国工会的国际地位。

八是更加重视加强自身建设，增强了工会组织的凝聚力。深入学习宣传实践中国特色社会主义工会发展道路，保持了工会工作的正确政治方向。扎实开展“面对面、心贴心、实打实服务职工在基层”活动，解决职工群众实际问题，改进工作作风，密切了与职工群众联系。加强领导班子和干部队伍建设，激发了广大工会干部的积极性和创造性。积极争取党政赋予各种资源手段，不断强化工会财务、企事业发展和资产监管等工作，服务职工的物质基础进一步增强。经费审查审计监督工作力度不断加大。廉政和作风建设扎实推进。与港澳台工会和劳动界交流日趋活跃，为香港、澳门长期繁荣稳定和两岸关系和平发展作出了积极贡献。①

① 中国工会十六大文件组编：《中国工会十六大报告学习问答》，北京：中国工人出版社，2013 年版，第 5-7 页。

（三）工运事业面临前所未有的发展机遇

从党和国家事业发展全局看，党的十八大明确提出了全面建成小康社会、实现“两个一百年”的奋斗目标，对新的时代条件下推进中国特色社会主义事业作出了全面部署。党的十八大以来，习近平总书记提出了为实现中华民族伟大复兴的中国梦而奋斗的宏伟愿景。2013年4月28日，习近平总书记在同全国劳动模范代表座谈时强调，实现中国梦必须充分发挥工人阶级的主力军作用，必须紧紧依靠工人阶级发展中国特色社会主义。这极大地激发了全国亿万职工为实现中国梦而奋斗的信心和决心。工会是党领导的重要人民团体，团结动员广大职工不断焕发主人翁精神、发挥主力军作用、为实现中国梦而奋斗，是工会的庄严历史使命，也为工会在党和国家工作大局中发挥更大作用提供了宽广舞台。

从党对工会工作的坚强领导上看，以习近平同志为核心的党中央高度重视工人阶级和工会工作，多次就全心全意依靠工人阶级、做好新形势下职工群众工作、工会组织要成为“职工之家”等作出重要指示，特别是强调指出中国特色社会主义工会发展道路是中国特色社会主义道路的重要组成部分，要求工会坚持这条道路，努力使这条道路越走越宽广，为工会发挥作用提供了根本保证。各级党委、人大、政府、政协重视支持工会工作，从立法、政策制定、监督执行等方面加大对职工权益的保障力度，着力解决职工最关心最直接最现实的利益问题，支持工会创造性地开展工作，赋予工会更多的资源和手段，为工会工作创新发展营造了良好环境。

从工会组织多年的理论实践探索上看，面对经济关系、劳动关系变化给工会工作带来的新情况新问题，各级工会以党的创新理论为先导，深入研究新的历史条件下工会工作的特点和规律，探索并坚持和丰富了中国特色社会主义工会发展道路，确立了“组织起来、切实维权”的工作方针，提出了建立规范有序、公正合理、互利共赢、和谐稳定的中国特色社会主义新型劳动关系，明确了“促进企业发展、维护职工权益”的企业工会工作原则等，在回答“建设什么样的工会、怎样建设工会”等重大理论与实践问题上取得了积极突破，有力地推动了工会工作健康发展。各级工会大胆探索、积极实践，在组织职工、引导职工、服务职工、维护职工合法权益方面取得了积极进展。这些理论实践的丰硕成果，为工会工作在新形势下实现创新发展打下了坚实基础。[①]

（四）工会工作遇到的风险和挑战

从世情看，世界正处于大发展大变革大调整时期，和平与发展仍然是时代主题，世界多极化和经济全球化趋势继续在曲折中发展，国际金融危机影响深远，保护主义抬头，霸权主义、强权政治和新干涉主义有所上升，局部动荡频繁发生，世界政治、经济、社会等领域不稳定不确定因素增多，各种思想文化相互激荡，敌对势力妄图西化分化我职工队伍，企图建立“独立工会”“第二工会”的图谋没有改变，对我劳动关系、职工队伍和工会工作，带来了多方面的不利影响。

从国情看，我国改革发展正处于关键时期，经济社会在保持快速发展的同时，还存在不平衡不协调不可持续的问题，全面深化改革、转变经济发展方式对调整产业结构、提高技术创新能力提出了新要求，工业化、城镇化进程不断加快，非公有制及混合所有制企业迅猛发展并逐步占主体，劳动关系类型多样，社会利益矛盾和劳动关系矛盾日益突出，职工在劳动就业、收入分配、社会保障、安全生产和职业卫生等方面还存在不少问题，协调劳动关系的难度加大，这些都使得工会组织维护职工权益、保持社会和谐稳定的任务越来越繁重。

从职工队伍的发展变化看，职工队伍内部结构多样，非公有制企业职工队伍迅速扩大，农民工成为产业工人的主体，劳务派遣工大量

① 中国工会十六大文件组编：《中国工会十六大报告学习问答》，北京：中国工人出版社，2013年版，第57-58页。

出现，职工队伍内部出现不同利益群体，职工劳动经济利益、民主政治权利和精神文化权益实现程度差异较大。职工队伍思想观念、利益诉求多样，“80后”“90后”的新生代职工价值取向更加务实，法律意识和维权意识日益增强，对工会维权的要求更加迫切、期望越来越高。与职工的期待相比，工会工作还存在一定差距，工会组织体制、运行机制、工作方式还需要进一步转变，协调劳动关系的能力还有待提高。[①]

二、中国工会第十六次全国代表大会简况

工会十六大于2013年10月18日在北京开幕。出席大会的正式代表共计1980名，特邀代表93名，列席人员10名，港澳来宾40名，代表了全国2.8亿名工会会员。大会的主题是：高举中国特色社会主义伟大旗帜，以邓小平理论、“三个代表”重要思想、科学发展观为指导，深入贯彻党的十八大精神和习近平总书记重要讲话精神，坚定不移走中国特色社会主义工会发展道路，坚定信念、改革创新、埋头苦干，团结动员亿万职工在全面建成小康社会、实现中华民族伟大复兴的中国梦的历史进程中充分发挥工人阶级主力军作用。党和国家领导人习近平、李克强、张德江、俞正声、刘云山、王岐山、张高丽等出席大会。刘云山代表党中央发表题为《在为实现中国梦不懈奋斗中铸就工人阶级新辉煌》的祝词，要求工人阶级深入贯彻党的十八大精神，深入贯彻习近平总书记重要讲话精神，进一步增强责任感、使命感，大力弘扬主人翁精神，充分发挥主力军作用，为实现中国梦而不懈奋斗。各人民团体代表和解放军、武警部队代表分别向大会致贺词。

李建国代表中华全国总工会第十五届执委会作《高举旗帜、改革创新，团结动员亿万职工在实现中国梦历史进程中充分发挥主力军作

① 中国工会十六大文件组编：《中国工会十六大报告学习问答》，北京：中国工人出版社，2013年版，第58-60页。

2013 年 10 月，中国工会第十六次全国代表大会在北京隆重开幕

用》的报告。报告回顾了过去五年工会工作取得的重大成就，总结了十年来各级工会坚决贯彻落实党中央关于工人阶级和工会工作一系列重要指示精神，要求全会上下牢牢把握为实现中华民族伟大复兴的中国梦而奋斗这个我国工人运动的时代主题，充分发挥党联系职工群众的桥梁和纽带作用、国家政权的重要社会支柱作用、职工利益的代表者和维护者作用，奋力把党的工运事业推向前进。大会以书面形式向代表提交财务工作报告、经审工作报告和《中国工会章程（修正案）》。10 月 20 日，大会选举产生由 284 名执行委员和 41 名经审委员组成的中华全国总工会第十六届执行委员会和经费审查委员会。2013 年 10 月 21 日，中华全国总工会第十六届执行委员会第一次全体会议选举李建国为主席。

10 月 23 日，习近平总书记同中华全国总工会新一届领导班子成员集体谈话并发表重要讲话，强调我国工人运动的时代主题，是为实现中华民族伟大复兴的中国梦而奋斗。工会要牢牢抓住这个主题，把推动科学发展、实现稳中求进作为发挥作用的主战场，把做好新形势下职工群众工作、调动职工群众积极性和创造性作为中心任务，把巩固党执政的阶级基础和群众基础作为政治责任，竭诚为职工群众服务，切实维护职工群众权益，不断焕发工会组织的生机活力。

2013年10月出版的《中国工会章程》单行本

三、中国工会十六大对工会章程修改的主要内容

工会十六大通过了《中国工会章程（修正案）》。工会章程修改情况的说明指出，党的十八大高举中国特色社会主义伟大旗帜，确立了科学发展观的历史地位，描绘了在新的历史条件下全面建成小康社会、加快推进社会主义现代化、夺取中国特色社会主义新胜利的宏伟蓝图，赋予中国工会新的历史使命和光荣任务；党中央对工人阶级和工会工作的一系列重要指示，为坚定不移地走中国特色社会主义工会发展道路指明了方向；工业化、信息化、城镇化、农业现代化的发展，使产业结构和职工队伍构成发生了新变化，工会工作的对象日益扩大，对工会工作和工会建设提出了新的更高的要求。为使工会工作顺应时代要求、适应社会变化，有必要对现行的《中国工会章程》进行修改。《中国工会章程（修正案）》共有31处修改，其中，增改25处，删改1处，文字改动5处。

（一）“总则”部分修改的主要内容

一是按照党的十八大精神，把“以科学发展观为指导”“坚持和发展中国特色社会主义”“全面建成小康社会”的目标要求，建设中国特色社会主义“五位一体”的总布局和“实现中华民族伟大复兴的中国梦”，写入了工会工作的指导思想。

二是体现了中国特色社会主义工会发展道路的主要内容。中国特色社会主义工会发展道路是对中国工会80多年、特别是改革开放30余年来的理论创新与实践探索的科学总结，是对新世纪新阶段党的工运理论、方针、政策和经验的高度概括，是各级工会组织和广大工会干部集体智慧的结晶，是中国工会宝贵的精神财富，其内涵丰富，相互联系、有机结合、密不可分，共同构成一个整体。在《中国工会章程》中对工会坚持党的领导、坚持社会主义性质、维护职工合法权益、构建和谐劳动关系等内涵，已有比较充分的体现。这次修改，在“总则”部分增加和完善了中国工会“坚定不移地走中国特色社会主义工会发展道路”“不断发展工人阶级先进性”“促进完善社会主义劳动法律”“推动形成公正合理、民主和谐的国际工运新秩序”“坚持以改革创新精神加强自身建设”和“把工会建设成为深受职工群众信赖的学习型、服务型、创新型‘职工之家’”等内容。

（二）“会员”一章修改的主要内容

一是随着网络等新兴媒体的迅速发展，工会会员参加关于工会工作和职工关心问题的讨论，已不再局限于工会会议和报刊。因此，将第三条“在工会会议和工会报刊上”修改为“在工会会议和工会媒体上”。

二是党的十八大报告提出，要积极培育和践行社会主义核心价值观，这对于凝聚全党全国各族人民的思想、在日趋激烈的国际思想舆论竞争中掌握主动权和话语权，使之成为全体人民的共同价值追求，具有十分重要的意义。因此，在第四条会员义务中增加了“践行社会主义核心价值观”的内容。

三是考虑到在实际工作中，各地除按规定为会员发放的《会员证》外，还有试用电子卡等作为会员身份证明的。因此，第五条中“凭会员证接转”修改为“凭会员证明接转”。

（三）“组织制度”一章修改的主要内容

实践经验证明，县和县以上各级工会组织建立法律服务机构，是工会履行职责、发挥作用的重要保障。因此，将第十五条“可以建立法律服务机构”修改为“应当建立法律服务机构”。同时，根据《劳动法》第八十八条以及其他有关法律中相关规定，增加一款：“各级工会组织应当组织和代表职工开展劳动法律监督。”

（四）“地方组织”一章修改的主要内容

为适应形势发展和职工队伍结构变化，适应我国县级以下、特别是乡镇（街道）工会组织发展状况的需要，切实发挥乡镇（街道）工会作用，在第二十二条第四款“县和城市的区可在乡镇和街道建立乡镇工会和街道工会组织”后，增写了“具备条件的，建立总工会”的内容。

（五）“基层组织”一章修改的主要内容

一是根据《工会法》第十条中有关女职工委员会的规定，为加强基层工会女职工工作，在总结实际工作经验基础上，第二十五条中增写了“工会基层委员会有女会员十人以上的建立女职工委员会，不足十人的设女职工委员”。

二是在第二十八条“工会基层委员会的基本任务”中，有四项增写了部分内容：

1. 根据《劳动合同法》第六条的规定，将第（三）项中“帮助和指导职工与企业、事业单位行政方面签订劳动合同”修改为“帮助和指导职工与企业、事业单位行政方面签订和履行劳动合同”。

2. 推进企业文化职工文化建设，已经成为推进企业工会工作的重要抓手，成为构建和谐企业、和谐劳动关系的重要载体。因此，第（五）项增写了“推进企业文化职工文化建设”的内容。

3. 对困难职工进行帮扶是中国工会维护职工权益、服务职工群众的重要内容，也体现了工人阶级互助济困、团结友爱的精神。因此，第（六）项增写了“对困难职工开展帮扶”的内容。

4. 全国工会开展建设“职工之家”活动30年的实践证明，这是加强基层工会组织建设、夯实组织基础的重要抓手，始终是工会的一项基础性工作，始终是工会自身建设的关键环节。因此，第（八）项增写了“加强职工之家建设”的内容。

（六）“工会干部”一章修改的主要内容

为落实《中共中央关于加强和改善党对工会、共青团、妇联工作领导的通知》中，“工会、共青团、妇联应当成为培养和输送干部的重要基地，特别要注意输送优秀的年轻干部和女干部”的要求，在第三十三条“各级工会组织根据有关规定管理工会干部，重视培养和选拔青年干部、妇女干部、少数民族干部”之后，增写了“成为培养干部的重要基地”的内容。

（七）“工会经费和资产”一章修改的主要内容

一是为保障工会经费运作的独立性，加强对工会经费的规范管理，使其切实服务于职工群众和工运事业，在第三十七条中增写了“具备社团法人资格的工会可以设立独立经费账户”的内容。

二是为强化各级工会加强资产管理和保护工会资产的职责，明确责任主体，增强责任意识，在第三十八条中增写了“各级工会应当加强对工会资产的监督、管理，保护工会资产不受损害，促进工会资产保值增值”的内容。

三是为了切实加强对工会所属企业、事业单位资产的保护，在第四十条第一款“不经批准，不得改变工会所属企业、事业单位的隶属关系”后，增写了“和产权关系”的内容。

四、全面贯彻党的十八大精神和习近平总书记重要讲话精神的工会章程

工会十六大通过的《中国工会章程（修正案）》全面贯彻党的十八大精神和习近平总书记重要讲话精神，特别是习近平总书记在2013年4月28日与全国劳动模范座谈会上的重要讲话精神，以及党中央关于工人阶级和工会工作的一系列重要指示精神，反映了新形势新任务对工会工作的新要求，吸收了近几年来工会工作的新鲜经验。《中国工会章程（修正案）》的通过和实施，对于大力推动党的全心全意依靠工人阶级根本指导方针贯彻落实，坚定不移走中国特色社会主义工会发展道路，进一步发挥工人阶级主力军作用，更好地发挥工会组织职工、引导职工、服务职工和维护职工合法权益的作用，具有十分重要的意义。

第十八章
中国工会第十七次全国代表大会与《中国工会章程》

2018年10月22日至26日，中国工会第十七次全国代表大会（简称“工会十七大”）在北京召开。工会十七大是贯彻落实党的十九大精神，团结动员亿万职工为决胜全面建成小康社会、夺取新时代中国特色社会主义伟大胜利而奋斗的一次重要会议。大会审议通过了《中国工会章程（修正案）》，把“习近平新时代中国特色社会主义思想”写入工会章程，对指导和推进工会工作具有十分重要的意义。

一、历史背景

（一）中国共产党第十九次全国代表大会

中国共产党第十九次全国代表大会于2017年10月18日至24日在北京举行。这是在全面建成小康社会决胜阶段、中国特色社会主义进入新时代的关键时期召开的一次十分重要的大会。大会高举中国特色社会主义伟大旗帜，以马克思列宁主义、毛泽东思想、邓小平理论、“三个代表”重要思想、科学发展观、习近平新时代中国特色社会主义思想为指导，分析了国际国内形势发展变化，回顾和总结了过去5年的工作和历史性变革，作出了中国特色社会主义进入了新时代、我国社会主要矛盾已经转化为人民日益增长的美好生活需要和不平衡不充分的发展之间的矛盾等重大政治论断，深刻阐述了新时代中国共产党的历史使命，确立了习近平新时代中国特色社会主义思想的历史地位，提出了新时代坚持和发展中国特色社会主义的基本方略，确定了决胜全面建成小康社会、开启全面建设社会主义现代化国家新征程的目标，对新时代推进中国特色社会主义伟大事业和党的建设新的伟大工程作出了全面部署。大会审议通过了《中国共产党章程（修正案）》，把习近平新时代中国特色社会主义思想同马克思列宁主义、毛泽东思想、邓小平理论、"三个代表"重要思想、科学发展观一道确立为党的行动指南。

2018 年 3 月，中华人民共和国第十三届全国人民代表大会第一次会议在北京召开，通过了《中华人民共和国宪法修正案》，以国家根本法的形式确立习近平新时代中国特色社会主义思想在国家政治和社会生活中的指导地位。

（二）习近平总书记关于工人阶级和工会工作的重要论述

党的十八大以来，习近平总书记对党的工运事业和工会工作高度重视，深刻阐明了工会工作的地位作用、目标任务、实践要求，科学回答了工人阶级和工会工作的一系列方向性、根本性、战略性重大问题，形成了习近平总书记关于工人阶级和工会工作的重要论述。主要有：一是坚持党对工会工作的领导；二是坚持全心全意依靠工人阶级；三是坚持为实现中华民族伟大复兴的中国梦而奋斗；四是坚持中国特色社会主义工会发展道路；五是坚持弘扬劳模精神、劳动精神、工匠精神；六是坚持高举维护职工合法权益旗帜；七是坚持增强政治性、先进性、群众性的工会改革方向；八是坚持加强基层工会建设。这八个方面的论述，涵盖了工会工作各领域、各方面，其关键是坚持党的领导，根本是增强政治性、先进性、群众性，重点是维护职工权益、服务职工群众。这些重要论述是习近平新时代中国特色社会主义思想的重要组成部分，为新时代工运事业和工会工作创新发展提供了理论指导和行动指南。

（三）过去五年工会工作取得重要成就

工会十六大以来的五年，在以习近平同志为核心的党中央坚强领导下，各级工会把学习宣传贯彻习近平新时代中国特色社会主义思想和党的十八大、十九大精神作为首要政治任务，认真学习贯彻习近平总书记关于工人阶级和工会工作的重要论述，坚持走中国特色社会主义工会发展道路，把握为实现中华民族伟大复兴的中国梦而奋斗的工人运动时代主题，忠诚履职、积极作为，各项工作取得了显著成效。

一是切实加强对职工的思想政治引领，党执政的阶级基础和群众基础更加巩固。把团结引导职工听党话、跟党走作为重要政治责任，提升政治站位、加强理论武装，深化学习教育、层层培训宣讲，推动习近平新时代中国特色社会主义思想进工会院校、进基层一线、进工会干部和广大职工头脑。

二是大力弘扬劳模精神、劳动精神、工匠精神，工人阶级在实现中国梦中的主力军作用充分发挥。贯彻落实新发展理念，组织职工先后开展“当好主力军、建功‘十二五’”“践行新理念、建功‘十三五’”“当好主人翁、建功新时代”等主题劳动和技能竞赛，在“一带一路”建设等国家重大战略中展示风采，在港珠澳大桥、“蛟龙”等重大工程中攻坚克难，在打赢防范化解重大风险、精准脱贫、污染防治三大攻坚战中献计出力，在深化供给侧结构性改革、振兴实体经济、推动经济高质量发展中展现作为，在实施创新驱动发展战略中勇立潮头。

三是扎实推进产业工人队伍建设改革，工人阶级先进性不断增强。按照《新时期产业工人队伍建设改革方案》的部署，着眼构建产业工人技能形成体系，创新技能导向的激励机制，推动出台《关于提高技术工人待遇的意见》等政策；加强职工技能培训，实施农民工职业技能提升计划；重视满足产业工人的精神文化需求，推动建设一支有理想守信念、懂技术会创新、敢担当讲奉献的宏大的产业工人队伍。

四是深入开展维权服务工作，职工群众获得感、幸福感、安全感大幅提升。高举维护职工合法权益的旗帜，围绕职工最关心最直接最现实的利益问题开展工作。协助党委和政府做好供给侧结构性改革中职工转岗安置、劳动关系处置、再就业培训、创业带动就业等工作。积极参与涉及职工利益法律法规政策的制定修改，职工合法权益得到制度性保障。实现送温暖、金秋助学、阳光就业、职工医疗互助保障等服务职工工作常态化、长效化。

五是持续深化工会改革创新，工会组织吸引力凝聚力战斗力明显增强。全国总工会和上海、重庆市工会在改革试点中，紧紧围绕保持和增强政治性、先进性、群众性，先行先试、勇于创新，取得了阶段性成效，创造了一批可复制可推广的经验。各级工会结合实际主动对接、及时跟进，形成了上下联动、左右互动、整体推动的改革局面。

六是全面加强工会系统党的建设，风清气正的政治生态进一步形成。建立健全工会系统党建工作责任制、党风廉政建设责任制、意识形态工作责任制，切实履行“两个责任”，推动工会系统全面从严治党向纵深发展。

七是工会港澳台工作扎实推进，连续举办海峡两岸工会论坛、海峡职工论坛，与港澳台工会及职工的交流合作不断增进。服务国家总体外交和“一带一路”建设，成功举办二十国集团劳动会议、“一带一路”沿线国家工会国际研讨会、金砖国家工会论坛、上合组织国家职工技能大赛、海上丝绸之路职工研讨营等活动，中国工会代表连续高票当选国际劳工组织工人正理事，进一步发展了同各国工会组织、国际和区域工会组织的双边和多边关系，增进了同各国工人阶级的友谊。

（四）新时代工会工作面临的新形势和新任务

进入新时代，国际国内形势发生广泛而深刻的变化。面对时代发展、社会变化和职工需求带来的新情况新任务，工会组织必须立足于新阶段、把握新使命。一是立足新时代中国特色社会主义新方位，在实现党的十九大描绘的宏伟蓝图中贡献力量。二是立足社会主要矛盾新变化，在不断满足职工群众美好生活需要中担当作为。三是立足共建共治共享社会治理新格局，在推动构建中国特色和谐劳动关系中履职尽责。四是立足全面深化改革新阶段，在构建联系广泛、服务职工的工会工作体系中开拓创新。

二、中国工会第十七次全国代表大会简况

工会十七大于 2018 年 10 月 22 日在北京开幕。大会正式代表共计 2009 名，特邀代表 84 名，列席人员 7 名，港澳来宾 39 名，代表了全国 3 亿名工会会员。大会的主题是：以习近平新时代中国特色社会主义思想为指导，坚持走中国特色社会主义工会发展道路，忠诚党的事业，竭诚服务职工，团结动员亿万职工为决胜全面建成小康社会、夺取新时代中国特色社会主义伟大胜利而奋斗。党和国家领导人习近平、李克强、栗战书、汪洋、王沪宁、赵乐际、韩正等出席大会。中共中央政治局常委、中央书记处书记王沪宁代表党中央向大会作了题为《展示新时代我国工人阶级团结奋斗新风采》的致词。会议期间，中共中央政治局常委、国务院总理李克强为大会代表作经济形势报告。

大会批准了全国人大常委会副委员长、中华全国总工会主席王东明代表全总十六届执委会所作的《以习近平新时代中国特色社会主义思想为指导团结动员亿万职工为决胜全面建成小康社会夺取新时代中国特色社会主义伟大胜利而奋斗》的报告，批准了全总十六届执委会财务工作报告和全总十六届经审会工作报告，审议通过了《中国工会章程（修正案）》。10 月 24 日，大会选举产生由 283 名委员组成的中华全国总工会第十七届执行委员会和 38 名委员组成的中华全国总工会第十七届经费审查委员会。10 月 25 日，中华全国总工会第十七届执行委员会第一次全体会议选举王东明为主席。10 月 26 日，受王东明主席

委托，全总党组书记、副主席、书记处第一书记李玉赋致大会闭幕词。

10 月 29 日，习近平总书记同中华全国总工会新一届领导班子成员集体谈话并发表重要讲话，强调我国工运事业是党的事业的重要组成部分，工会工作是党治国理政的一项经常性、基础性工作；要坚持党对工会工作的领导，团结动员亿万职工积极建功新时代，加强对职工的思想政治引领，加大对职工群众的维权服务力度，深入推进工会改革创新，开创新时代我国工运事业和工会工作新局面。

中国工会十七大会场

三、中国工会十七大对工会章程修改的主要内容

2018 年 10 月 22 日，在工会十七大开幕式上，以书面形式向代表提交的《关于〈中国工会章程（修正案）〉的说明》指出，站在新的历史起点上，积极适应新时代新任务，适应职工群众需求的新变化新要求，有必要对现行《中国工会章程》进行适当修改。10 月 26 日，大会审议通过了《关于〈中国工会章程（修正案）〉的决议》。

（一）“总则”部分修改的主要内容

一是根据党的十九大精神和党章、宪法修改精神，把“习近平新时代中国特色社会主义思想”写入工会章程，作为中国工会必须长期坚持的指导思想；增写中国工会“保持和增强政治性、先进性、群众性”“按照中国特色社会主义事业‘五位一体’总体布局和‘四个全面’战略布局”“贯彻创新、协调、绿色、开放、共享的发展理念”等表述。

二是根据习近平新时代中国特色社会主义思想，习近平总书记关于工人阶级和工会工作的重要论述，充实工人阶级“是中国共产党最坚实最可靠的阶级基础”，鲜明强调中国工会“坚持自觉接受中国共产党的领导”和“承担团结引导职工群众听党话、跟党走”的政治责任，中国工会的基本职责增写“竭诚服务职工群众”的内容，明确中国工会落实新时代党的建设总要求的具体内容，提出中国工会“把握为实现中华民族伟大复兴的中国梦而奋斗的工人运动时代主题”“弘扬劳模精神、劳动精神、工匠精神”等内容。

三是根据中央党的群团工作会议精神，充分体现群团改革特别是工会系统改革取得的理论创新、实践创新和制度创新成果，增写中国工会“以忠诚党的事业、竭诚服务职工为己任”“推进产业工人队伍建设改革”“构建联系广泛、服务职工的工作体系，增强团结教育、维护权益、服务职工的功能”“坚持服务职工群众的工作生命线”“构建智慧工会”，以及工会兴办的企业、事业“坚持公益性、服务性”等表述。

（二）第一章“会员”修改的主要内容

一是为充分体现工会服务职工职责，在第三条会员权利中增加“互助保障”的内容。

二是为更好体现新时代对会员提出的新要求，在第四条会员义务中增加“认真学习贯彻习近平新时代中国特色社会主义思想”“立足本职岗位建功立业”“弘扬中华民族传统美德”等内容。

（三）第二章“组织制度”修改的主要内容

一是为加强上级工会对下级工会的领导和服务，第九条增加工会各级领导机关“加强对下级组织的领导和服务”的表述，同时，对下级组织增加了“应及时”向上级组织请示报告工作。

二是为规范工会审查监督工作，根据工作需要，在第十三条增加经费审查委员会“监督”的职责。

（四）第四章“地方组织”修改的主要内容

鉴于全国市辖区已普遍建立了总工会的实际情况，第二十二条第三款“直辖市和设区的市总工会可在区建立区一级工会组织或者设派出代表机关”修改为“直辖市和设区的市总工会在区一级建立总工会”。

（五）第五章“基层组织”修改的主要内容

为进一步增强基层工会的吸引力凝聚力战斗力，在第二十五条增写“从实际出发，建立区域性、行业性工会联合会，推进新经济组织、新社会组织工会组织建设”的内容，在第二十八条工会基层委员会的基本任务中充实完善“在公司制企业落实职工董事、职工监事制度”“技能培训”“培育工匠人才”“加强对职工的政治引领和思想教育，开展法治宣传教育，重视人文关怀和心理疏导”“推动落实职工福利待遇”“职业病防治”等内容。

（六）第六章“工会干部”修改的主要内容

为提高工会干部适应新时代发展需要的能力素质，第三十二条增加学习“习近平新时代中国特色社会主义思想”和“政治、历史、文化、科技”等知识，强调“提高政治能力，增强群众工作本领”，做到“信念坚定”“敢于担当”“增强群众意识和群众感情”等内容。

（七）第七章“工会经费和资产”修改的主要内容

一是为严格规范各级工会经费使用管理，在第三十六条后专门增加一条，表述为“工会经费主要用于为职工服务和开展工会活动。各级工会组织应坚持正确使用方向，加强预算管理，优化支出结构，开展监督检查”。

二是为切实保障基层工会独立使用管理工会经费的权利，原第三十七条“具备社团法人资格的工会可以设立独立经费账户”中“可以”修改为“应当依法”。

三是为严格工会资产监督管理，保证工会资产完整安全，把原第三十八条“各级工会应当加强对工会资产的监督、管理”修改为“各级工会依法依规加强对工会资产的监督、管理”。

四是为进一步健全完善工会经费审查监督体制，加大工会经费审查力度，在原第三十八条“统一领导、分级管理、分级负责”的经费审查监督体制中，增加“下审一级”的规定。

四、拓展工会基本职责的工会章程

工会十七大通过的《中国工会章程（修正案）》，把中国工会的基本职责由“维护职工合法权益”拓展为“维护职工合法权益，竭诚服务职工群众”，这是贯彻党的十九大提出的坚持以人民为中心的发展思想，贯彻落实习近平总书记关于“把竭诚为职工群众服务作为工会一切工作的出发点和落脚点”这一重要论述的重要举措，是工会十六大以来在以习近平同志为核心的党中央坚强领导下，工会工作和工会改革取得的理论创新、实践创新和制度创新成果的生动体现，是对工会理论的一次重大突破和进展。拓展中国工会的基本职责，能够更加彰显“维护职工合法权益、竭诚服务职工群众”作为工会安身立命之基的重要地位和作用，推动各级工会组织切实履行好这一基本职责，通过扎实的维权服务，更加广泛地把广大职工紧密团结在党的周围，坚定不移听党话、矢志不渝跟党走。

第十九章

中国工会第十八次全国代表大会与《中国工会章程》

2023年10月9日至12日，中国工会第十八次全国代表大会（简称“工会十八大”）在北京召开。工会十八大是在全面贯彻落实党的二十大精神开局之年，以中国式现代化全面推进中华民族伟大复兴关键时刻召开的一次十分重要的大会。大会审议通过了《中国工会章程（修正案）》，对工会章程进行了修订。

一、历史背景

（一）中国共产党第二十次全国代表大会

2022年10月16日至22日，中国共产党第二十次全国代表大会在北京召开。这是在全党全国各族人民迈上全面建设社会主义现代化国家新征程、向第二个百年奋斗目标进军的关键时刻召开的一次十分重要的大会。大会高举中国特色社会主义伟大旗帜，坚持马克思列宁主义、毛泽东思想、邓小平理论、“三个代表”重要思想、科学发展观，全面贯彻习近平新时代中国特色社会主义思想，分析了国际国内形势，回顾总结了过去五年的工作和新时代十年的伟大变革，阐述了开辟马克思主义中国化时代化新境界、中国式现代化的中国特色和本质要求等重大问题，对全面建设社会主义现代化国家、全面推进中华民族伟大复兴进行了战略谋划，对统筹推进“五位一体”总体布局、协调推进"四个全面"战略布局作出了全面部署，为新时代新征程党和国家事业发展、实现第二个百年奋斗目标指明了前进方向、确立了行动指南。习近平总书记代表第十九届中央委员会向大会作了题为《高举中国特色社会主义伟大旗帜 为全面建设社会主义现代化国家而团结奋斗》的报告。大会批准了十九届中央委员会工作报告、十九届中央纪律检查委员会工作报告，审议通过了《中国共产党章程（修正案）》，选举产生了新一届中央委员会和中央纪律检查委员会。

（二）新修改的《中华人民共和国工会法》

2021 年 12 月 24 日，第十三届全国人民代表大会常务委员会第三十二次会议通过《关于修改〈中华人民共和国工会法〉的决定》。本次工会法修改的主要内容包括四个方面：一是落实习近平总书记指示批示精神和党中央决策部署，进一步完善工会法和工会工作指导思想，增加关于工会推动产业工人队伍建设改革的规定。二是明确工会工作的基本要求，进一步突出坚持党的领导，明确工会是中国共产党联系职工群众的桥梁纽带，应当保持和增强政治性、先进性、群众性。三是积极回应工会工作中的新情况、新问题，明确新就业形态劳动者参加和组织工会的权利，明确社会组织中的劳动者依法参加和组织工会的权利。四是做好与相关法律的衔接，明确县级以上各级总工会依法为所属工会和职工提供法律援助等法律服务。

（三）过去五年工会工作取得重要成就

工会十七大以来，在以习近平同志为核心的党中央的坚强领导下，各级工会坚持以习近平新时代中国特色社会主义思想为指导，深入贯彻习近平总书记关于工人阶级和工会工作的重要论述，围绕中心、服务大局，聚焦主责主业、坚持改革创新，保持和增强政治性、先进性、群众性，推动各项工作取得新进展新成效。

一是全面学习贯彻习近平新时代中国特色社会主义思想，坚定拥护"两个确立"、坚决做到"两个维护"。坚持把学习贯彻习近平新时代中国特色社会主义思想作为首要政治任务，推动公开出版《习近平关于工人阶级和工会工作论述摘编》，定期召开理论研讨会，形成学习贯彻党的工运创新理论的制度性安排。

二是大力加强思想政治引领。推动习近平新时代中国特色社会主义思想进企业、进车间、进班组。开展“四史”宣传教育，命名一批全国职工爱国主义教育基地。广泛开展“中国梦·劳动美”主题宣传教育，每年发布全国“最美职工”。打造“工”字系列职工文化特色品牌。

三是团结动员广大职工积极建功新时代。开展“当好主人翁、建功新时代”等主题劳动和技能竞赛，扎实推进企业开展“五小”等群众性创新创造活动。开展劳动模范和先进工作者选树工作。举办大国工匠创新交流大会、大国工匠论坛，选树宣传“大国工匠年度人物”。统筹开展工会系统援藏援疆工作。抓好工会定点扶贫和帮扶工作。

四是深化产业工人队伍建设改革。履行牵头抓总职责，研究制定深化产业工人队伍建设改革的意见，推动将产业工人队伍建设改革纳入专项督查。构建产业工人技能形成体系。开展产业工人队伍建设改革试点、十大产业百家企业深化产业工人队伍建设改革专项行动，实施产业工人队伍建设改革提升年、深化年行动。

五是切实履行维权服务基本职责。加大城市困难职工帮扶解困力度。构建常态化梯度帮扶长效机制。加大对职工权益维护力度，指导企业依法开展工资集体协商，推动完善职工社会保障制度，加强女职工权益维护和关爱服务。推动健全落实新就业形态劳动者权益维护制度和政策，推动解决拖欠农民工工资问题，做好特殊困难群体帮扶工作。提升职工服务中心（困难职工帮扶中心）综合服务职工功能，推进工人文化宫、工人疗休养院规范化建设，建设工会户外劳动者服务站点，加强职工互助保障组织建设。积极应对突如其来的新冠疫情。

六是积极构建和谐劳动关系。建立健全落实“五个坚决”要求长效机制。强化劳动关系风险监测、分析、预防和处置。加强企事业单位民主管理制度建设。开展集体协商稳就业促发展构和谐三年行动，推动完善协调劳动关系三方机制。推动建立完善劳动争议多元化解协作联动机制。

七是扎实推进改革创新。积极参与《工会法》等法律法规修改工作。推行“重点建、行业建、兜底建”模式，开展新就业形态劳动者入会集中行动、百人以上企业建会专项行动和社会组织建会专项行动，实现全国互联网百强企业全部建会。扎实开展“转作风、解难题、促发展、保稳定”专项行动，推进“县级工会加强年”专项工作等。

八是全面加强党的建设，努力建设模范机关。每年召开全国工会党风廉政建设、推进全面从严治党工作会议，自觉接受各级纪委监委驻工会机关纪检监察组监督。严格执行中央八项规定及其实施细则精神。常态化开展工会系统机关干部赴基层蹲点工作。

九是认真做好工会港澳台工作，加强与各国工会组织、区域和国际工会组织的交流交往，圆满举办第十一届金砖国家工会论坛，成功连任国际劳工组织工人正理事，积极服务国家外交和总体战略。

二、中国工会第十八次全国代表大会简况

工会十八大于2023年10月9日至12日在北京胜利召开。大会正式代表共计2002名，特邀代表58名，列席人员9名，港澳来宾50名。大会主题是坚持以习近平新时代中国特色社会主义思想为指导，全面贯彻党的二十大精神，深入贯彻习近平总书记关于工人阶级和工会工作的重要论述，全面落实全心全意依靠工人阶级根本方针，忠诚履职、勇于担当，组织动员亿万职工为全面建设社会主义现代化国家、全面推进中华民族伟大复兴团结奋斗。习近平、赵乐际、王沪宁、蔡奇、丁薛祥、李希等党和国家领导人到会祝贺。中央政治局常委、中央书记处书记蔡奇代表党中央作了题为《奋力书写我国工人阶级投身强国建设民族复兴的壮丽篇章》的致词。

10月9日，王东明代表中华全国总工会第十七届执行委员会作了题为《以习近平新时代中国特色社会主义思想为指导 组织动员亿万职工为强国建设民族复兴团结奋斗》的报告。大会以书面形式向代表提交了《中国工会章程（修正案）》和全总十七届执委会财务工作报告、全总十七届经审会工作报告。10月11日，大会选举产生了278名中华全国总工会第十八届执行委员会委员、40名中华全国总工会第十八届经费审查委员会委员。10月12日，中华全国总工会第十八届执行委员会第一次全体会议选举王东明为中华全国总工会第十八届执行委员会主席。10月12日，受王东明主席委托，全总党组书记、副主席、书记处第一书记徐留平致大会闭幕词。

10月23日，习近平总书记同中华全国总工会新一届领导班子成员集体谈话并发表重要讲话，强调我国工运事业是在党的领导下发展起来的，工会是党领导的工人阶级群众组织；坚持党对工会的全面领导，任何时候、任何情况下都不能动摇、不能偏离；要坚持全心全意依靠工人阶级的根本方针，充分调动广大职工群众的积极性、主动性、创造性，积极投身全面推进强国建设、民族复兴的伟大事业。

中国工会十八大会场

三、中国工会十八大对工会章程修改的主要内容

2023年10月9日，在工会十八大开幕式上，以书面形式向代表提交的《关于〈中国工会章程（修正案）〉的说明》指出，工会章程是工会的规章性文件，是处理工会内部事务的基本准则。站在新的历史起点上，与时俱进对工会章程进行适当修改，有利于更好发挥工会章程的规范和指导作用。10月12日，工会十八大闭幕式审议通过了《关于〈中国工会章程（修正案）〉的决议》。

（一）“总则”部分修改的主要内容

一是将“两个确立”写入工会章程。确立习近平同志党中央的核心、全党的核心地位，确立习近平新时代中国特色社会主义思想的指导地位，是党在新时代取得的重大政治成果，反映了包括广大职工群众在内的全党全军全国各族人民共同心愿，对新时代党和国家事业发展、对推进中华民族伟大复兴历史进程具有决定性意义。《中国工会章程（修正案）》在“总则”中增写“深刻领悟‘两个确立’的决定性意义”。作出这一重大修改，有利于推动各级工会坚定不移用习近平新时代中国特色社会主义思想统一思想、统一意志、统一行动，始终在政治立场、政治方向、政治原则、政治道路上同以习近平同志为核心的党中央保持高度一致。

二是把为实现新时代新征程党的中心任务而奋斗写入工会章程。党的二十大把握党和国家事业发展新要求、人民群众新期待，明确提出新时代新征程中国共产党的中心任务，发出了为全面建设社会主义现代化国家、以中国式现代化全面推进中华民族伟大复兴而团结奋斗的动员令。把团结动员广大职工为实现新时代新征程党的中心任务而奋斗写入工会章程，有利于推动各级工会围绕中心、服务大局，牢牢把握我国工人运动时代主题，以党的旗帜为旗帜、以党的意志为意志、以党的使命为使命，组织动员广大职工在奋进新征程、建功新时

代中更好发挥主力军作用，为全面建设社会主义现代化国家贡献智慧和力量。

三是把发展全过程人民民主的要求写入工会章程。全过程人民民主是社会主义民主政治的本质属性，是最广泛、最真实、最管用的民主。《工会法》规定工会组织职工参与管理国家事务、管理经济和文化事业、管理社会事务，参与本单位的民主选举、民主协商、民主决策、民主管理和民主监督。依据《工会法》，章程对工会参与民主管理的范围和内容进行了扩展，这样有利于推动各级工会更好履行参与职能，依法保障职工知情权、参与权、表达权、监督权，组织和教育职工依照宪法和法律规定行使民主权利，发挥国家主人翁的作用。

四是充实推动产业工人队伍建设改革的内容。依据《工会法》在“总则”部分，专门增写一个自然段：“中国工会推动产业工人队伍建设改革，强化产业工人思想政治引领，提高产业工人队伍整体素质，发挥产业工人骨干作用，维护产业工人合法权益，保障产业工人主人翁地位，造就一支有理想守信念、懂技术会创新、敢担当讲奉献的宏大产业工人队伍。”

五是充实加强党的建设的内容。习近平总书记关于党的建设的重要思想，是习近平新时代中国特色社会主义思想的重要组成部分，是加强党的建设的总遵循、总依据、总指引。把“深入学习贯彻习近平总书记关于党的建设的重要思想”“贯彻全面从严治党战略方针”写入工会章程，有利于推动各级工会深刻学习领会习近平总书记关于党的建设的重要思想，切实增强全面从严治党的自觉性坚定性，发扬自我革命精神，坚持党的领导，加强党的建设，为新时代工会工作创新发展提供坚强保证。

（二）“条文”部分修改的主要内容

一是明确新就业形态劳动者参加和组织工会的权利。依据《工会法》，对劳动者入会增写兜底条款，要求工会适应企业组织形式、职工队伍结构、劳动关系、就业形态等方面的发展变化，依法维护劳动者参加和组织工会的权利。

二是规范基层工会委员会的名称、任期。依据《工会法》，对基层单位建立的工会组织名称统一表述为“基层工会委员会”，明确基层工会委员会和经费审查委员会每届任期三年或者五年。

三是明确区域性、行业性工会联合会的组织形式。总结吸收近年来工会改革和建设实践中的成功经验，规定区域性、行业性工会联合会的委员会可以按照联合制、代表制原则，由下一级工会组织民主选举的主要负责人和适当比例的有关方面代表组成。

四是充实关于加强工会干部队伍建设的内容。强调各级工会组织要落实新时代好干部标准，努力建设高素质干部队伍。要求工会干部认真学习党的基本知识和党的历史，提高政治能力、思维能力、实践能力，增强推动高质量发展本领、服务群众本领、防范化解风险本领。明确规定县和县以上工会可以为基层工会选派、聘用社会化工会工作者等工作人员。

四、充实推动产业工人队伍建设改革内容的工会章程

产业工人队伍建设改革是习近平总书记亲自点题、亲自部署、亲自指导的重大改革。2017 年 4 月党中央、国务院印发《新时期产业工人队伍建设改革方案》以来，在党中央坚强领导下，产业工人队伍建设改革相关制度建设得到明显加强，重点任务取得积极进展，全社会关心支持产业工人队伍建设改革的良好氛围逐步形成，取得重要阶段性成果。2021 年新修改的《工会法》专门增加一条规定，明确工会推动产业工人队伍建设改革的职责。《中国工会章程（修正案）》依据《工会法》充实工会推动产业工人队伍建设改革有关内容，有利于各级工会坚决贯彻落实党中央决策部署，推动产业工人思想引领、建功立业、素质提升、地位提高、队伍壮大等改革措施落实落地，努力培养更多工匠、高技能人才，造就一支有理想守信念、懂技术会创新、敢担当讲奉献的宏大产业工人队伍。

附录一

历次中国工会全国代表大会（劳动大会）通过的有关决议或章程一览表

大会名称	时间	地点	通过的有关决议或章程
第一次全国劳动大会	1922 年 5 月	广　州	《全国总工会组织原则案》
第二次全国劳动大会	1925 年 5 月	广　州	《中华全国总工会总章》
第三次全国劳动大会	1926 年 5 月	广　州	《组织问题与其运用之方法决议案》
第四次全国劳动大会	1927 年 6 月	汉　口	《组织问题决议案》
第五次全国劳动大会	1929 年 11 月	上　海	《工会组织问题决议案》
第六次全国劳动大会	1948 年 8 月	哈尔滨	《中华全国总工会章程》
中国工会第七次全国代表大会	1953 年 5 月	北　京	《中华人民共和国工会章程》
中国工会第八次全国代表大会	1957 年 12 月	北　京	《中国工会章程》
中国工会第九次全国代表大会	1978 年 10 月	北　京	《中国工会章程》
中国工会第十次全国代表大会	1983 年 10 月	北　京	《中国工会章程》

续表

大会名称	时间	地点	通过的有关决议或章程
中国工会第十一次全国代表大会	1988年10月	北　京	《中国工会章程》
中国工会第十二次全国代表大会	1993年10月	北　京	《中国工会章程》
中国工会第十三次全国代表大会	1998年10月	北　京	《中国工会章程》
中国工会第十四次全国代表大会	2003年9月	北　京	《中国工会章程》
中国工会第十五次全国代表大会	2008年10月	北　京	《中国工会章程》
中国工会第十六次全国代表大会	2013年10月	北　京	《中国工会章程》
中国工会第十七次全国代表大会	2018年10月	北　京	《中国工会章程》
中国工会第十八次全国代表大会	2023年10月	北　京	《中国工会章程》

附录二

历次中国工会全国代表大会（劳动大会）通过的有关决议或章程

全国总工会组织原则案

（1922 年 5 月第一次全国劳动大会通过）

提案人：长辛店京汉铁路工人俱乐部代表邓重远

理由：工人阶级争斗力之强弱，全视工会组织法之良窳而定。比如工会是由一种职业的工人所组织而成，则罢工运动每至一行业的工人陷于孤立，而容易失败。产业组合则不然。把一种产业中的各种工人联合于一个工会之中，则争斗力就异常雄厚。故我们组织工会，应当以产业组合为原则，但确实不能采用产业组合法的各种职业的工人，则仍不妨沿用职业组合法以为着手之起点。又，我们工人希望将来有真正的全国劳动总组织出现，则必首先组织每个地方所有的工会（无论是职业组合或产业组合），而成为一个地方的劳动联合会，将来更由各地方劳动联合会组成全国总工会，则工会的组织，就上真正的轨道，成为一个铁样的团体了。

办法：（一）凡能采用产业组合的，都应一律采用产业组合法去组织工会。（二）确实不能采用产业组合办法的，不妨用职业组合。（三）务必将每个地方所有各产业组合和职业组合的工人，将来由各地方联合会组成全国总工会。（四）在全国总工会未成立以前，先设一全国总通讯处，委托中国劳动组合书记部担任。①

① 原载 1922 年 5 月 25 日上海《民国日报》第 6 版。

中华全国总工会总章

（1925年5月第二次全国劳动大会通过）

第一章　总　纲

第一条　本会定名为中华全国总工会。

第二条　本会以团结全国工人，图谋工人福利为宗旨。

第三条　本会总机关暂设广州，并得择定其他相当地址，特设办事处。

第四条　凡在中华国境内之真正工人组合，均得为本会会员，凡产业工人，已有全国一总组合之组织者；或一市，一县，一省之城市工人，已有组合之组织者，由该总组合加入本会为会员。各单独组合直接加入本会者，则须经本会之审查认可。

第五条　本会之职任如下：

（一）发展全国工人之组织；

（二）统一全国工会运动，务期密切之团结；

（三）整理各工会之组织系统；

（四）指挥各工会之行动；

（五）仲裁各工会间或各工会之争端；

（六）发布全国工人共同奋斗之目标；

（七）代表全国工人与国际工人谋密切之结合；

（八）提高工人知识，联络互相之感情；

（九）促进各工会彼此间有效之互助；

（十）保障工人利益，设法解决救济及职业介绍等事项。

第二章　组　织

第六条　本会之最高机关为全国代表大会，每年举行一次；并得举行临时大会，均由本会执行委员召集之。各工人团体派赴代表大会之代表额数，由本会执行委员会按比例决定之。

第七条 由全国代表大会选举执行委员二十五人，组织执行委员会。代表大会闭会时，执行委员会为本会最高机关。

第八条 执行委员互选正执行委员长一人，副执行委员长三人。委员长不能执行职务时，得由执行委员会重新互选之。

第九条 执行委员会之下，须组织一干事局，受执行委员会之指挥监督，驻会办理一切事务（干事局干事人选由执行委员会决定之）。

第十条 干事局分设下列各部办事：

（一）组织部——掌管本会所属各工会之组织事项，并帮助各处无工会组织之工人群众，组织工会。

（二）秘书部——掌管本会一切文件收发、统计、报告等事项。

（三）宣传部——掌管宣传本会教育工作，并指导工会之教育方针。

（四）经济部——掌管司库、司账、庶务等经济事项。各部须设主任一人、干事若干人，由执行委员会斟酌事之繁简选任之。

第十一条 干事局设总干事一人，由执行委员中之一人兼任，为干事局会议之主席。

第十二条 本会为会务发展及便利起见，得于相当地点特设办事处。各置主任一人，办事员若干人，由执行委员会斟酌情形临时决定之。

第十三条 执行委员会认为必要时，得设立各种特别委员会或机关，并得聘任顾问、编辑等人员。

第十四条 本会执行委员会干事局及其他机关人员，均每年改选一次。

第十五条 执行委员会，干事局，特设办事处，特别委员会，及特设机关之会议及组织细则，由执行委员会另定之。

第三章 公 约

第十六条 各工会须实行本会代表大会及执行委员会之议决及命令。

第十七条 如一处或一种工人发生为工人阶级争斗时，各工会接到本会之通告后，应一致为声势上，经济上，或实力上之援助。

第十八条 在同一产业及职业，或同一地域内，如有两个或两个以上同等性质之工会发现时，应依本会之劝告，互相让步，并成一个工会。

第十九条 各工会间如有争端，须直向本会控诉，听候仲裁，不得互相攻击。

第二十条 各工会对本会有不满意时，得直向本会抗议，或向代表大会控告，不得有破坏本会之行动或言论。

第四章 经 费

第二十一条 各工会应按月向本会交纳常费，其数目由各工会按比例法认定之。

第二十二条 遇必要时，经本会执行委员会之议决，得向各工会征收特别捐。

第二十三条 本会经费发生困难时，得向外界热心赞助本会者捐募。

第五章 附 则

第二十四条 本章程经全国代表大会通过后，即发生效力。

第二十五条 本章程如有不适当处，应由全国代表大会通过修正之。

组织问题与其运用之方法决议案

（1926年5月第三次全国劳动大会通过）

（一）全国工会运动，在过去全国革命高潮的一年中，已得很显著的发展，不仅在全国几个大工业区域中，工会组织发展到了最高的程度，就是工业不发达的地方，在革命运动进程中，也积极的组织工会。但是从过去发展上看来，工会组织发现以下的缺点：

1. 各地工会在过去的一年革命运动中，对于自身工会的组织，未能切实注意，只不过做了些应付当时斗争的工作，遂使工会组织无形松懈，随起随复。

2. 各地总工会及各工会，对于下级工会及工人群众的关系，在组织上不能十分密切，一切组织未能达到群众化。

3. 各工会下层组织的进行，在过去无大成绩，多半有名无实，使工会的基础不能得到稳固的地位，易为环境所左右。

4. 各级组织——工厂支部及工厂委员会，在过去视为转达命令机关，失去各级组织的意义和作用，不能巩固和充实工会基础和力量。

（二）一年来民族革命运动中，工人阶级却表现了自己阶级的伟大力量以及在这些运动中的领导地位；同时引起帝国主义、军阀、中国资产阶级以及其他反动派之恐怖，促成他们的联合成线，向工人阶级进攻。在这种形势之下，工人阶级不仅积极的发展工会的组织，更要严密而集中工会的组织，才能充实工会的力量，彻底与敌人斗争；才能克敌制胜，以谋得中国的与工人阶级的解放。

（三）工会是工人阶级斗争的营垒，他的组织，只有两种形式——产业的与职业的。他的原则是要严密的集中。所谓严密，是要工人群众在工会中加紧团结起来；所谓集中，就是在某地一个职业或一种产业，只有一个工会的组织。过去日式的行会和单级制的组织，应即行改组；就是各产业中的职业组织，以及同一职业而分为几个工会，都是依照产业与职业的类别，合并统一成为一个工会。然后工会的力量始能强大的起来，而能担任目前的斗争。

（四）工会的组织不但需要强有力的执行委员会，而且要有严谨的团结群众、巩固基础的工厂支部组织，才能将工会中的广大群众加紧的团结起来。

（五）工厂支部是从下层工作部分起，只要有三人以上就可组织起来；一俟发展，就依据工厂或作坊工作部分，而分为若干支部。支部人数不定——只限于某一工作部分；倘人数过多，不便开会，可依工作地段或班次分组为团或排。每团或排推定团长或排长一人——人数不限十人，而每一支部，推举三人或五人，组织小组干事会。支部人数少的，只举书记一人。

（六）工厂支部无论在公开和秘密的地方，均认为工会的基本组织，因为同一工作部分的工人，有相同利害之关系，无形中有一种自然团结性；并且这种组织的作用，在平时为训练工人的单位，使一般工人变为明白勇敢而活动的分子；斗争时是工会的营垒，坚固自己的战线。在不能公开组织工会的地方，这种组织更有伟大的作用，潜伏在工厂或作坊中，随时引导工人群众作一切斗争，发展工会的组织。但工会无论公开或秘密地方，对外均须秘密。

（七）支部干事会及无干事会之小组或支部，每星期开会一次。干事会之全体会员大会，每月至少开会一次。团或排全体会议每星期一次。每次会议中，应报告工会工作、时事要闻、讨论执行上级机关命令事项与工厂临时发生问题，或讲演工会运动、政治问题、劳动常识、工厂生产情形、工人个人批评等。

（八）在同一工厂、作坊、地方的工作部分，有两个以上相连之支部，便可组织工厂或作坊地方委员会。他的职务，是承接上级工会之命令而直接指挥下级群众，参加一切经济的、政治的斗争之积极行动，并随时指导和督促支部干事会之工作。

（九）联合同一产业或职业相邻之二个以上的工厂、作坊地方的委员会，便可成立某产业或某职业工会，但须建立在阶级斗争上面，本身组织也要十分强健。

（十）各级组织应有候补委员或书记之设立，以补充正式职员之缺额，人数与正式委员或书记相同。各会议时亦可出席，但只有发言权，无表决权。

（十一）产业落后的中国，各种产业虽在幼稚时代，但在最近一年来，按照产业而形成之工会，计铁路、海员、矿山、纺纱、五金、印刷、邮电、运输码头夫……这几种产业工人组织，虽然未普遍和健全，但就各地组织发展上看来，除铁路、海员已有全国组织外，其余皆有进行全国组织之可能。全国总工会今后应注意这几种产业工人之组织；发展到相等程度时，即组织全国各种产业总工会。这几种产业总工会，确为全国总工会之基础。

（十二）各地总工会或工联会，只应有一个总工会的联合组织。如有数个相同之性质组织者，应开联席会议，归并为一，以期工会的统一。

（十三）组织是工会的骨干，团结群众的唯一方式。他不是专求呆板的形式；只要求得强大工会的力量，将群众严密的团结起来，就采取何种方式的组织。故各工会须按照各地实际情形，而决定组织方法。

（十四）中国的政治环境南北不一致，在北方及长江流域各地，目前正在严重反动局势之下，工会的组织当然不能得到公开的自由；可利用各种灰色组织——俱乐部、游艺会、进德会、体育会……得到半公开的活动。但内部须采取工厂支部的组织，严密而集中的原则。

（十五）在半公开活动不可能之各地工会运动，只有厉行秘密工厂支部组织；但在每支部之下的排与团，人数宜少，以便开会，而且可以避免厂家的压迫或摧残。

（十六）在严重局势之下，秘密工厂支部均不易进行；在这种情形地方，只有在工厂中团结一般中坚分子成一中心组织，以为将来乘机发展的原动力。

（十七）国民政府下的两广，工会运动不但是能公开进行，而且得到一切的自由；故两广的工会运动，应依照工会组织的系统，正式组织工会。

（十八）广东及香港的工会组织，在最近时期已有很大的进步——工会统一运动的成功。但是站在革命工会的观点上，这种成功尚不够，只可说得到工会形式统一，尚未达到工会组织的统一。故今后广东及香港的工会运动，应由第一步进而第二步，实现统一工会组织。同一产业或一职业的，应在组织上实际合并统一起来。

（十九）会议是表现组织的精神，巩固组织的力量。在各地公开之工会，应按照各级组织，时常开会，以锻炼工会会员，成为强有力的军队。

（二十）在秘密组织的地方不易举行各种会议，只有利用各种机会，举行短时会议，人数宜少，讨论问题宜简单。

（二十一）秘密地方之群众大会，当然不易召集，但遇着重要问题，开群众大会最好举行“飞行集会”，时间最多不得过五分钟以上。

组织问题决议案

（1927年6月第四次全国劳动大会通过）

最近政治形势日趋复杂。很多工厂主和企业主在帝国主义的指使下，向工人阶级的组织进攻。他们一方面以封闭工厂的政策，迫使工人陷于长期失业的痛苦中饥饿待毙；另一方面又利用工人十分困难的处境，施以政治和经济的双重压迫，以绞杀工人阶级的革命。这些事实，给我们的教训是：必须将工人阶级的队伍整顿为巩固的统一的组织；必须用适当的方法，吸收骨干分子参加工会工作，在群众中开展有力的活动；将各分散的工会集中起来，组成革命的战斗团体；必须领导全体工人阶级团结一致，反对压榨工人的剥削阶级，消灭国内外一切反动派。工人阶级为了完成这一重大任务，只有吸收广大的工人群众参加工会；工会领导机关深入群众，与他们共同研究各种重要的事件，讨论有关工人斗争的方法等问题；在斗争中培养提拔有能力的工人参加工会活动。只有这样，才能使工会组织健全有力，进而与国际工人结成联合战线，共同斗争。

根据以上的形势，第四次大会特别注意工会的组织工作，在组织工作上提出以下几个原则：

一、中国工人运动发展到今天，工人阶级的组织虽大有进步，但第二次及第三次劳动大会通过的关于组织决议案，到现在尚可以适用。

二、工业非常落后的中国，除几个大工业区有广大的产业工人以外，各地的工人大部分为手工业工人及店员。

中国工人总数若是一千二百万，其中手工业工人及店员即占九百万。因此中国的工人运动大部分为手工业工人和店员的运动。现在中国有组织的工人已达二百九十万，工会的组织从大产业工人发展到小城市和县的手工业工人和店员，因此，手工业工人和店员的组织工作，是今后工会组织工作中最重要的问题。我们须研究这个问题，以便消灭工人运动内部的许多纠纷。手工业工人和店员特别容易发生以下几个问题：

1. 行会性质特别浓厚，一旦成立工会，即拒绝外来的同业工人参加工作；苛待学徒；入会费很高；行业界限特别鲜明；经常企图剥削其他行业的劳动者；非常保守，仅将自己的技术传授给子孙，并有反对机器的倾向。

2. 地方的帮口界限严重，难与外地工人团结，时常发生冲突。

3. 工人的住址和工作地点分散不固定；许多工人从事流动性的劳动。

4. 各雇主的经济状况不同。工人若提出一样的要求，有的雇主有能力承认，而有的雇主则无力接受，并会因此而引起雇主间的激烈竞争，使一般小雇主迅速破产没落。如将工人的要求划分为若干等级，大雇主就以承认工人的要求，来挑拨工会内部的纠纷，引起工人的不团结。

5. 工会训练、教育会员特别困难。

在同一工作范围内与其他工会发生冲突，或一个企业内部发生或存在着互相仇视的现象，必将削弱工人阶级斗争的力量，而对资本家有莫大的利益，对工人阶级则将遭受严重的损失。因此，上述的各项指示，应引起全国工会工作同志的特别注意。同时，手工业工人和店员的生活状况非常痛苦，他们的大多数仍被奴役在封建的雇佣关系之下，各地必须积极地帮助他们发展组织，保护他们的利益。尤其是非工业区的手工业工人和店员，他们是该地区无产阶级的代表，更需要重视他们的组织问题。在手工业工人和店员工会中固然须与行会主义、帮口组织进行斗争，但也不能按照产业工人的方法进行组织。我们应按照他们的职业和过去的组织习惯作为组织的原则；必须采取一种联合的组织形式，将各帮口的工人都吸收在工会内，逐步加强工会的权利，消灭帮口的陋习，引导其向产业组织的方向发展。同时必须反对手工业工人与店员以作坊或店铺为单位组织工会，或一个作坊、一个店铺内的工人参加两个以上的工会。大会委托下届执行委员会颁布手工业工会及店员工会组织大纲；并认定上届执行委员会颁布的各县及特别市的组织大纲也是适当的。

三、各地工会组织虽有进步，但尚存在着某些散漫、混乱的状况。大部分工会仍未在群众中建立稳固的基础。今后必须通过以下的方法，集中工会组织，使工会在群众中建立巩固的基础。

1. 在各大城市联合产业性质相近的各工会，组成当地各种产业总工会尽可能地将得力人员、工作职权及经费集中在这些产业总工会，以消除散漫、混乱的状况。加入产业总工会的手工业工人组成地区或街道委员会，直属产业总工会领导。

2. 各工会设立由工人群众选出的常任代表会；规定代表的职权；每月召开一定的会议。

3. 严密的组织工厂委员会或街道委员会，各委员会认真地开展活动，在群众中发挥其作用，使其成为群众的首脑和核心。

4. 反对法西斯及其他破坏工会组织统一的企图，坚持打倒反动派组织的伪工会。

四、工人的斗争和组织，两者应相辅而行。工会组织活动得好，能加强斗争的力量，而通过斗争又能壮大工会的组织。没有经过斗争锻炼的工会，不能健全组织；而没有组织健全的工会，也决难开展有力的斗争。我们反对只有等待组织训练健全后再开展斗争的意见，认为工人必须在各种政治和经济的斗争中巩固自己的组织。我们必须牢记，只有在技术上有了充分的准备后，才能使工会的组织和斗争取得伟大的效果。各级工会必须充分进行工会技术的训练。

五、为了集中工会的职权，免除组织上的混乱，特将全国总工会的组织系统确定如下：

（一）全国总工会——各省总工会——
- 各县总工会——
  - 各市总工会
  - 各业工会或支部
- 各特别市总工会——各业工会

（二）全国总工会——各全国产业总工会——
- 各省产业总工会——各工会
- 各特别市产业总工会——各工会

各地方产业总工会加入各地方总工会，有关地方的问题受地方总工会的领导；有关产业性的问题受该产业的上级总工会领导。各工会只向其直属上级总工会缴纳会费。下级工会服从上级工会的领导。

六、由于中国革命运动的突飞猛进、国内战争的延长、各地政治形势的不断变化，因而工会的组织也经常由公开转入秘密、由秘密转为公开。工会在由秘密变为公开的期间，应很好的注意以下各点：

1. 规定各产业总工会的组织范围，设立各产业总工会的组织委员会及其筹备处。根据过去的经验：开始组织时，如果是有计划地自上而下地组织广大的工人群众，就较为容易的将工会的组织集中统一起来。

2. 迅速颁发工会的组织大纲、工作计划及其他各项章程表册等。

3. 进行充分的技术工作的准备，取得对群众的领导地位，以及工会的社会地位。

4. 应严格防止因纠缠在组织手工业工人和店员而放弃了产业工人的组织。应设法防止手工业工人和店员在社会上或与其他工人发生不必要的冲突。组织手工业工人和店员的委员会，专门处理他们的一切问题及纠纷。

5. 当群众已团结于工会之内，应准备经济斗争，在斗争中加强组织，使工会真正成为群众的领导者。

6. 童工和女工也应同样吸收为工会会员。除教育训练童工、女工的组织（如童子团）外，不得有其他女工、童工的组织。工会执行委员会也应吸收童工、女工参加。工会中的女工及童工委员会只筹划有关维护女工、童工的利益，训练、教育及调查其生活状况等事宜，一切斗争与行动不得脱离工会单独进行，须极力避免组织女工、童工的孤立的斗争；要严格防止把教育训练女工的组织，变成领导斗争的机构。有女工、童工的工会，应认真为童工、女工的利益而斗争，否则，教育训练他们的机构，可能会变成领导斗争的机构。

七、中国工人运动的发展，已进一步与工人阶级的敌人短兵相接，并已由单纯的经济斗争发展成为政治的武装斗争，因而工人的武装组织更为重要。兹列举武装工人的方法如下：

1. 动员觉悟高的工人参加军队或军事学校。

2. 组织工人武装纠察队。

3. 组织秘密的工人武装队。

4. 组织工人义勇队，在工余时进行武装训练。

应特别注意工人纠察队的纪律，并以军队的组织为标准。工会在指挥纠察队时应特别谨慎。

八、工会会费每月以会员的半日工资为原则。下级工会向各直属上级工会缴纳的会费，其数额以该会收入的百分之十至二十为标准。工会应将会费的百分之十至二十作为工会基金及失业救济金等。

九、在地域广阔、交通不便的中国，各地的政治形势经常变化，因此希望组织健全的全国总工会事实上甚为困难；但目前中国的工人运动迫切需要全国各产业总工会及健全的全国总工会进行领导。全国除海员、铁路、邮政已有全国总工会的组织外，其他纺织、印刷、矿工、电报、金属等工会须于最短期内建立全国总工会的组织。中华全国总工会必须竭力健全各产业工会，以领导全国的工人运动。内河的木船及帆船工人应以河流为单位组织工会，并只准木船工人加入，不得组织某省、某县的工会。

十、大会委托上届执行委员会向全国宣布广东机器工会及江西景德镇等地的反动派武装进攻工人的罪行，使全国工人及社会人士知道反动派摧残工人、破坏工会组织的真相。

工会组织问题决议案

（1929年11月11日第五次全国劳动大会通过）

一、全国工人争斗浪潮的发展中，最明显的表现工人阶级在斗争中最大的弱点就是缺乏强固的组织力量，成为许多争斗中失败原因之一。组织问题成为目前工会运动中最迫切而至关重要的基本问题。

二、革命工会组织，自国民党叛变革命后，受了最严重的摧残，完全失去公开活动的机会，陷于极狭小的秘密活动范围。自国民党工会与黄色工会组织挟其反动政治势力，在群众中有了相当发展以来，赤色工会又缺乏独立的发展，因此在组织上黄色工会比赤色工会要大得多；在争斗中赤色工会由组织上表现他的领导作用非常微薄，大部分完全在国民党和黄色工会组织控制之下。这是在目前工会运动中最严重的问题。

三、在全国总工会所属之赤色工会，在组织上：（一）还是一些散布于各工厂各职业工人中的散漫的组织，不能包括全厂全业的工人在其组织之内，并且没有正式建立赤色工会组织生活。（二）各重要的产业工会没有正式建立。已有的铁总、海总还没有吸收广大群众在组织之内，建立巩固的下层组织基础。领导机关与群众极不密切。（三）对于全国重要产业工人区域中，大多数没有赤色工会组织的建立。（四）在黄色工会发展的地方，赤色工会差不多放弃了自己的独立发展，而隐藏于黄色工会组织之下设立各种附属组织，失掉了赤色工会在群众中独立领导地位。（五）许多地方总工会（如上海、香港），也没有吸引大量的群众参加，群众基础非常薄弱。与下级工会没有正式组织关系的建立；委派制度的残余在组织上还有充分的存在。指导机关不能吸收工人中积极分子参加，充分表现少数包办的形式，因此大会对于过去赤色工会在组织上的发展认为不满。

四、大会认为全国工人争斗的浪潮中，要保障这种争斗浪潮有力的向革命方面发展。赤色工会的发展成为最主要的基本动力，只有团结广大群众在赤色工会组织之内，才能加强群众争斗的力量，打破国民党黄色工会对于斗争的控制作用，使这些斗争成为革命运动中最大的力量。

五、赤色工会为了在革命运动中完成它的责任、作用，必须要争取广大工人群众在其组织之内，必须普遍的在产业区域的工人中建立强固的赤色工会组织。为了实现这种任务，赤色工会在黄色工会与非黄色工会群众中，要有独立的发展。这是最基本的前提。

六、赤色工会的发展，首先要在产业工人如铁路、海员、矿山、兵工厂、市政、纺织等，建立下层强固工会组织。这种组织的建立，才能树立赤色工会坚强基础。

七、赤色工会的建立，必须以生产单位做基础、由下而上的建立起来，没有坚固的工会基本组织，就不能树立强有力的赤色工会；因此应该坚决的反对现在的工会机关主义。凡是与群众远离的工会就不是赤色工会。我们必须坚决取消空招牌的工会，纠正非群众的委派制度的残余，将一些有工会组织经验的机关人员，有计划的派送到重要工厂参加生产，建立下层工会组织。

八、赤色工会要建立自己下层强固基础，首先要将现在有散布于各地工厂的零碎的组织，及带革命性的工人，正式建立〔起〕赤色工会支部来。每一支部都要订立章程，定期的会议，经常讨论工厂问题及赤色工会的发展。每个会员要缴会费，参加工会实际生活。

九、对于各产业工人，不论他是有黄色工会组织或是无组织的工人群众中，都要有计划的去发展和建立赤色工会组织；就是几个人的赤色工会小组都应坚决的去建立。固然，这种少数人的赤色工会组织在组织上表现微弱，但在群众斗争中间能发生强大的领导作用，尤其是在政治上要表现他的伟大的领导作用。这是比黄色工会在群众中的地位要大得多。

十、赤色工会要能吸收广大群众参加工会生活，增加会员对于工会的积极性，必须厉行民主化，工会职员尽可能由群众选举出来。在目前秘密环境之下，可用间接选举。建立工会定期代表会议的制度才能发展工会讨论，促进工会干部分子的自动精神，吸引工人中积极的活动分子，参加指导机关，纠正在过去少数人包办的毛病。这是使工会与群众建立密切关系必要的办法。

十一、赤色工会组织的原则是民主集中制。在发展会员的积极性，参加工会的生活，要厉行民主化。同时工会权力要集中，才能有力的指导群众阶级斗争，并且工会要有纪律的建立，才能保障工会在争斗中强固的战斗力。

十二、真正群众的产业工会建立，是目前革命工会运动中的骨干、全国总工会的柱石。产业工会的建立，必须要有下层的产业工会的支部组织，然后联合这些支部正式成立产业工会。目前最重要的产业工会：海员、铁路、矿山、五金、纺织、邮电、市政等，在建立产业支部中有相当发展时，应马上成立起来。在全国各地同一产业的工会有相当发展时，立刻组织个国各种产业总工会。

十三、产业工会组织的原则，一个地方只能建立一个产业工会。无论各地同一产业的工厂有多少，但是每一工厂，只能成立工会支部（或叫分会）；支部下按照各生产部门成立小组及干事会，改正过去每工厂设立一个工会的组织原则及组织系统。

十四、赤色工会要在群众中扩大他的影响，加强他的领导作用，应该经常的在群众中公开宣传自己的纲领和主张，尽可能在群众斗争中公开起来领导；即或在极端白色恐怖之下，也应公开的利用各种会议，提出他的主张，号召群众起来开会，由群众选举临时领导机关或罢工委员会。赤色工会的组织和会员，要在这些组织中起领导作用。

十五、目前反动政治，任何赤色工会虽不能得到公开存在的自由，但是如果要吸引多数群众到工会中来，仍然应该注重充分争取公开的机会。因为纯粹秘密组织办法，始终是阻碍群众发展的狭隘范围，不能扩大赤色工会的组织。所谓公开机会是社会上一般公认的组织和名义，如俱乐部、工人学校、图书馆、储蓄会等，目的就在利用这类灰色的团体，从实际行动中去发挥赤色工会的作用，领导群众在斗争中不断争取工会自由。但同时仍须注意工会指导机关的秘密存在，以防敌人的袭击。

十六、赤色工会应更注意他在斗争中的领导作用，借此扩大他的组织。因为和平发展往往是不能代表大多数工人利益，包含广大群众；多数工人只有在斗争激进中才能更迅速的加入工会。所以发展赤色工会的组织与群众斗争胜利，常常是互相影响的。在斗争中注意扩大工会组织，在扩大组织中更能保障斗争的胜利。利用公开机会活动，也只有在斗争进展中，他的作用才越发显著出来。

十七、在斗争中扩大工会组织的主要方法，就是在每个罢工或斗争开始的时候，号召全体工人组织公开的领导斗争的如罢工委员会、索薪团、代表团、护工团等等组织。这些组织的指导机关负责人员，应该从工厂各部门的群众中自己选出。指导机关下面，更要有各项下层组织，如小组、十人团，以为建立工会基础的准备。同时还要注意组织宣传队、交通队、纠察队、工会活动分子会议。总之，务使大多数甚至全厂工人都能参加争斗，参加组织为目的，这样做到建立工会群众基础的工作。

十八、赤色工会执行委员会之下，应该设立各部组织（组织部、宣传部、青工部、女工部），在可能范围内设立雇工部（如地方总工会），建立各部自己的工作，执行工会一切任务，在工会支部中指定干事，负责组织、宣传工作；有青工女工工厂须设青工女工干事。工会及其支部一切职员应当选举最积极的分子充当，坚决排斥一般妥协分子参加到指导机关。

十九、赤色工会为了争取广大群众在其组织和影响之下，不应放弃对于国民党的有群众的黄色工会下层群众，争取广大群众的工作。只有这一工作实现，才能消灭黄色工会的组织。凡是没有群众的空招牌的黄色工会，应该直接在群众中建立赤色工会支部和小组，不应参加进去。

二十、黄色工会是国民党的工会——三民主义的工会；因此，在组织立场上赤色工会与黄色工会是绝对对立的，因此，必须在群众中坚决的反对黄色工会。

二十一、在黄色工会内的工作，在组织上应该坚决的建立赤色工会的支部和小组；同时在群众中起核心作用，领导群众起来继续不断的作反黄色工会及其领袖的争斗，以达到消灭黄色工会的目的。

二十二、在黄色工会内领导群众斗争，应当以工厂委员会的组织直接领导群众起来斗争，脱离黄色工会的影响，尤其要坚决的纠正一切争斗都要经过黄色工会的形式和其组织去组织斗争的错误。赤色工会组织在群众中取得群众的信仰和拥护时，应当坚决的领导群众驱逐黄色领袖消灭黄色工会组织，建立赤色工会；即或在这一斗争中有少数群众跟着黄色领袖分裂出来，我们都不应放弃这一争斗。

二十三、在黄色工会中主张民主化的口号，不是中心口号与策略；因为现在黄色工会一天天的法西斯蒂化，我们在黄色工会内应引导群众自动起来开会，直接派代表到工厂中交涉，打破群众的合法观念与对于黄色工会国民党的幻想，领导到直接争斗的革命道路。

二十四、工厂委员会在目前形势上说，是消灭黄色工会的正确方法。

工厂委员会是工人自己组织、保护自己斗争领导的机关；在手工业中是工场作坊委员会，号召群众作阶级斗争，同时是教育群众的初等小学校，由下而上建立工人阶级整个争斗战线的好方法，特别是可使工人群众不加入黄色工会；在黄色工会的地方，可以使群众与黄色工会隔离起来，是反对改良主义有力的武器。在斗争中以帮助赤色工会建立产业工会基础的可能。有赤色工会的地方，工厂委员会更是巩固赤色工会的群众基础。

二十五、工厂委员会是站在全厂工人共同经济利益上组织起来的，因此各帮派的工人都应该是会员，而且组织简单，不收会费，没有政治派别。这些条件，可以团结广大群众。在革命形势发展时，工厂委员会是实际树立革命政权的一个重要的原动力。

二十六、工厂委员会不能与工会混合一体，即或有赤色工会组织地方，应有他独立存在基础，力争公开的存在，也不能将工会支部来代替他。为发展工厂委员会起见，顶好召集各厂工人代表开会，讨论与发展工厂委员会组织，并在区域内可联合工厂代表，成立固定代表会，在罢工时可另行组织罢工委员会。

二十七、现在各地还有许多产业工人没有组织起来，如上海之纱厂工人群众，不在国民党反动影响之下，也没有与革命工人取得相当之联络。对于这部分工人应设法克服各种困难，建立赤色工会的组织。还有一部分工人长期生活于封建性的组织中（如兄弟团、姊妹团等），在过去工作经验看来，他们有深厚的封建性与行会性。这类组织我们应该参加进去，在思想上和组织上以及在斗争中去消灭他，吸收其他群众到工会组织。再不宜奖励这种组织，甚至助长他的发展，使成赤色工会发展的障碍。

二十八、手工业与店员工作，过去组织上也有显著的忽视；这部分工人仍有许多没有组织或部分受行会及黄色工会之影响。加重注意发展店员、手工业工人的组织，与行会及黄色工会作坚决的斗争，建立赤色工会手工业、店员工会，也是目前必要的任务。

二十九、农村雇工的组织，再不能延迟，在赤色区域固然很重要，在一般的反动区域尤为重要。关于雇工各项问题，全总及各地工会应立即派有组织能力的人，到农村中去发展组织。

三十、失业工人运动为目前国内产业界最严重的问题。赤色工会应注意领导发展失业工人组织，在工会中成立失业工人委员会，办理失业登记、介绍、捐款、救济、交涉恢复工作、宣传教育等，最重要的就是帮助失业工人的斗争。赤色工会须有计划的进行这项工作。

三十一、赤色区域工会应该有计划的领导去作。这些区域多半是产业落后、文化低落的地方，所以尤其应在组织上纠正工会中的一切散漫现象，提高群众的工会生活，容纳群众的活动分子参加工会工作，成立各城市间的联合组织；尤其是对于农村雇工组织，应该特别注重。

三十二、青工在工会组织中应占极重要的地位。工会应成立青工部，在工会执行委员会之下，经常计划和执行青工文化教育训练工作以及争斗计划。工会下层得有青工小组之组织，按期召集青工大会以为专事训练青工之用。在黄色工会中应号召青工群众成立独立的青工组织，发展反黄色工会与其领袖的斗争。在尚未形成组织的工人群众中，可组织青工独立组织，但必须使这个组织是帮助工会发展。童工的组织最好是采用劳动童子团的组织，加强对于童工的训练，这是工会工作最主要一部。

三十三、女工是目前工会最重要的成分。在工会指导机关中，应特别注意引进女工参加，应成立女工部，经常注意女工的特殊争斗教育与训练，召集各种女工代表会议，促进女工运动之更快发展。这就是巩固及扩大赤色工会的重要工作。

三十四、工人群众的武装自卫与训练，是目前斗争激进中保护工人的必要组织。现在国民党法西斯蒂工会摧残工人之事无日无之，证明这个工作的迫切需要。这个组织虽然是秘密性的，但是也应该利用一切公开的名义（如足球队、国术团等），争取公开或半公开的存在，征求工会积极分子加入。

陕甘宁边区总工会章程[①]

（1938年4月22日陕甘宁边区工人第一次代表大会通过）

第一章　总　则

第一条　本会定名为陕甘宁边区总工会。

第二条　本会以团结全边区工人、职员、雇农，拥护工人的利益，争取民族和工人的解放为宗旨。

第三条　本会加入全国性的工人团体与全国工人联合。

第二章　会　员

第四条　凡具下列资格之工人团体，经本执行委员会之通过，不分派别信仰，均得加入本会为会员。

（一）边区产业工人的工会。

（二）边区店员手工业工人的工会。

（三）边区农村工人雇农的工会。

（四）边区苦工运输工人的工会。

（五）边区职员工会联合会。

（六）边区各县及各地方性的工会。

（七）边区及边区附近的其他工人团体。

第三章　本会代表大会及执行委员会

第五条　本会最高权力机关为全边区工人代表大会，由本会所属各工会按照会员人数为比例选举代表组织之。

第六条　本会代表大会每二年由执行委员会召集一次，必要时经执行

① 陕西省总工会工运史研究室编：《陕甘宁边区工人运动史料选编（上册）》，北京：工人出版社，1988年版，第209—211页。

委员之通过或会员团体三分之一以上的请求，均得召集临时代表大会。

第七条 在代表大会闭会期间，本会执行委员会为最高权力机关，本会执行委员会由代表大会选举执委五十七人、候补执委九人组织之。

第八条 本会执行委员会全体会议每年召集一次，由执行委员会互选九人组织本会常务委员会。总揽和处理本会一切经常事宜。

第九条 本会常务委员会，互推正副主任各一人，并分设各部：

（一）组织部。

（二）文化教育部。

（三）劳动保护部。

（四）青工部。

（五）女工部。

（六）抗战动员部。

（七）秘书处。

各部设部长一人，干事若干人。

第十条 本会各选任委员职员，任期一年，但得连选连任。

第十一条 本会实行民主集中制，一切决议以多数同意为通过。

第四章 经 费

第十二条 本会的收入如下：

（一）本会所属各会员团体，须向本会缴纳会费，其数目相等于各该工会收入之百分之十至百分之三十。

（二）政府对本会之津贴。

（三）临时向会员群众所募之捐款。

第十三条 本会经费每月向各会员公布一次。各团体会员随时可组织委员会审查本会经费及账目。

第五章 附 则

第十四条 本章程经代表大会通过后，即发生效力，其修改之权，属于本会代表大会。

中华全国总工会章程

（1948年8月第六次全国劳动大会通过）

第一章　总　纲

第一条　本会定名为中华全国总工会。

第二条　本会宗旨为团结全国职工，保护职工利益，争取中国工人阶级的解放，联合全国一切被压迫人民争取中国人民的解放，联合全世界工人为保卫世界和平与民主而奋斗。

第二章　会　员

第三条　本会以团体会员为基础，中国境内之职工团体，凡赞成本会章程者，不分产业工会，职业工会，地方工会均得加入本会为会员；凡同一产业职业之职工已有全国性之组织者，或在一特别市，一省与一边区之各种职工，已联合组成为地方性之组织者，均由该组织直接加入本会为会员，如无总组织之各单独工人团体，要求直接参加入本会为会员者，须经本会之特许。

第四条　凡在各种企业及机关学校中工作以劳动收入为主要生活来源并依法取得职工成分之体力劳动者与脑力劳动者，不分民族、性别、宗教信仰，赞成本会章程自愿入会者，均得加入本会所属之各种工会为会员。

第五条　本会团体会员及本会所属各种工会之个人会员，其入会与退会，均依自愿原则，既入会后，必须遵守本会章程。

第六条　本会会员之权利如下：

甲、对于本会一切主张及设施有根据本会宗旨进行讨论，建议和批评之权。

乙、有在会内选举与被选举之权。

丙、有享受本会所举办之各种文化教育及福利事业之优先权。

第七条　本会会员之义务如下：

甲、有遵守本会宗旨章程，及执行本会一切决议之义务。

乙、有向本会经常报告团体会务及个人工作之义务。

丙、有向本会按期缴纳会费之义务。

第三章 组 织

第八条 本会之组织原则为民主集中制，即少数服从多数，下级服从上级，本会所属各工会服从本会一切决议和指导。

第九条 全国职工代表大会为本会最高权力机关，其职权与召集方法如下：

甲、全国职工代表大会之职权，为决定和修改章程，决定职工运动之方针，审查本会执行委员会之报告，选举执行委员会。

乙、全国职工代表大会每二年举行一次，由执行委员会召集之，遇有特殊情况或有代表本会所属工会会员总数三分之一以上的工会之要求时，执行委员会得决定提前或延期召集之。

丙、出席全国职工代表大会之代表额数及选举方法，由执行委员会规定之。

丁、全国职工代表大会，必须有代表本会所属各工会会员总数二分之一以上的代表出席时，方为有效。

第十条 由全国职工代表大会选举执行委员及候补执行委员若干人，组织本会执行委员会；在代表大会闭幕期间为本会最高权力机关，执行委员会全体会议每半年举行一次，由常务委员会召集之，但须有半数以上执行委员之出席方为有效。如有特殊情况，或有三分之一以上之执行委员请求时，得提前或延期召集之。

第十一条 由执行委员会选举主席一人副主席若干人领导会务。

第十二条 由正副主席及执行委员会选举之常务委员若干人组织常务委员会对执行委员会负责驻会办理一切会务。

第十三条 本会设秘书长一人，经常务委员会选任在正副主席领导下处理本会日常行政。

第十四条 本会得分设下列各部处会：

甲、组织部：管理本会所属各工会之组织事项，并帮助各地无工会组织之职工群众组织工会。

乙、文教部：管理宣传文化教育工作，并指导各工会之文教方针。

丙、生产部：指导解放区职工会，参加工厂企业管理，实行劳动竞赛与劳动英雄运动，研究工资问题，生产计划，技术经验及其他有关生产之工作。

丁、劳动保护部：管理并指导劳动保险事宜，审查劳动契约及各工会之福利工作，并协助政府进行工厂内卫生及安全设备之检查。

戊、青工部：管理并指导各级工会之有关青工、童工工作。

己、女工部：管理并指导各级工会之有关女工工作。

庚、国际联络部：管理本会对外宣传，及与国际职工组织和各国职工组织之联络工作。

辛、秘书处：管理总务、文书、会计等工作。

壬、私营企业委员会：管理私营企业中之职工运动工作。

癸、国民党统治区工作委员会：研究和指导有关国民党统治区职工运动之工作。

第十五条 各部设部长一人，秘书处设处长一人，各委员会设主任一人，必要时均得设副职由常务委员兼任，或由常务委员会另行选任之。各部处会得设干事若干人，由常务委员会委任之。

第十六条 本会为工作便利起见，得于相当地点设立办事处，各办事处设主任一人，办事员若干人由常务委员会决定之。

第十七条 执行委员会认为必要时，得设立各种特别委员会。

第四章 经 费

第十八条 本会所属各工会应按其所收会费百分之三十，缴纳本会为经常费，每三个月缴纳一次，如有特别困难时，得经常务委员会批准减免。

第十九条 本会所属和工会之会员须按月缴纳所得工资百分之一的会费。

第五章 附 则

第二十条 本章程经全国职工代表大会通过并公布之。

第二十一条 本章程如有不适合时，由全国职工代表大会通过修改之。

第二十二条 本章程之解释仅属于本会执行委员会。

中华人民共和国工会章程

(1953年5月10日中国工会第七次全国代表大会通过)

总　纲

中国工人阶级在中国共产党和伟大领袖毛泽东同志的领导下进行了长期的斗争，在斗争中和农民建立了最密切的联盟并与一切爱国民主力量建立了反帝反封建反官僚资本的统一战线，从而战胜了外国帝国主义和国内反革命，取得了人民民主革命的伟大胜利。

中国现代的工人运动，是在中国工人阶级自己的政党——中国共产党产生以后，并在中国共产党的直接领导下，沿着胜利的道路发展起来的。中国工会把广大工人群众团结在中国共产党的周围，成为党与群众联系的引带。在人民民主专政的政权建立以后，中国工会在党的领导下成为工人群众学习管理的学校，学习主持经济的学校，学习共产主义的学校。

中国工会是：凡以工资收入为自己生活资料之全部或主要来源的体力劳动者和脑力劳动者，不分民族、性别及宗教信仰自愿结合的工人阶级的群众组织。

中华人民共和国是中国工人阶级领导的国家，因此，这个国家的利益，这个国家全体人民共同的利益，也就是中国工人阶级的根本利益。因此，中国工会应代表工人群众积极地参加制定有关生产、劳动及工人的物质、文化生活等等法令，并坚决地支持和执行人民政府的一切政策法令，使自己成为人民民主政权的坚强的社会支柱。

中国工会在国家建设时期最重要的任务，就是加强工人阶级的团结，巩固工农联盟，教育工人群众自觉地遵守国家法令和劳动纪律，努力发展生产，不断地提高劳动生产率，为完成与超额完成国家生产计划，加速国家工业化和逐步过渡到社会主义社会而斗争。工会应经常地关心工人群众的生活状况和劳动条件，并应在发展生产的基础上，逐步地、但是积极地改善工人群众的物质生活和文化生活。

在国营企业中，工人就是企业的主人，工会有动员和组织工人群众保证完成和超额完成国家生产计划的神圣责任。在公私合营或固定为国家加工的企业中，工会对于搞好生产和监督契约的执行，负有重大的责任。在私营企业中，工人虽然仍处于被剥削的地位，但工人的政治权利和正当的经济利益，有国家法令和工会组织的确切保障；因此，在私营企业中，工会也有组织和教育工人群众搞好生产与监督资本家遵守政府法令的责任。这样，使私营企业在国营经济领导下对国计民生起积极作用乃是符合工人阶级的根本利益的。

中国工会是按照产业原则在民主集中制的基础上组织起来的。它应以集体领导和说服教育为基本的工作方法。工会必须关心群众利益，集中群众意见，展开批评与自我批评，经常注意向脱离群众的官僚主义、命令主义等倾向做斗争，同时不断提高工人群众的组织性和纪律性。

中国工会必须经常地对工人群众进行国际主义教育，积极地参加国际工人运动，为国际工人运动的团结统一而斗争，为保卫远东和世界的持久和平而斗争。

第一章　会　员

第一条　凡以工资收入为自己生活资料之全部或主要来源的体力劳动者与脑力劳动者，承认本章程，均得加入工会为会员。

第二条　凡欲加入工会为会员者，须经本人自己申请，工会小组会通过，工会基层委员会或车间委员会批准。

第三条　会员的权利如下：

（一）有选举权与被选举权。

（二）有向工会组织提出改进工作的意见与建议之权。

（三）在工会的会议上或刊物上，有批评工会的任何工作人员之权。

（四）有享受工会所举办之各种集体的文化、福利事业的优先权。

第四条　会员的义务如下：

（一）遵守国家法令与劳动纪律。

（二）爱护公共财产。

（三）努力学习政治、技术和文化，提高自己的阶级觉悟和工作能力。

（四）遵守工会章程和决议，按时缴纳会费。

第五条 凡会员有破坏工会章程、违犯纪律的行为或无故不缴纳会费在三个月以上者，得按具体情况分别给予劝告、警告、当众警告、开除会籍之处分。

第二章 组织机构

第六条 中国工会是按照产业原则在民主集中制的基础上建立起来的，其基本制度如下：

（一）各级工会领导机关，均须自下而上地由会员民主选举产生，并须定期向会员报告工作。

（二）工会各级组织，必须按照工会章程及组织决议进行工作。

（三）工会组织的决议，须有出席会议者过半数之赞成，方能通过。

（四）工会下级组织服从上级组织。

第七条 产业工会的组织原则，是将同一企业、机关等单位中的工会会员组织在一个基层组织中；将国民经济同一工业部门中的工会会员组织在一个全国性的产业工会组织中。

第八条 省、市、县、镇工会联合会，是省、市、县、镇的地方工会组织与当地各产业工会组织的联合领导机关。

第九条 工会的各级最高权力机关：在基层组织为全体会员大会或代表大会；在省、市、县、镇为代表大会；在全国为全国代表大会。

工会基层的会员大会和各级代表大会选出工会的各级委员会：车间委员会、基层委员会、县委员会、市委员会、省委员会、全国委员会及中华全国总工会执行委员会。上述各委员会均为工会的各级执行机关，负责领导工会各该级组织的日常工作。工会的各级组织，如有全体会员三分之一以上之提议，经上级组织的批准，得提前选举。

第十条 工会的各级委员会，在代表大会闭会期间，得召开代表会议，总结与交流各种工作经验。

第十一条 工会的各级委员会，得按工作需要分别设立若干工作部门或常设工作委员会。

第三章 工会的全国领导机关

第十二条 中华人民共和国工会的全国领导机关为中华全国总工会。

第十三条 中华人民共和国工会的最高权力机关为全国代表大会，其职权为：

（一）听取并批准中华全国总工会执行委员会与经费审查委员会的工作报告。

（二）确定全国工会工作的方针任务，并听取中央人民政府经济和文化机关的报告，以便保证国家经济计划的完成与超额完成。

（三）修改与批准中华人民共和国工会章程。

（四）规定在国际工人运动中的任务。

（五）选举中华全国总工会执行委员会与经费审查委员会。

第十四条 中华人民共和国工会全国代表大会，每四年举行一次，由中华全国总工会执行委员会召集之。

第十五条 中华全国总工会执行委员会和经费审查委员会，按照全国代表大会规定的名额选举之。

第十六条 在全国代表大会闭会期间，中华全国总工会执行委员会负责贯彻执行全国代表大会的决议，领导全国工会工作。

第十七条 中华全国总工会执行委员会的全体会议选举主席团和书记处。

主席团：在执行委员会闭会期间，是全国工会的领导机关，负责贯彻全国代表大会与执行委员会全体会议的决议，并领导全国工会的一切工作。

书记处：在主席团领导下，处理全国工会的日常工作。

第十八条 工会的各级经费审查委员会负责审查工会各级组织的经费事宜。

第十九条 产业工会全国委员会为产业工会的全国领导机关。产业工会的最高权力机关为全国代表大会，每三年举行一次，由产业工会全国委员会召集之。其职权为：

（一）听取并批准产业工会全国委员会与经费审查委员会的报告。

（二）听取中央人民政府有关部门的工作报告，确定产业工会全国工作的方针、任务。

（三）修改并批准产业工会章程。

（四）选举全国委员会与经费审查委员会。

第二十条 在产业工会全国代表大会闭会期间，产业工会全国委员会负责执行产业工会代表大会与中华全国总工会的决议，并选举主席团或常务委员会领导日常工作。

第四章　工会的地方组织

第二十一条　中华全国总工会得在各大行政区设办事处或工作委员会，其任务为：代表中华全国总工会指导各该区省、市工会联合会与当地各产业工会的工作。省、市工会联合会，为各该省、市工会组织及当地各产业工会组织的联合领导机关。

省、市工会联合会得视工作需要，在专区和大城市的区设立办事处，代表省、市工会联合会督促检查工作。

第二十二条　省、市工会联合会的委员会由省、市代表大会产生之，产业工会的省、市、矿区委员会由产业的省、市、矿区代表大会产生之。

第二十三条　省、市工会联合会与产业工会省、市、矿区委员会的最高权力机关是代表大会。在代表大会上，听取各该级工会委员会与经费审查委员会的工作报告，确定当前任务，选举工会委员会与经费审查委员会。

省和中央直辖市工会联合会的代表大会及产业工会的省代表大会每二年举行一次，由各该级委员会召集之。

省属市工会联合会的代表大会和产业工会的市、矿区代表大会每年举行一次，由各该委员会召集之。

第二十四条　省、市工会联合会的委员会和产业工会的省、市、矿区委员会在代表大会闭会期间，贯彻执行代表大会的决议，并根据上级工会的决议和指示，领导所属工会组织的工作。

第二十五条　省、市工会联合会的委员会和产业工会的省、市、矿区委员会，得选主席一人，副主席及常务委员若干人，组成常务委员会，领导日常工作。

第二十六条　县、镇的工会组织由省工会联合会参照省、市工会联合会的组织办法并根据当地具体情况与需要组织之。

第五章　工会基层组织

第二十七条　工会基层组织是工会的基础，由在同一企业或机关中工作的工会会员组成。凡企业、机关有工会会员二十五人以上者，得建立企业或机关委员会；不足二十五人者，得成立工会小组，并选举组织员一人；不足三人者，得参加附近相近的产业或行业的工会基层组织，或成立联合小组。

第二十八条 企业或机关的工会会员全体大会或代表大会为工会基层组织的最高权力机关。会员全体大会或代表大会每半年或一年召开一次，其职权为：听取并批准工会基层委员会和经费审查委员会的工作报告，听取企业或机关行政的工作报告，规定工会基层委员会的任务与具体计划，并选举基层委员会和经费审查委员会。

第二十九条 工会基层委员会选举主席一人、副主席若干人，并根据工作需要设立若干常设的或临时的工作委员会。

第三十条 工会基层组织的任务如下：

（一）组织全体工人、工程技术人员和职员的劳动竞赛，巩固劳动纪律，保证国家生产计划的完成与超额完成。

（二）经常关心全体工人、工程技术人员和职员的物质、文化生活状况及劳动条件；协助并监督行政方面或资方贯彻执行人民政府的有关劳动保护、劳动保险等法令。

（三）组织全体工人、工程技术人员、职员进行文化、政治、技术学习及文艺、体育活动。

（四）接收新会员，征收会费，定期向上级工会组织和会员报告工作和经费收支情况。

第三十一条 工会基层委员会得在车间（部门）建立车间（部门）委员会，领导车间（部门）工作。车间（部门）委员会选举主席一人（大车间并选举副主席若干人），并视工作需要建立若干常设的或临时的工作委员会。

第三十二条 工会基层委员会或车间（部门）委员会之下，得按照生产单位或工作单位，建立工会小组。工会小组选举小组长一人，必要时得设副组长或劳动保护检查员、劳动保险干事、文教干事，协助小组长进行工作。

第六章　经　费

第三十三条 工会经费的来源：

（一）新会员之入会费。凡新加入工会者须缴纳其上月工资总额百分之一的入会费。

（二）会员的会费。凡会员须按时缴纳其每月工资总额百分之一的会费。

（三）工会机关所主办之各种文化、体育事业的收入。

（四）行政方面或资方按工会法之规定所缴纳的经费。

第三十四条 工会各级组织，均应按上级批准的预算和中华全国总工会规定的财务制度和会计科目开支各项费用，并应定期向会员和上级报告经费收支情况。经费报告须经经费审查委员会主席审查并在报告上签名盖章。

第三十五条 工会组织的财务制度、预决算制度、会计科目等，由中华全国总工会另订之。

第七章 附 则

第三十六条 本章程经中国工会第七次全国代表大会通过后实行，其解释权属于中华全国总工会执行委员会。

第三十七条 本章程如有不完善处，修改权属于全国代表大会。

第三十八条 中国各产业工会得根据产业特点制订自己的章程，但不得与本章程有所抵触。

第三十九条 手工业工会联合会的组织办法另订之。

中国工会章程

（1957年12月12日中国工会第八次全国代表大会通过）

总　纲

中国工人阶级在自己的先锋队——中国共产党的领导下，和全国人民一起，经过长期的艰苦斗争，在人民民主革命的胜利以后，基本上完成了生产资料所有制的社会主义革命；1957年，又在政治和思想战线上取得了社会主义革命的新胜利。同时，社会主义建设事业也取得了巨大的成就。社会主义制度在我国已经基本上建立起来了。

中国工人阶级和全国人民今后十年到十五年的基本任务，就是要在优先发展重工业的基础上，发展工业和发展农业同时并举，把我国建设成为一个具有现代工业、现代农业和现代科学文化的社会主义强国。为了完成这个伟大的历史任务，中国工人阶级必须在中国共产党的领导下，进一步提高阶级觉悟，加强组织性、纪律性，提高文化技术水平，增强工人阶级内部团结，巩固工农联盟和团结、教育、改造知识分子；必须进一步发扬勤劳节俭、艰苦奋斗的优良传统和大公无私的高贵品质；必须以自己的模范行动，带动全国人民，为完成社会主义建设事业而奋斗。

中国工会是工人阶级自愿结合的广泛的群众组织。凡是以工资收入作为自己生活资料的全部来源或者主要来源的体力劳动者和脑力劳动者，不分民族、性别和宗教信仰，都可以加入工会为会员。

中国现代的工人运动一直是在中国共产党的领导下发展起来的。中国工会是党领导下的工人阶级的群众组织，是党联系群众的引带。在人民民主专政条件下，中国工会是职工群众学习管理的学校，学习主持经济的学校，学习共产主义的学校。

在我国这样一个人口众多、经济落后的国家里，要建成社会主义，最根本的问题就是要发展工农业生产，不断地提高社会劳动生产率。为此，中国工会必须在党的领导下，加强对职工群众的共产主义教育，贯彻执行勤俭建国、勤俭办企业、勤俭办一切事业的方针，组织社会主义竞赛，发挥全体职工的积极性和创造性，自觉地巩固劳动纪律，保证完成和争取超额完成国家建设计划。并且在发展社会生产的基础上逐步地改善职工群众的物质生活和文化生活。

中国工会是我国人民民主政权最坚强的社会支柱。它应该积极地参加制定国家有关生产、劳动和工人的物质、文化生活等方面的政策法令，组织职工群众监督这些政策法令的贯彻执行，向一切违法乱纪、损害国家利益和群众利益的行为做斗争。同时，应该教育职工群众模范地遵守宪法和法律，坚决地支持和执行国家的一切政策法令。

在工人阶级领导下的我们国家的利益，是全国人民共同的利益，也就是工人阶级的根本利益。工会必须教育职工群众认识国家利益和个人利益的一致性，当个人利益和国家利益发生矛盾的时候，个人利益应该服从国家利益；同时，必须从整体利益出发，支持群众的正当要求，保护群众正当的物质利益和民主权利，向忽视职工群众切身利益的官僚主义作斗争。

我国社会主义企业管理的根本原则是民主集中制。一切企业既要服从党和国家的统一领导和统一计划，实行集中的指挥，建立严格的纪律；又要充分发扬职工群众的主动性和积极性，发挥群众的监督作用，吸引群众参加企业管理。由工会召集的厂矿企业的职工代表大会，是贯彻执行领导和群众相结合的群众路线的重要形式，也是职工群众参加企业管理、实行群众监督、加强自我教育的组织。工会必须在党委的领导下，做好组织职工代表大会的工作，并且把这项工作和工会的日常工作紧密地结合起来。

整风运动是我国工人阶级和广大人民群众在党的领导下进行社会主义革命和社会主义建设的重要方法。大鸣大放、出大字报、开展批评和自我批评等整风的方法，不但可以揭发和克服工作上、领导作风上的缺点和错误，而且可以使群众很好地进行自我教育。因此工会应该把整风的方法，作为今后经常的工作方法，并且把这种方法和职工代表大会制度结合起来。

在公私合营企业中的工会组织，要继续加强对企业和对资本家的改造工作，逐步使资本家成为自食其力的劳动者。

中国工会是按照产业和地区相结合的原则在民主集中制的基础上组织起来的，并且以说服教育作为基本的工作方法。工会的各级组织，都必须实行集体领导和分工负责相结合的原则。

密切联系群众是工会做好一切工作的基本条件。一切工会组织都必须密切联系群众。一切工会干部都必须熟悉生产，和群众同甘共苦；都必须倾听群众的呼声、意见和要求，认真地进行调查研究，依靠群众和积极分子进行工作；都必须充分地发扬民主，开展批评和自我批评，向脱离群众的官僚主义、主观主义和宗派主义进行斗争。在一切工会组织中，都要建立和健全民主制度，特别是定期的报告工作、报告财务和检查工作的制度，使工会的一切工作都受到群众的监督。

建设社会主义是我国各族人民共同的事业。中国工会必须加强少数民族地区的工会工作，努力培养少数民族的工会工作干部，根据共产主义原则，结合民族特点进行工作，反对妨害民族团结的大民族主义和地方民族主义倾向。

中国工会必须经常地对职工群众进行国际主义和爱国主义相结合的教育，教育他们认真地学习苏联和各人民民主国家建设社会主义的先进经验和一切国家的先进技术，积极地支持人民政府的和平外交政策，积极地参加国际工会运动，支持各国工人阶级和广大人民群众的正义斗争，为国际工会运动的团结合作而斗争，为保卫世界和平和发展人类进步事业而斗争。

第一章　会　员

第一条　凡是以工资收入作为自己生活资料的全部或者主要来源的体力劳动者和脑力劳动者，不分民族、性别和宗教信仰，只要承认工会章程，都可以加入工会为会员。

第二条　职工加入工会为会员，要由自己申请，经过工会小组会的讨论和通过，车间委员会批准；没有车间委员会的由工会基层委员会批准。

第三条　会员的权利：

（一）有选举权和被选举权。

（二）有向工会组织提出改进工作的意见和建议的权利。

（三）在工会的会议上、报刊上，有批评工会机关和工会的任何工作人员的权利。

（四）有向工会一切领导机关提出询问和申诉的权利。

（五）在企业、机关和学校发生违反国家的政策、法令而损害会员的物质利益和民主权利的时候，有要求工会在法律上予以维护和支持的权利。

（六）可以享受工会所举办的各种集体的文化、福利事业的优待。

第四条 会员的义务：

（一）遵守国家的政策法令和劳动纪律，积极地完成国家建设任务。

（二）维护社会主义制度，爱护公共财产，向一切反对社会主义的言行、破坏公共财产、违法乱纪和贪污浪费的现象作斗争。

（三）努力学习政治、文化、技术和业务，提高自己的阶级觉悟和工作能力。

（四）发扬阶级友爱，团结互助。

（五）遵守工会章程，执行工会决议，按时缴纳会费。

第五条 对于破坏工会章程的会员，工会组织应该给予批评教育；对于情节严重的或者屡教不改的，应该开除会籍；对于无故不缴纳会费连续在六个月以上的，可以开除会籍。

第六条 工会开除会员的会籍，必须由工会基层组织的会员大会或者代表大会通过（有车间的，可以由车间会员大会通过），并且要通过上一级工会组织批准。

第七条 会员在下列情况下，可以保留会籍：

（一）会员在服兵役期间。

（二）会员在参加工业和手工业生产合作社期间；季节工会员在停工季节。

（三）会员在养老退休、残废、疾病退休，或者因为其他原因需要保留会籍的时候。

第二章　组织机构

第八条 中国工会是按照民主集中制建立起来的。民主集中制，就是在民主基础上的集中和在集中指导下的民主。它的主要内容是：

（一）工会的各级领导机关，都由民主选举产生。

（二）工会的各级领导机关实行集体领导和个人负责相结合的原则，一切重大问题都要经过集体的讨论和决定。

（三）工会的各级组织，都要按照工会章程和工会组织的决议进行工作，并且要定期向会员报告工作，听取会员群众和下级组织的批评和意见。

（四）每个工会会员都应该执行工会组织的决议，少数服从多数，下级工会组织服从上级工会组织。

第九条 中国工会是按照产业和地区相结合的原则组织起来的。产业原则就是将同一企业、机关、学校单位中的会员，组织在同一个基层组织中。

同一国民经济系统中、或者性质相近的几个国民经济系统中的会员，可以组织在全国性的或者地方性的产业工会组织中。

产业和地区相结合的原则，就是省、自治区、直辖市、自治州、省辖市、县（镇）工会联合会是当地工会组织和各产业工会组织的地方联合领导机关；中华全国总工会是各地区工会组织和各产业工会全国组织的全国联合领导机关。

第十条 工会的各级最高权力机关：在基层组织是全体会员大会或者代表大会；在省、自治区、直辖市、自治州、省辖市、县（镇）是代表大会；在全国是全国代表大会。全体会员大会和各级代表大会选举工会的各级委员会。工会的各级委员会，在会员大会和代表大会闭会期间，是工会的各级执行机关。

第十一条 工会的各级委员会选举各级经费审查委员会。经费审查委员会在本级工会委员会的领导下，负责审查本级工会组织的经费收支和财产管理情况。

第十二条 工会的各级组织在进行选举的时候，候选人名单必须经过会议的充分讨论。

在讨论候选人的时候，每个参加会议的成员都可以提出候选人，都可以批评任何一个候选人；在选举的时候，每个参加选举的成员，都可以不选或者调换任何一个候选人。

第十三条 基层以上的工会各级委员会，在代表大会闭会期间，可以根据工作需要召开代表会议。在代表会议上，总结和交流各种工作经验；也可以补选、撤销工会委员会的委员。补选和撤销的委员，不得超过委员总数的五分之一，并且应该报告上级工会组织备案。

第十四条 工会的基层委员会，可以按照工作需要设立各种工作委员会；基层以上的工会各级委员会，可以设立工作部门和工作委员会。

第三章　全国领导机关

第十五条　中国工会的最高权力机关是全国代表大会，它的职权是：

（一）听取和批准中华全国总工会执行委员会的工作报告和经费收支情况的报告。

（二）确定全国工会工作的方针任务，并且听取中央人民政府经济和文化机关的报告，以便保证完成国家建设任务。

（三）修改中国工会章程。

（四）选举中华全国总工会执行委员会。

第十六条　中国工会全国代表大会，每五年举行一次，由中华全国总工会执行委员会召集；全国代表大会代表的选举办法，由执行委员会决定。

第十七条　中华全国总工会执行委员会的委员和候补委员，按照全国代表大会规定的名额选举；执行委员会的委员出缺，由候补委员依次递补。

第十八条　中华全国总工会执行委员会在全国代表大会闭会期间，负责贯彻执行全国代表大会的决议，领导全国工会工作。执行委员会全体会议，每年举行两次，由主席团召集。它的基本任务是：

（一）听取主席团的工作报告，根据全国代表大会的决议确定各个时期的具体任务。

（二）参加国家有关生产、劳动和工人物质、文化生活等方面的政策、法律和法令的制定工作，教育和组织职工群众遵守这些政策、法律和法令，并且监督它们的贯彻执行。

（三）检查工会工作，总结和交流全国工会工作的经验。

（四）听取经费审查委员会的报告，批准工会预算和决算。

（五）代表中国工会参加国际工会运动。

第十九条　中华全国总工会执行委员会全体会议选举主席团和书记处，并且选举执行委员会主席一人、副主席若干人。主席团全体会议，每年举行四次，由主席召集。

主席团：在执行委员会闭会期间，是全国工会的领导机关，负责贯彻执行全国代表大会和执行委员会的决议，并且领导全国工会的一切工作。

书记处：在主席团领导下，处理日常工作。

第二十条　产业工会的最高权力机关是产业工会的全国代表大会。它的职权是：

（一）听取和批准产业工会全国委员会的工作报告和经费收支情况的报告。

（二）确定产业工会全国工作的方针、任务，并且听取中央人民政府有关部门的工作报告，以便保证完成国家建设任务。

（三）做出关于本产业工会组织问题的决议。

（四）选举全国委员会。

产业工会的全国代表大会，每三年或者四年举行一次，由产业工会全国委员会召集。全国代表大会代表的选举办法，由全国委员会决定。

第二十一条 产业工会全国委员会，在产业工会全国代表大会闭会期间，负责执行产业工会全国代表大会和中华全国总工会的决议；并且选举主席一人、副主席和主席团委员各若干人，组成主席团领导日常工作。

产业工会全国委员会委员、主席团委员、主席和副主席，在选出以后，应该报告中华全国总工会执行委员会备案。

第四章 地方组织

第二十二条 省、自治区、直辖市、自治州、省辖市、县（镇）工会联合会是当地工会组织和各产业工会组织的联合领导机关。

省、市工会联合会认为必要的时候，可以在专区和大城市的区设办事处，代表省、市工会联合会督促检查所属工会组织的工作。

第二十三条 产业工会的地方组织，由地方工会联合会参照产业工会的组织决议，根据当地具体情况确定建立。

第二十四条 工会的地方联合会和产业工会地方组织的最高权力机关是代表大会。它的职权是：

（一）听取和批准本级工会委员会的工作报告和经费收支情况的报告。

（二）确定本级工会组织的工作任务，并且听取同级人民委员会有关部门的工作报告，以便保证完成国家建设任务。

（三）选举本级工会委员会。

省、自治区、直辖市工会联合会的代表大会和产业工会的省代表大会每三年举行一次。自治州、省辖市工会联合会的代表大会每二年举行一次。产业工会的市和地方组织的代表大会一年或者二年举行一次。

工会的各级地方组织的代表大会由本级委员会召集。代表大会代表的选举办法，由本级委员会决定。

第二十五条　地方工会联合会委员会和产业工会地方委员会在代表大会闭会期间，负责贯彻执行代表大会的决议，并且根据上级工会组织的决议和指示，领导所属工会组织的工作。

第二十六条　地方工会联合会委员会和产业工会地方委员会选举主席一人、副主席和常务委员各若干人，组成常务委员会领导日常工作。

地方工会联合会委员会和产业工会地方委员会的委员、主席、副主席和常务委员，在选出以后，应该报告上一级工会委员会备案。

第二十七条　县、镇的工会组织的组织方法，由省、自治区工会联合会根据各地具体情况和需要确定。

第五章　基层组织

第二十八条　工会的基层组织是工会的基础。它是由同一企业、机关、学校单位中的会员组成。一个单位会员在十人以上的，建立企业、机关、学校委员会；十人以下的，参加附近性质相近的工会基层组织，或者成立联合基层组织。

第二十九条　工会基层组织的最高权力机关是全体会员大会或者代表大会。它的职权是：

（一）听取和批准工会基层委员会的工作报告和经费收支情况报告。

（二）听取企业行政负责人的工作报告，以便互相配合、搞好生产、办好企业。

（三）规定本单位工会工作的任务。

（四）选举工会基层委员会。

全体会员大会或者代表大会由工会基层委员会定期召开。代表大会代表的选举办法由工会基层委员会决定。

第三十条　厂矿企业中的职工代表大会（小企业是全体职工大会），是职工群众参加企业管理、监督企业行政和加强自我教育的组织。它的职权按照党的政策和国家法令的规定执行。

第三十一条　工会基层委员会选举主席一人、副主席若干人，并且根据工作需要设立各种工作委员会，广泛吸收积极分子参加工会的各种活动。

工会基层委员会任期一年，在任期中，全体会员大会或者代表大会可以撤换严重地违反国家政策法令、违反工会章程和群众利益的委员。

第三十二条 工会基层委员会在全体会员大会或者代表大会闭会期间，负责贯彻执行全体会员大会或者代表大会的决议和上级工会组织的决议和指示，领导所属各种组织的日常工作。它的基本任务是：

（一）组织全体工人、工程技术人员和职员的社会主义竞赛，总结和交流先进经验，开展合理化建议，巩固劳动纪律，保证完成和争取超额完成国家建设任务。

（二）加强政治思想教育工作，在各种活动中以共产主义精神教育全体职工，开展批评和自我批评，不断地提高职工群众的觉悟程度，加强职工群众的组织性和纪律性，加强职工的团结。

（三）协助和监督企业行政方面改进劳动工资、劳动保护、生活住宅、物质供应和文化、福利设施；并且监督企业行政方面贯彻执行国家的政策法令和职工代表大会的决议，向一切损害国家利益和群众利益的现象作斗争。

（四）经常关心职工的物质、文化生活状况和劳动条件改善，主持劳动保险工作，领导互助储金会和家属委员会，开展职工文化艺术、文化娱乐、体育运动和职工互助等群众活动；并且协助行政方面组织职工文化、技术学习。

（五）健全民主生活，定期召开会员大会或者代表大会，加强小组工作，培养和训练积极分子，接收新会员；经常了解职工的思想情况、意见和要求，依靠群众智慧和力量，及时地加以研究和处理，重大问题通过职工代表大会做出决议，采取一切有效的措施加以实现。

（六）收会费：检查企业、机关、学校行政方面拨交工会的经费、拨交和开支劳动保险金的情况；制定预算和决算。

第三十三条 工会的基层委员会在车间（部门）建立车间（部门）委员会，领导车间（部门）的工会工作。车间（部门）委员会，由车间（部门）会员大会选举产生。车间（部门）委员会选举主席一人（大车间可以选举副主席若干人），可以根据工作需要建立各种工作委员会。

凡是有女职工的企业、机关、学校单位中的工会基层组织，在必要的时候，可以召开女工代表会议，讨论和解决有关女职工的特殊问题。

第三十四条 工会基层委员会或者车间（部门）委员会，可以按照生产单位或者工作单位，建立工会小组。工会小组选举小组长一人，必要的时候可以选举副组长和干事，协助小组长进行工作。

第六章 经 费

第三十五条 工会经费的来源：

（一）会员缴纳的本人每月工资收入百分之一的会费。

（二）职工入会时缴纳的本人上月工资收入百分之一的入会费。

（三）工会机关所举办的各种文化、体育事业的收入。

（四）企业、机关、学校的行政方面按照工会法规定所拨交的经费。

第三十六条 工会的各级委员会都要按照中华全国总工会所规定的财务制度编制预算和决算，定期地向会员和上一级工会委员会报告经费收支情况。经费报告应该经过经费审查委员会审查盖章。

第七章 附 则

第三十七条 本章程经中国工会第八次全国代表大会通过后实行。它的解释权属于中华全国总工会执行委员会。

本章程的修改权，属于中国工会全国代表大会。

第三十八条 工会基层委员会和基层以上的工会各级组织都可以有自己的图章和印鉴；图章和印鉴的式样由中华全国总工会规定。

第三十九条 产业工会在必要的时候，可以制订自己的章程，但不能与本章程抵触。

中国工会章程

（1978年10月21日中国工会第九次全国代表大会通过）

总　纲

中国工会是中国共产党领导的工人阶级自愿结合的群众组织，是党联系群众的纽带和中华人民共和国政权的支柱，是广大职工群众学习管理的学校，学习主持经济的学校，学习共产主义的学校。在整个社会主义历史阶段，工会都必须发挥应有的作用。

中国工人阶级在毛主席和中国共产党的领导下，团结全国人民，经过长期的英勇奋斗，取得了新民主主义革命的彻底胜利，取得了社会主义革命和社会主义建设的伟大胜利。伟大领袖和导师毛主席亲自缔造、培育了我国的工会组织，一贯重视发挥工会的作用。毛泽东思想和毛主席的革命路线，始终是指引我国工人运动和工会工作胜利前进的光辉旗帜。

第一次无产阶级文化大革命的胜利结束，使我国社会主义革命和社会主义建设进入了新的发展时期。中国共产党第十一次全国代表大会和第五届全国人民代表大会规定了新时期的总路线和总任务，这就是坚持无产阶级专政下的继续革命，开展阶级斗争、生产斗争和科学实验三大革命运动，在本世纪内把我国建设成为农业、工业、国防和科学技术现代化的伟大的社会主义强国。

中国工会在新时期的基本方针是：在中国共产党的领导下，遵循党的十一大路线，团结、教育、吸引广大职工不断提高政治觉悟，掌握现代科学技术，积极参加企业管理，广泛开展社会主义劳动竞赛，努力提高劳动生产率，并在发展生产的基础上逐步改善职工群众的物质文化生活，为实现新时期总任务而奋斗。

中国工会要教育职工大力支援农业的现代化建设，进一步巩固工农联盟，并在这个基础上加强全国各族人民的大团结。

中国工会坚持无产阶级国际主义，遵循毛主席关于三个世界的理论，发展同各国工会组织的友好联系，加强同全世界无产阶级和被压迫人民、被压迫民族的革命团结，支持国际无产阶级和各国人民的正义斗争，反对帝国主义殖民主义特别是超级大国的霸权主义，为全世界工人阶级的解放和人类的进步事业作出应有的贡献。

中国工会的各级组织，必须坚持要搞马克思主义不要搞修正主义，要团结不要分裂，要光明正大不要搞阴谋诡计的三项基本原则；必须发扬群众路线、实事求是和批评自我批评的优良传统和作风，并以说服教育作为基本的工作方法；必须围绕党的中心任务，深入基层，深入生产，深入群众，依靠群众和积极分子，积极主动地做好工作。

第一章　会　员

第一条　凡是以工资收入为自己生活资料的全部或者主要来源的体力劳动者和脑力劳动者，不分民族、性别和宗教信仰，承认工会章程，都可以加入工会为会员。

第二条　职工加入工会，须由本人申请，经过工会小组讨论通过，车间委员会或基层委员会批准。

第三条　会员的权利：

一、有选举权和被选举权；

二、在工会的会议上，有发言权和表决权；

三、有向工会组织提出改进工作的意见和建议的权利；有批评工会机关和工会任何工作人员的权利；

四、有向工会一切领导机关提出询问和申诉的权利，对违法失职的工作人员，有提出控告的权利，任何人不得压制和打击报复；

五、在会员的正当利益和民主权利受到损害时，有要求工会代为申诉并遵照国家法律给以保护的权利；

六、有享受工会所举办的各种集体福利事业和文化事业待遇的权利。

第四条　会员的义务：

一、努力学习马克思列宁主义和毛泽东思想，不断提高自己的阶级觉悟、路线觉悟和继续革命的觉悟；

二、积极参加阶级斗争、生产斗争、科学实验三大革命运动，努力完成生产任务和工作任务；

三、努力学习现代化的科学技术知识和管理知识，不断提高工作能力；

四、遵守宪法和法律，遵守劳动纪律和公共秩序，爱护公共财产，同一切违法乱纪的行为作坚决斗争；

五、发扬阶级友爱，加强革命团结；

六、遵守工会章程，执行工会决议，参加工会活动，按时交纳会费。

第五条 会员违反工会章程，应该给予批评教育；对于破坏工会章程，情节严重，屡教不改的会员，应该开除会籍。

第六条 开除会员的会籍，应由工会小组讨论提出意见，基层（车间）委员会通过，并且要经过上一级工会组织批准。

第七条 会员退休、服兵役、离职学习或有其他原因需要保留会籍者，可以保留其会籍。

保留会籍期间，免交会费。

第二章　组织制度

第八条 中国工会的组织原则是民主集中制。

工会各级领导机关的成员，都必须按照无产阶级革命事业接班人的条件和老中青三结合的原则，经过民主协商、选举产生。工会的各级领导机关实行集体领导和个人分工负责相结合的原则，一切重大问题都要经过集体讨论决定。

工会的各级组织，都要执行个人服从组织，少数服从多数，下级服从上级的原则；都要定期向会员报告工作，听取会员群众和下级组织的批评和意见。

第九条 中国工会实行产业和地区相结合的组织领导原则。

产业原则就是将同一企业、事业、机关中的会员，组织在一个工会基层组织中；同一国民经济部门或性质相近的几个国民经济部门，根据需要建立地方和全国性的产业工会或工作委员会。

产业和地区相结合的原则，就是各省、自治区、直辖市、自治州、省辖市、县（市）总工会，是当地工会组织和各产业工会组织的地方领导机关；中华全国总工会是各地区工会组织和各产业工会全国组织的最高领导机关。

第十条 工会的各级最高权力机关，是各级工会代表大会或会员大会。

各级工会代表大会或会员大会选举各级工会委员会。工会各级委员会，在工会代表大会或会员大会闭会期间，是各级工会的执行机关。

中国工会全国代表大会选举产生中华全国总工会执行委员会。

第十一条 工会的各级委员会选举各级经费审查委员会。经费审查委员会在本级工会委员会的领导下，负责审查本级工会组织的经费收支和财产管理情况。

第三章 工会的全国组织和地方组织

第十二条 中国工会全国代表大会，每五年举行一次，由中华全国总工会执行委员会召集。在特殊情况下，可以提前或延期举行。

中华全国总工会执行委员会在全国代表大会闭会期间，负责贯彻执行全国代表大会的决议。执行委员会全体会议，每年举行一次。

中华全国总工会执行委员会选举产生常务委员会，并且选举执行委员会主席一人和副主席若干人。执行委员会全体会议，由常务委员会召集。在执行委员会闭会期间，常务委员会行使执行委员会职权。

常务委员会决定书记、候补书记人选，组成书记处。书记处在常务委员会领导下，处理日常工作。

第十三条 各级地方工会代表大会，每三年举行一次。在特殊情况下，可以提前或延期举行。

地方总工会委员会选举产生常务委员会和主席一人、副主席若干人。地方总工会委员会，每年至少举行二次，由常务委员会召集。地方总工会委员会在代表大会闭会期间，负责贯彻执行代表大会的决议，并且根据上级工会组织的决议和指示，领导所属工会组织的工作。地方总工会委员会闭会期间，由常务委员会行使职权。

根据需要，省、自治区总工会可在地区、大中城市的总工会可在区设立办事处，作为自己的派出机构。

第十四条 全国和地方产业工会的组织办法，根据本章程有关条文的精神和各产业具体情况另行规定。

第四章 基层组织

第十五条 工会的基层组织是工会的基础。凡企业、事业、机关中有会员二十五人以上的，可建立基层委员会；二十五人以下的，参加附近性质相近的工会基层组织，或者成立联合基层组织。

第十六条 工会基层组织的会员大会或会员代表大会每年举行一次。在特殊情况下，经过上级工会批准，可以延期举行。它的职权是：听取和批准工会基层委员会的工作报告和经费收支情况报告；确定本单位工会工作的计划和任务；选举工会基层委员会。

工会基层委员会选举主席、副主席。必要时，可选举常委若干人，组成常务委员会。

第十七条 工会基层委员会必须以政治为统帅，以生产为中心，贯彻《鞍钢宪法》，教育和组织职工群众，学大庆、学大寨，全面完成和超额完成国家计划。具体任务是：

一、组织职工群众学习马列著作、毛主席著作和时事政策，做好思想政治工作。动员全体职工积极投入党所领导的政治运动。

二、组织职工学科学、学技术、学文化、学经济、学管理。大力办好各种类型的职工业余学校。

三、组织职工参加企业管理，执行职工代表大会或职工大会工作机构的职能，做好经常工作。

四、组织职工开展社会主义劳动竞赛。开展群众性的合理化建议和技术革新、技术革命活动，组织技术协作，总结推广先进经验。协助行政表彰先进，奖励劳动模范；改进劳动工资和劳动保护工作。

五、做好群众生活工作，保障职工福利。做好劳动保险工作。办好互助储金会，开展群众互助活动。做好女工、家属工作。办好文化、体育事业、组织好业余文艺体育活动。协助行政办好集体福利事业，做好生活住宅工作；组织职工家属搞好农副业生产和服务事业。

六、健全民主生活，加强小组工作。培养和训练工会积极分子。接收新会员。

第十八条 工会基层委员会在车间或科室建立委员会，领导车间和科室的工会工作。车间（科室）委员会由车间（科室）会员大会选举产生。

工会基层委员会和车间（科室）委员会根据需要设立各种工作委员会，并按照行政生产班组建立工会小组。

第五章 经 费

第十九条 工会经费的来源：

一、会员每月按本人工资的百分之零点五交纳的会费。

二、工会举办的各种文化、体育事业的收入。

三、行政方面根据工会法的规定，每月按照职工工资总额百分之二拨交的经费。

四、各级政府和企业、事业单位行政的补助。

第二十条 工会的各级委员会都要编制预算和决算，定期向会员和上一级工会委员会报告经费收支情况。

工会经费的开支办法，预算决算制度和会计制度，由中华全国总工会另行规定。

中国工会章程

（1983年10月23日中国工会第十次全国代表大会修正）

总　则

中国工会是中国共产党领导的职工自愿结合的工人阶级群众组织。新时期工会工作的方针是，以四化建设为中心，为职工说话、办事，维护职工的合法权益，加强对职工的思想政治教育和文化技术教育，建设一支有理想、有道德、有文化、守纪律的职工队伍，充分发挥工人阶级在社会主义物质文明和精神文明建设中的主力军作用。

中国工会遵循中国共产党的纲领和路线，贯彻执行党的方针、政策，反映职工群众的愿望和要求，根据群众组织的特点，积极主动、独立负责地开展工作，发挥联结党和职工群众的纽带作用。

中国工会遵守和维护国家宪法和法律，组织并代表职工群众参与管理国家和社会事务，参与管理经济和文化事业，动员职工群众积极参加改革，努力提高经济效益，全面完成国家计划，兼顾国家、集体、职工三方面利益，扶持正气，压制邪气，同官僚主义和不良倾向做斗争，同破坏社会主义制度的各种违法犯罪行为作斗争，发挥人民民主专政的重要社会支柱作用。

中国工会通过各种活动，以马克思列宁主义、毛泽东思想武装职工群众，教育职工发扬工人阶级的优良传统，保持工人阶级的本色，增强工人阶级内部团结，抵制资产阶级思想和其他非无产阶级思想的侵蚀，提高文化、科学、技术和管理水平，发挥共产主义学校的作用。

中国工会坚持爱国主义，努力巩固工农联盟，加强包括台湾同胞、港澳同胞和海外侨胞在内的全国各族人民的大团结，促进祖国的统一、繁荣和富强。

中国工会坚持无产阶级国际主义，广泛发展同各国工会组织的友好关系，加强中国工人阶级同全世界无产阶级的团结，互相支持，互相学习，共同反对帝国主义、霸权主义、殖民主义，维护世界和平，促进人类进步事业。

中国工会按照产业与地方相结合的原则组织起来，坚持民主集中制，切实保障会员的民主权利，健全工会的系统领导，发挥地方工会和产业工会两个积极性。

中国工会坚持群众路线，一切为了职工群众，一切依靠职工群众，根据会员群众的意愿和要求开展活动，用民主的方法、吸引诱导的方法进行工作，全心全意为职工群众服务，把工会办成“职工之家”。

第一章　会　员

第一条　凡在企业、事业、机关中从事体力劳动或脑力劳动、以工资收入为主要生活来源的职工，不分性别、民族、职业、宗教信仰，承认工会章程，都可以加入工会为会员。

第二条　职工加入工会，须由本人自愿申请，经工会小组讨论通过，基层委员会批准并发给会员证。

第三条　会员享有以下权利：

（一）在工会的会议和工会的报刊上，参加关于工会工作和职工关心的一切问题的讨论。

（二）有选举权、被选举权和表决权。

（三）批评工会的任何组织和任何工作人员，要求撤换或罢免违法、失职的工会工作人员。

（四）对国家生活和社会生活问题提出的批评与建议，要求工会组织向有关方面如实反映。

（五）在合法权益受到侵犯时，要求工会给予保护。

（六）参加工会活动，享受工会举办的文化、福利事业的优惠待遇。

第四条　会员履行下列义务：

（一）学习政治、文化、科学、技术。

（二）积极参加民主管理，努力完成生产和工作任务。

（三）遵守宪法和法律，维护社会公德和职业道德，遵守劳动纪律。

（四）维护社会秩序，向危害国家、社会利益的行为作斗争。

（五）发扬阶级友爱，搞好团结互助。

（六）遵守工会章程，执行工会决议，参加工会组织生活，按月交纳会费。

第五条 会员有退会自由。会员退会应由本人向工会小组提出，由基层委员会宣布除名并收回会员证。

会员没有正当理由连续六个月不交纳会费、不参加工会组织生活，经教育拒不改正，应视为自动退会。

第六条 对不执行工会决议、违反工会章程的会员，给予批评教育。对违法乱纪情节严重的会员，开除会籍。开除会员会籍，须经工会小组讨论，提出意见，由基层委员会决定，报上一级工会备案。

第七条 会员离开职业岗位，长期不能参加工会组织生活，可保留会籍。保留会籍期间免交会费。

第二章 组织制度

第八条 中国工会实行民主集中制，主要内容是：

（一）会员个人服从组织，少数服从多数，下级组织服从上级组织。

（二）工会的各级领导机关，除它们的派出机关外，都由选举产生。

（三）工会的最高领导机关，是工会的全国代表大会和它所产生的中华全国总工会执行委员会。工会的地方各级领导机关，是工会的地方各级代表大会和它们产生的总工会委员会。

（四）工会各级委员会，向同级会员大会或会员代表大会负责并报告工作和经费收支情况，接受会员监督。

（五）工会各级委员会，实行集体领导和分工负责相结合的制度。凡属重大问题都要由委员会民主讨论，做出决定。

（六）工会各级领导机关，要经常听取下级组织和会员的意见，切实研究和解决他们提出的问题。下级组织要向上级组织请示报告工作。

第九条 工会各级代表大会的代表和委员会的产生，要体现选举人的意志。候选人名单，要反复酝酿，充分讨论。选举采用无记名投票方式。任何组织和个人，不得以任何方式强迫选举人选举或不选举某个人。

第十条 县以上各级地方总工会委员会根据工作需要可以派出代表机关。

县和县以上各级工会委员会，在两次代表大会之间，认为有必要时，可以召集代表会议，讨论和决定需要及时解决的重大问题。代表会议代表的名额和产生办法，由召集代表会议的委员会决定。

第十一条 中国工会实行产业和地方相结合的组织领导原则。同一企业、事业、机关中的会员，组织在一个工会基层组织中；同一国民经济部门，或性质相近的几个国民经济部门，根据需要建立全国的和地方的产业工会组织。

省、自治区、直辖市、自治州、市、县（旗）建立地方总工会。地方总工会是当地地方工会组织和产业工会地方组织的领导机关。中华全国总工会是各地方总工会和各产业工会全国组织的领导机关。

第十二条 各级工会代表大会选举产生同级经费审查委员会。经费审查委员会负责审查同级工会组织的经费收支和财产管理情况，向同级会员大会或会员代表大会负责并报告工作；在大会闭会期间，向同级工会委员会负责并报告工作。

第十三条 县和县以上各级工会设立法律顾问组织，为保障会员和工会组织的合法权益服务。

第十四条 凡成立或撤销工会组织，都必须经会员大会、会员代表大会或会员代表会议通过，并报上一级工会批准。

第三章 全国组织

第十五条 中国工会全国代表大会，每五年举行一次，由中华全国总工会执行委员会召集。在特殊情况下，可以提前或延期举行。代表名额和代表选举办法由中华全国总工会执行委员会决定。

第十六条 中国工会全国代表大会的职权是：

（一）审议和批准中华全国总工会执行委员会和经费审查委员会的工作报告。

（二）讨论并决定全国工会工作的方针、任务。

（三）修改工会章程。

（四）选举中华全国总工会执行委员会和经费审查委员会。

第十七条 中华全国总工会执行委员会，在全国代表大会闭会期间，负责贯彻执行全国代表大会的决议，讨论和决定有关职工群众的重大问题，领导全国工会工作。

执行委员会全体会议选举主席一人、副主席若干人、主席团委员若干人，组成主席团。

执行委员会全体会议，每年至少举行一次，由主席团召集。

第十八条 执行委员会全体会议闭会期间，由主席团行使执行委员会的职权。主席团全体会议，由主席召集，至少每季度举行一次。

主席团下设书记处，由主席团推选第一书记一人，书记、候补书记若干人组成。书记处在主席团领导下主持中华全国总工会的日常工作。

第十九条 产业工会全国组织，根据各产业的不同情况分别建立全国委员会或工作委员会，由中华全国总工会确定。

产业工会全国委员会由产业工会全国代表大会或代表会议选举产生。代表大会每五年举行一次。在特殊情况下，经中华全国总工会批准，可以提前或延期举行。代表大会的职权是：审议和批准产业工会全国委员会的工作报告；讨论并决定本产业工会的工作任务；选举产业工会全国委员会。产业工会全国委员会与地方总工会对所属地方产业工会实行双重领导。

产业工会工作委员会的组成由中华全国总工会确定。产业工会工作委员会对相应的地方产业工会的工作实行指导。

第四章 地方组织

第二十条 省、自治区、直辖市、设区的市、自治州的工会代表大会每五年举行一次。不设区的市、县（旗）的工会代表大会，每三年举行一次。工会的地方各级代表大会，由同级总工会委员会召集，在特殊情况下，经上一级委员会批准，可以提前或延期举行。工会的地方各级代表大会的职权是：

（一）审议和批准同级总工会委员会和经费审查委员会的工作报告。

（二）讨论并决定本地区工会的工作任务。

（三）选举同级总工会委员会和经费审查委员会。

各级地方总工会委员会，在代表大会闭会期间，执行上级工会组织的决定和同级工会代表大会的决议，讨论和决定有关本地区职工群众的重大问题，领导本地区的工会工作，定期向上级总工会委员会报告工作。

根据工作需要，省、自治区总工会可在地区设派出机关，直辖市和设区的市总工会可在区设派出机关或建立区一级工会组织。

第二十一条 各级地方总工会委员会选举主席一人、副主席若干人、常务委员若干人，组成常务委员会。工会委员会和常务委员会的选举结果，报上一级总工会委员会批准。

各级地方总工会委员会全体会议，每年至少举行一次，由常务委员会召集。各级地方总工会常务委员会，在委员会全体会议闭会期间，行使委员会的职权。

第二十二条 各级地方产业工会组织的设置，由同级地方总工会根据本地区的实际情况确定。直辖市和大中城市总工会主要通过同级产业工会组织，加强对基层工会的领导，也可以直接领导一部分大型基层工会组织。较小的市和县总工会要直接领导基层工会组织，但对一些职工较多、又比较分散的部门，也可以建立市、县产业工会组织。

第五章 基层组织

第二十三条 企业、事业、机关等基层单位，有会员二十五人以上的，可以建立工会基层委员会；会员不足二十五人的，选举组织员一人，邻近的或性质相近的若干单位的组织员可以联合组成工会基层委员会。

第二十四条 工会基层组织的会员大会或会员代表大会，一般每二年召开一次。它的职权是：

（一）审议和批准工会基层委员会和经费审查委员会的工作报告。

（二）讨论并决定本基层工会工作的重大问题。

（三）选举工会基层委员会和经费审查委员会。

工会基层委员会每年至少召开一次会员全体会议或会员代表会议，向会员报告工作和经费收支情况。

第二十五条 工会基层委员会选举主席、副主席。大型企业、事业的工会委员会根据工作需要，经上级工会委员会批准，可以设立常务委员会。工会基层委员会、常务委员会和主席、副主席的选举结果，报上一级工会委员会批准。

第二十六条 工会基层委员会负责执行会员大会或会员代表大会的决议和上级工会的决定，主持工会基层组织的日常工作，承担企业、事业单位职工代表大会工作机构的职责，代表本单位职工同行政签订集体合同或专项协议。工会基层委员会的基本任务是：

（一）做好职工思想政治工作。向职工进行爱国主义、集体主义、社会主义、共产主义教育，加强法制教育和职业责任、职业道德、职业纪律的教育。

（二）依法维护职工的民主权利，组织职工民主管理企业、事业。

（三）组织职工开展社会主义劳动竞赛、群众合理化建议、技术革新和技术协作活动，总结推广先进经验，做好先进生产（工作）者和劳动模范的评选、表彰、培养和管理工作，发动职工完成生产（工作）任务。

（四）维护职工的学习权利，吸引和支持职工学习政治、文化、科学、技术和管理知识。开展有益职工身心健康的文化、体育活动，办好工会的文化、教育、体育事业。

（五）保障职工生活福利，协助和督促行政方面办好职工集体福利事业。开展职工互助互济活动，搞好职工生活困难补助。做好劳动保险工作和劳动工资的群众工作。参与调处劳动争议。协同有关方面做好退休职工和职工家属工作。

（六）关心职工劳动条件的改善，维护职工在劳动中的安全和健康。监督国家有关劳动保护、安全技术、工业卫生等法律、法规、条例的贯彻执行。向职工进行安全教育。督促行政方面解决影响职工健康和安全的问题，参加安全检查和伤亡事故的调查处理。

（七）维护女职工的合法权益，同歧视、虐待、摧残、迫害妇女的现象作斗争。针对女职工的特殊问题，做好保护工作。

（八）收好、管好、用好工会经费，管理好工会财产。

（九）坚持工会的民主制度和民主生活，加强工会小组工作。接收新会员，对会员进行工会基本知识的教育。

第二十七条 工会基层委员会根据工作需要，可以在车间（科室）建立车间（科室）工会委员会。车间（科室）工会委员会由车间（科室）会员大会或会员代表大会选举产生，任期和工会基层委员会相同。

工会基层委员会和车间委员会可以根据需要设立各种工作委员会或各种工作小组。

按照生产（行政）班组建立工会小组，民主选举工会小组长，按时召开小组生活会。

第六章　工会干部和工会积极分子

第二十八条　工会要按照革命化、年轻化、知识化、专业化的要求建设一支密切联系群众、全心全意为职工群众服务的干部队伍。

工会干部要努力做到：

（一）勤奋工作，任劳任怨，为职工说话，为职工办事，做“职工之友”。

（二）努力学习，深入实际，调查研究，不断提高理论、政策和文化、业务水平。

（三）坚持原则，不谋私利，扶持正气，压制邪气，勇于同坏人坏事作斗争。

（四）作风民主，实事求是，富于自我批评精神，团结大家一起工作。

第二十九条　基层工会要努力建立和发展工会积极分子队伍。把会员中同职工群众有密切联系、热心为群众办事、热爱工会工作的积极分子，通过多种形式组织起来，依靠他们活跃工会工作。

第三十条　各级工会组织，根据有关规定管理工会干部。要重视培养和选拔青年干部、妇女干部、少数民族干部和有专业知识的干部。

各级工会主要领导干部的调动，必须经同级工会委员会讨论并征得上一级工会委员会同意。

第三十一条　各级工会组织要建立与健全培训干部和积极分子的制度，办好工会干部学校和各种训练班。

第三十二条　各级工会组织，要关心工会干部和工会积极分子的思想、学习和生活，支持他们的工作，保障他们履行职责的权利，做好表彰、奖励优秀工会干部和优秀工会积极分子的工作，同打击报复工会干部和工会积极分子的行为作斗争。

第七章　经　费

第三十三条　工会经费的来源：

（一）会员按照中华全国总工会的规定交纳的会费。

（二）工会举办的事业的收入。

（三）行政方面根据工会法的规定拨交的经费。

（四）各级政府和企业、事业单位行政的补助。

第三十四条 工会主管经费的各级委员会都要编制预算和决算，定期向会员和上一级工会委员会报告经费收支情况。预算、决算和关于经费收支情况的报告应该经过同级工会经费审查委员会的审查。

工会经费的开支办法、预算决算制度和会计制度，由中华全国总工会另行规定。

第八章 附 则

第三十五条 本章程原则上适用于中外合资企业和外资企业的工会基层组织。这类企业工会的特殊问题，由中华全国总工会另作规定。

第三十六条 本章程的解释权属于中华全国总工会。

中国工会章程

（根据1988年10月28日中国工会第十一次全国代表大会《关于〈中国工会章程部分条文修正案〉的决议》修正）

总　则

中国工会是中国共产党领导的职工自愿结合的工人阶级群众组织，是重要的社会政治团体。工会坚持以经济建设为中心，在维护全国人民总体利益的同时，更好地表达和维护职工群众的具体利益，为职工说话、办事，建设一支有理想、有道德、有文化、有纪律的职工队伍，充分发挥工人阶级在社会主义物质文明和精神文明建设中的主力军作用。

中国工会遵循中国共产党的纲领和路线，贯彻执行党的方针、政策，反映职工群众的愿望和要求，根据群众组织的特点，积极主动、独立负责地开展工作，发挥联结党和职工群众的纽带作用。

中国工会遵守和维护国家宪法和法律，组织并代表职工群众参与管理国家和社会事务，参与管理经济和文化事业，动员职工群众积极参加改革，努力提高经济效益，全面完成国家计划，兼顾国家、集体、职工三方面利益，扶持正气，压制邪气，同官僚主义和不良倾向作斗争，同破坏社会主义制度的各种违法犯罪行为作斗争，发挥人民民主专政的重要社会支柱作用。

中国工会通过各种活动，以马克思列宁主义、毛泽东思想武装职工群众，教育职工发扬工人阶级的优良传统，保持工人阶级的本色，增强工人阶级内部团结，抵制资产阶级思想和其他非无产阶级思想的侵蚀，提高文化、科学、技术和管理水平，发挥共产主义学校的作用。

中国工会坚持爱国主义，努力巩固工农联盟，加强包括台湾同胞、港澳同胞和海外侨胞在内的全国各族人民的大团结，促进祖国的统一、繁荣和富强。

中国工会坚持无产阶级国际主义，广泛发展同各国工会组织的友好关系，加强中国工人阶级同全世界无产阶级的团结，互相支持，互相学习，共同反对帝国主义、霸权主义、殖民主义，维护世界和平，促进人类进步事业。

中国工会按照产业与地方相结合的原则组织起来，坚持民主集中制，切实保障会员的民主权利，健全工会的系统领导，发挥地方工会和产业工会两个积极性。

中国工会坚持群众化、民主化，坚持群众路线，依靠会员群众办工会，根据会员群众的意愿和要求开展活动，用民主的方法，吸引诱导的方法进行工作，全心全意为职工群众服务，把工会建设成“职工之家”。

第一章　会　员

第一条　凡在企业、事业、机关中从事体力劳动或脑力劳动、以工资收入为主要生活来源的职工，不分性别、民族、职业、宗教信仰，承认工会章程，都可以加入工会为会员。

第二条　职工加入工会，须由本人自愿申请，经工会小组讨论通过，基层委员会批准并发给会员证。

第三条　会员享有以下权利：

（一）在工会的会议和工会的报刊上，参加关于工会工作和职工关心的一切问题的讨论。

（二）有选举权、被选举权和表决权。

（三）批评工会的任何组织和任何工作人员，要求撤换或罢免违法、失职的工会工作人员。

（四）对国家生活和社会生活问题提出的批评与建议，要求工会组织向有关方面如实反映。

（五）在合法权益受到侵犯时，要求工会给予保护。

（六）参加工会活动，享受工会举办的文化、福利事业的优惠待遇。

第四条　会员履行下列义务：

（一）学习政治、文化、科学、技术。

（二）积极参加民主管理，努力完成生产和工作任务。

（三）遵守宪法和法律，维护社会公德和职业道德，遵守劳动纪律。

（四）维护社会秩序，向危害国家、社会利益的行为作斗争。

（五）发扬阶级友爱，搞好团结互助。

（六）遵守工会章程，执行工会决议，参加工会组织生活，按月交纳会费。

第五条 会员有退会自由。会员退会应由本人向工会小组提出，由基层委员会宣布除名并收回会员证。

会员没有正当理由连续六个月不交纳会费、不参加工会组织生活，经教育拒不改正，应视为自动退会。

第六条 对不执行工会决议、违反工会章程的会员，给予批评教育。对违法乱纪情节严重的会员，开除会籍。开除会员会籍，须经工会小组讨论，提出意见，由基层委员会决定，报上一级工会备案。

第七条 会员离开职业岗位，长期不能参加工会组织生活，可保留会籍。保留会籍期间免交会费。

第二章 组织制度

第八条 中国工会实行民主集中制，主要内容是：

（一）会员个人服从组织，少数服从多数，下级组织服从上级组织。

（二）工会的各级领导机关，除它们的派出机关外，都由选举产生。

（三）工会的最高领导机关，是工会的全国代表大会和它所产生的中华全国总工会执行委员会。工会的地方各级领导机关，是工会的地方各级代表大会和它们产生的总工会委员会。

（四）工会各级委员会，向同级会员大会或会员代表大会负责并报告工作和经费收支情况，接受会员监督。

（五）工会各级委员会，实行集体领导和分工负责相结合的制度。凡属重大问题都要由委员会民主讨论，作出决定。

（六）工会各级领导机关，要经常听取下级组织和会员的意见，切实研究和解决他们提出的问题。下级组织要向上级组织请示报告工作。

第九条 工会各级代表大会的代表和委员会的产生，要充分体现选举人的意志。候选人名单，要反复酝酿，充分讨论。选举采用无记名投票方式，可以直接采用候选人数多于应选人数的差额选举办法进行正式选举，也可以先采用差额选举办法进行预选产生候选人名单，然后进行正式选举。任何组织和个人，不得以任何方式强迫选举人选举或不选举某个人。

第十条 县以上各级地方总工会委员会根据工作需要可以派出代表

机关。

县和县以上各级工会委员会，在两次代表大会之间，认为有必要时，可以召集代表会议，讨论和决定需要及时解决的重大问题。代表会议代表的名额和产生办法，由召集代表会议的委员会决定。

第十一条 中国工会实行产业和地方相结合的组织领导原则。同一企业、事业、机关中的会员，组织在一个工会基层组织中；同一国民经济部门，或性质相近的几个国民经济部门，根据需要建立全国的和地方的产业工会组织。

省、自治区、直辖市、自治州、市、县（旗）建立地方总工会。地方总工会是当地地方工会组织和产业工会地方组织的领导机关。中华全国总工会是各地方总工会和各产业工会全国组织的领导机关。

第十二条 各级工会代表大会选举产生同级经费审查委员会。经费审查委员会负责审查同级工会组织的经费收支和财产管理情况，监督财经法纪的贯彻执行和工会经费的合理使用。工会经费审查委员会向同级会员大会或会员代表大会负责并报告工作；在大会闭会期间，向同级工会委员会负责并报告工作。

第十三条 县和县以上各级工会设女职工委员会，表达和维护女职工的特殊利益。县和县以上各级工会设立法律顾问组织，为保障会员和工会组织的合法权益服务。

第十四条 凡成立或撤销工会组织，都必须经会员大会、会员代表大会或会员代表会议通过，并报上一级工会批准。

第三章 全国组织

第十五条 中国工会全国代表大会，每五年举行一次，由中华全国总工会执行委员会召集。在特殊情况下，可以提前或延期举行。代表名额和代表选举办法由中华全国总工会执行委员会决定。

第十六条 中国工会全国代表大会的职权是：

（一）审议和批准中华全国总工会执行委员会和经费审查委员会的工作报告。

（二）讨论并决定全国工会工作的方针、任务。

（三）修改工会章程。

（四）选举中华全国总工会执行委员会和经费审查委员会。

第十七条 中华全国总工会执行委员会，在全国代表大会闭会期间，负责贯彻执行全国代表大会的决议，讨论和决定有关职工群众的重大问题，领导全国工会工作。

执行委员会全体会议选举主席一人，副主席若干人、主席团委员若干人，组成主席团。

执行委员会全体会议，每年至少举行一次，由主席团召集。

第十八条 执行委员会全体会议闭会期间，由主席团行使执行委员会的职权。主席团全体会议，由主席召集，至少每季度举行一次。

主席团下设书记处，由主席团推选第一书记一人，书记若干人组成。书记处在主席团领导下主持中华全国总工会的日常工作。

第十九条 产业工会全国组织，根据各产业的不同情况分别建立全国委员会或工作委员会，由中华全国总工会确定。

产业工会全国委员会由产业工会全国代表大会或代表会议选举产生。代表大会每五年举行一次。在特殊情况下，经中华全国总工会批准，可以提前或延期举行。代表大会的职权是：审议和批准产业工会全国委员会的工作报告；讨论并决定本产业工会的工作任务；选举产业工会全国委员会。产业工会全国委员会与地方总工会对所属地方产业工会实行双重领导。

产业工会工作委员会的组成由中华全国总工会确定。产业工会工作委员会对相应的地方产业工会的工作实行指导。

第四章　地方组织

第二十条 省、自治区、直辖市、设区的市、自治州的工会代表大会每五年举行一次。不设区的市、县（旗）的工会代表大会，三至五年举行一次。工会的地方各级代表大会，由同级总工会委员会召集，在特殊情况下，经上一级委员会批准，可以提前或延期举行。工会的地方各级代表大会的职权是：

（一）审议和批准同级总工会委员会和经费审查委员会的工作报告。

（二）讨论并决定本地区工会的工作任务。

（三）选举同级总工会委员会和经费审查委员会。

各级地方总工会委员会，在代表大会闭会期间，执行上级工会组织的决定和同级工会代表大会的决议，讨论和决定有关本地区职工群众的重大问题，领导本地区的工会工作，定期向上级总工会委员会报告工作。

根据工作需要，省、自治区总工会可在地区设派出机关，直辖市和设区的市总工会可在区设派出机关或建立区一级工会组织。

第二十一条 各级地方总工会委员会选举主席一人、副主席若干人、常务委员若干人，组成常务委员会。工会委员会和常务委员会的选举结果，报上一级总工会委员会批准。

各级地方总工会委员会全体会议，每年至少举行一次。由常务委员会召集。各级地方总工会常务委员会，在委员会全体会议闭会期间，行使委员会的职权。

第二十二条 各级地方产业工会组织的设置，由同级地方总工会根据本地区的实际情况确定。直辖市和大中城市总工会主要通过同级产业工会组织，加强对基层工会的领导，也可以直接领导一部分大型基层工会组织。较小的市和县总工会要直接领导基层工会组织。但对一些职工较多、又比较分散的部门，也可以建立市、县产业工会组织。

第五章　基层组织

第二十三条 企业、事业、机关等基层单位，有会员二十五人以上的，可以建立工会基层委员会；会员不足二十五人的，选举组织员一人，邻近的或性质相近的若干单位的组织员可以联合组成工会基层委员会。

第二十四条 工会基层组织的会员大会或会员代表大会，一般每年召开一次。会员代表大会的代表实行常任制，任期三至五年。工会会员大会或会员代表大会的职权是：

（一）审议和批准工会基层委员会和经费审查委员会的工作报告。

（二）讨论并决定本基层工会工作的重大问题。

（三）选举工会基层委员会和经费审查委员会。

工会基层委员会和经费审查委员会每届任期三至五年。

第二十五条 工会委员会的主席、副主席，可以由会员大会和会员代表大会直接选举产生，也可以由基层工会委员会选举产生。主席、副主席和工会委员会委员的人选，应由会员自下而上提名，并在充分酝酿协商的基础上确定正式候选人。大型企业、事业的工会委员会根据工作需要，经上级工会委员会批准，可以设立常务委员会。工会基层委员会、常务委员会和主席、副主席的选举结果，报上级工会组织批准。

第二十六条 工会基层委员会负责执行会员大会或会员代表大会的决议和上级工会的决定，主持工会基层组织的日常工作，承担企业、事业单位职工代表大会工作机构的职责，代表本单位职工同行政签订集体合同或专项协议。工会基层委员会的基本任务是：

（一）做好职工思想政治工作，向职工进行爱国主义、集体主义、社会主义、共产主义教育，加强法制教育和职业责任、职业道德、职业纪律的教育。

（二）依法维护职工的民主权利，组织职工民主管理企业、事业。

（三）组织职工开展社会主义劳动竞赛、群众合理化建议、技术革新和技术协作活动，总结推广先进经验，做好先进生产（工作）者和劳动模范的评选、表彰、培养和管理工作，发动职工完成生产（工作）任务。

（四）维护职工的学习权利，吸引和支持职工学习政治、文化、科学、技术和管理知识。开展有益职工身心健康的文化、体育活动，办好工会的文化、教育、体育事业。

（五）保障职工生活福利，协助和督促行政方面办好职工集体福利事业。开展职工互助互济活动，搞好职工生活困难补助。做好劳动保险工作和劳动工资的群众工作。参与调处劳动争议。协同有关方面做好退休职工和职工家属工作。

（六）关心职工劳动条件的改善，维护职工在劳动中的安全和健康。监督国家有关劳动保护、安全技术、工业卫生等法律、法规、条例的贯彻执行。向职工进行安全教育。督促行政方面解决影响职工健康和安全的问题，参加安全检查和伤亡事故的调查处理。

（七）维护女职工的合法权益，同歧视、虐待、摧残、迫害妇女的现象作斗争。针对女职工的特殊问题，做好保护工作。

（八）收好、管好、用好工会经费，管理好工会财产。

（九）坚持工会的民主制度和民主生活，加强工会小组工作。接收新会员，对会员进行工会基本知识的教育。

第二十七条 工会基层委员会根据工作需要，可以在车间（科室）建立车间（科室）工会委员会。车间（科室）工会委员会由车间（科室）会员大会或会员代表大会选举产生，任期和工会基层委员会相同。

工会基层委员会和车间委员会可以根据需要设立各种专门委员会或各种专门小组。

基层工会设女职工委员会。厂矿企业工会女职工委员会可成为妇女联合会的团体会员。

按照生产（行政）班组建立工会小组，民主选举工会小组长，按时召开小组生活会。

第六章　工会干部和工会积极分子

第二十八条　工会要按照革命化、年轻化、知识化、专业化的要求建设一支密切联系群众、全心全意为职工群众服务的干部队伍。

工会干部要努力做到：

（一）勤奋工作，任劳任怨，为职工说话，为职工办事，做“职工之友”。

（二）努力学习，深入实际，调查研究，不断提高理论、政策和文化、业务水平。

（三）坚持原则，不谋私利，扶持正气，压制邪气，勇于同坏人坏事作斗争。

（四）作风民主，实事求是，富于自我批评精神，团结大家一起工作。

第二十九条　基层工会要努力建立和发展工会积极分子队伍。把会员中同职工群众有密切联系、热心为群众办事、热爱工会工作的积极分子，通过多种形式组织起来，依靠他们活跃工会工作。

第三十条　各级工会组织，根据有关规定管理工会干部。要重视培养和选拔青年干部、妇女干部、少数民族干部和有专业知识的干部。

各级工会主要领导干部的调动，必须经同级工会委员会讨论并征得上一级工会委员会同意。

第三十一条　各级工会组织要建立与健全培训干部和积极分子的制度，办好工会干部学校和各种训练班。

第三十二条　各级工会组织，要关心工会干部和工会积极分子的思想、学习和生活，支持他们的工作，保障他们履行职责的权利，做好表彰、奖励优秀工会干部和优秀工会积极分子的工作，同打击报复工会干部和工会积极分子的行为作斗争。

第七章　经　费

第三十三条　工会经费的来源：

（一）会员按照中华全国总工会的规定交纳的会费。

（二）工会举办的事业的收入。

（三）行政方面根据工会法的规定拨交的经费。

（四）各级政府和企业、事业单位行政的补助。

第三十四条　工会主管经费的各级委员会都要编制预算和决算，定期向会员和上一级工会委员会报告经费收支情况。预算、决算和关于经费收支情况的报告应该经过同级工会经费审查委员会的审查。

工会经费的开支办法、预算决算制度和会计制度，由中华全国总工会另行规定。

第八章　附　则

第三十五条　本章程原则上适用于中外合资企业、中外合作企业和外资企业的工会基层组织。这类企业工会的特殊问题，由中华全国总工会另作规定。

第三十六条　本章程的解释权属于中华全国总工会。

中国工会章程

（根据1993年10月30日中国工会第十二次全国代表大会通过的《关于〈中国工会章程（修正案）〉的决议》修正）

总　则

中国工会是中国共产党领导的职工自愿结合的工人阶级群众组织，是党联系职工群众的桥梁和纽带，是国家政权的重要社会支柱，是会员和职工利益的代表。

中国工会以宪法为根本活动准则，按照《中华人民共和国工会法》和《中国工会章程》独立自主地开展工作，依法行使权利和履行义务。

工人阶级是我国的领导阶级，是先进生产力和生产关系的代表，是改革开放和社会主义现代化建设的主力军，是维护社会安定的强大而集中的社会力量。中国工会以建设有中国特色社会主义理论为指导，贯彻执行党的以经济建设为中心，坚持四项基本原则，坚持改革开放的基本路线，全面履行工会的社会职能，在维护全国人民总体利益的同时，更好地表达和维护职工的具体利益，团结和动员全国职工自力更生，艰苦创业，为把我国建设成为富强、民主、文明的社会主义现代化国家而奋斗。

中国工会的主要社会职能是：维护职工的合法利益和民主权利；动员和组织职工积极参加建设和改革，完成经济和社会发展任务；代表和组织职工参与国家和社会事务管理，参与企业、事业和机关的民主管理；教育职工不断提高思想道德素质和科学文化素质，建设有理想、有道德、有文化、有纪律的职工队伍。

中国工会在发展社会主义市场经济的过程中，在维护职工政治权利的同时，维护职工的劳动权利和物质文化利益。把参与协调劳动关系，调节社会矛盾作为一项重要工作，努力促进经济发展和社会的长期稳定。

中国工会维护工人阶级领导的、以工农联盟为基础的人民民主专政的社会主义国家政权，协助人民政府开展工作，在政府行使国家行政权力过程中，发挥民主参与和社会监督作用。

中国工会在企业、事业单位中，支持行政依法行使管理权力，组织职工参加民主管理和民主监督，与行政方面建立协商制度，保障职工的合法权益，调动职工的积极性，促进企业、事业的发展。

中国工会实行产业和地方相结合的组织领导原则，坚持民主集中制。

中国工会坚持群众化、民主化，保持同会员群众的密切联系，依靠会员群众开展工会工作。各级工会领导机关坚持把工作重点放到基层，全心全意为基层、为职工服务，增强基层工会的活力，把工会建设成为“职工之家”。

工会兴办的企业、事业，坚持为改革开放和发展社会生产力服务，为职工群众服务，为推进工运事业服务。

中国工会努力巩固和发展工农联盟，坚持爱国统一战线，加强包括台湾同胞、港澳同胞和海外侨胞在内的全国各族人民的大团结，促进祖国的统一、繁荣和富强。

中国工会在国际事务中坚持独立自主、广泛联系的方针，在独立、平等、互相尊重、互不干涉内部事务的原则基础上，广泛发展同各国工会组织的友好关系，同全世界工人和工会一起，为世界的和平、发展、工人权益和社会进步而共同努力。

第一章　会　员

第一条　凡在中国境内的企业、事业、机关单位中以工资收入为主要生活来源的体力劳动者和脑力劳动者，不分民族、种族、性别、职业、宗教信仰、教育程度，承认工会章程，都可以加入工会为会员。

第二条　职工加入工会，须由本人自愿申请，经工会小组讨论通过，工会基层委员会批准并发给会员证。

第三条　会员享有以下权利：

（一）选举权、被选举权和表决权。

（二）批评工会的任何组织和任何工作人员，要求撤换或罢免工会工作人员，对工会工作进行监督。

（三）对国家和社会生活问题提出批评与建议，要求工会组织向有关方面如实反映。

（四）在合法权益受到侵犯时，要求工会给予保护。

（五）享受工会举办的文化、教育、体育、旅游、疗休养事业等的优惠待遇；享受工会给予的各种奖励。

（六）在工会会议和工会报刊上，参加关于工会工作和职工关心问题的讨论。

第四条 会员履行下列义务：

（一）学习政治、经济、文化、科学、技术，学习工会基本知识。

（二）积极参加民主管理，努力完成生产和工作任务。

（三）遵守宪法和法律，维护社会公德和职业道德，遵守劳动纪律。

（四）正确处理国家、集体、个人三者利益关系，向危害国家、社会利益的行为作斗争。

（五）维护工人阶级内部的团结和统一、发扬阶级友爱，搞好互助互济。

（六）遵守工会章程，执行工会决议，参加工会活动，按月交纳会费。

第五条 会员有退会自由。会员退会由本人向工会小组提出，由工会基层委员会宣布其退会并收回会员证。

会员没有正当理由连续六个月不交纳会费、不参加工会组织生活，经教育拒不改正，应视为自动退会。

第六条 对不执行工会决议、违反工会章程的会员，给予批评教育。对严重违法犯罪并受到刑事处分的会员，开除会籍。开除会员会籍，须经工会小组讨论，提出意见，由工会基层委员会决定，报上一级工会备案。

第七条 会员离休、退休和待业，可保留会籍。保留会籍期间免交会费。工会组织要关心离休、退休和待业会员的生活，积极向有关方面反映他们的愿望和要求。

第二章　组织制度

第八条 中国工会实行民主集中制，主要内容是：

（一）个人服从组织，少数服从多数，下级组织服从上级组织。

（二）工会的各级领导机关，除它们派出的代表机关外，都由民主选举产生。

（三）工会的最高领导机关，是工会的全国代表大会和它所产生的中华全国总工会执行委员会。工会的地方各级领导机关，是工会的地方各级代表大会和它所产生的总工会委员会。

（四）工会各级委员会，向同级会员大会或会员代表大会负责并报告工作，接受会员监督。会员大会和会员代表大会有权撤换或者罢免其所选举的代表和工会委员会组成人员。

（五）工会各级委员会，实行集体领导和分工负责相结合的制度。凡属重大问题由委员会民主讨论，作出决定，委员会成员根据集体的决定和分工，履行自己的职责。

（六）工会各级领导机关，经常向下级组织通报情况，听取下级组织和会员的意见，研究和解决他们提出的问题。下级组织向上级组织请示报告工作。

第九条 工会各级代表大会的代表和委员会的产生，要充分体现选举人的意志。候选人名单，要反复酝酿，充分讨论。选举采用无记名投票方式，可以直接采用候选人数多于应选人数的差额选举办法进行正式选举，也可以先采用差额选举办法进行预选，产生候选人名单，然后进行正式选举。任何组织和个人，不得以任何方式强迫选举人选举或不选举某个人。

第十条 中国工会实行产业和地方相结合的组织领导原则。同一企业、事业、机关单位中的会员，组织在一个工会基层组织中；同一行业或性质相近的几个行业，根据需要建立全国的或地方的产业工会组织。除少数行政管理体制实行垂直管理的产业，其产业工会实行产业工会和地方工会双重领导，以产业工会领导为主外，其他产业工会均实行以地方工会领导为主，同时接受上级产业工会领导的体制。各产业工会的领导体制，由中华全国总工会确定。

省、自治区、直辖市、自治州、市、县（旗）建立地方总工会。地方总工会是当地地方工会组织和产业工会地方组织的领导机关。中华全国总工会是各地方总工会和产业工会全国组织的领导机关。

中华全国总工会执行委员会委员和产业工会全国委员会委员实行替补制，各级地方总工会委员会委员和地方产业工会委员会委员，也可以实行替补制。

第十一条 县和县以上各级地方总工会委员会，根据工作需要可以派出代表机关。

县和县以上各级工会委员会，在两次代表大会之间，认为有必要时，可以召集代表会议，讨论和决定需要及时解决的重大问题。代表会议代表的名额和产生办法，由召集代表会议的总工会决定。

全国产业工会、各级地方产业工会、乡镇工会和城市街道工会的委员会，可以按照联合制、代表制原则，由下一级工会组织民主选举的主要负责人和适当比例的有关方面代表组成。

第十二条 各级工会代表大会选举产生同级经费审查委员会。中华全国总工会经费审查委员会设常务委员会，省、自治区、直辖市总工会经费审查委员会和独立管理经费的全国产业工会经费审查委员会，也可以设常务委员会。经费审查委员会负责审查同级工会组织及其直属企业、事业单位的经费收支和财产管理情况，监督财经法纪的贯彻执行和工会经费的使用，并接受上级工会经费审查委员会的指导。工会经费审查委员会向同级会员大会或会员代表大会负责并报告工作；在大会闭会期间，向同级工会委员会负责并报告工作。

上级经费审查委员会认为必要或在下一级经费审查委员会提出要求时，上级经费审查委员会可以对下级工会及其直属企业、事业单位的经费收支和财产管理情况进行审查。

中华全国总工会经费审查委员会委员实行替补制，各级地方总工会经费审查委员会委员和独立管理经费的产业工会经费审查委员会委员，也可以实行替补制。

第十三条 各级工会建立女职工委员会，表达和维护女职工的合法权益。女职工委员会由同级工会委员会提名，在充分协商的基础上组成，在同级工会委员会领导下开展工作。

第十四条 县和县以上各级工会组织可以建立法律咨询服务机构，为保护职工和工会组织的合法权益提供服务。

第十五条 成立或撤销工会组织，必须经会员大会或会员代表大会通过，并报上一级工会批准。工会基层组织所在的企业终止，或所在的事业单位、机关被撤销，该工会组织相应撤销，并报上级工会备案。其他组织和个人不得随意撤销工会组织，也不得把工会组织的机构撤销、合并或归属其他工作部门。

第三章 全国组织

第十六条 中国工会全国代表大会，每五年举行一次，由中华全国总工会执行委员会召集。在特殊情况下，由中华全国总工会执行委员会主席团提议，经执行委员会全体会议通过，可以提前或延期举行。代表名额和代表选举办法由中华全国总工会决定。

第十七条 中国工会全国代表大会的职权是：

（一）审议和批准中华全国总工会执行委员会的工作报告。

（二）审议和批准中华全国总工会执行委员会的经费收支情况报告和经费审查委员会的工作报告。

（三）修改中国工会章程。

（四）选举中华全国总工会执行委员会和经费审查委员会。

第十八条 中华全国总工会执行委员会，在全国代表大会闭会期间，负责贯彻执行全国代表大会的决议，领导全国工会工作。

执行委员会全体会议选举主席一人、副主席若干人、主席团委员若干人，组成主席团。

执行委员会全体会议由主席团召集，每年至少举行一次。

第十九条 执行委员会全体会议闭会期间，由主席团行使执行委员会的职权。主席团全体会议，由主席召集，一般每季度举行一次。

主席团下设书记处，由主席团在主席团成员中推选第一书记一人、书记若干人组成。书记处在主席团领导下，主持全国总工会的日常工作。

第二十条 产业工会全国组织的设置，由中华全国总工会根据需要确定。

产业工会全国委员会的建立，经中华全国总工会批准，可以按照联合制、代表制原则组成；也可以由产业工会全国代表大会选举产生。全国委员会每届任期五年。任期届满，应如期召开会议，进行换届选举。在特殊情况下，经中华全国总工会批准，可以提前或延期举行。

产业工会代表大会和按照联合制、代表制原则组成的委员会全体会议的职权是：审议和批准产业工会的工作报告；选举产业工会全国委员会或产业工会全国委员会常务委员会。独立管理经费的产业工会，选举经费审查委员会，并向产业工会全国代表大会或委员会全体会议报告工作。产业工会全国委员会常务委员会由主席一人、副主席若干人、常务委员若干人组成。

第四章　地方组织

第二十一条　省、自治区、直辖市、自治州、市、县（旗）的工会代表大会，由同级总工会委员会召集，每五年举行一次。在特殊情况下，由同级总工会委员会提议，经上一级工会批准，可以提前或延期举行。工会的地方各级代表大会的职权是：

（一）审议和批准同级总工会委员会的工作报告。

（二）审议和批准同级总工会委员会的经费收支情况报告和经费审查委员会的工作报告。

（三）选举同级总工会委员会和经费审查委员会。

各级地方总工会委员会，在代表大会闭会期间，执行上级工会的决定和同级工会代表大会的决议，领导本地区的工会工作，定期向上级总工会委员会报告工作。

根据工作需要，省、自治区总工会可在地区设派出代表机关，直辖市和设区的市总工会可在区建立区一级工会组织或设派出代表机关。

县和城市的区可在乡镇和街道建立乡镇工会和街道工会组织。

第二十二条　各级地方总工会委员会选举主席一人、副主席若干人、常务委员若干人，组成常务委员会。工会委员会、常务委员会和主席、副主席以及经费审查委员会的选举结果，报上一级总工会批准。

各级地方总工会委员会全体会议，每年至少举行一次，由常务委员会召集。各级地方总工会常务委员会，在委员会全体会议闭会期间，行使委员会的职权。

第二十三条　各级地方产业工会组织的设置，由同级地方总工会根据本地区的实际情况确定。

第五章　基层组织

第二十四条　各种所有制企业、事业和机关等基层单位，应依法建立工会组织，成立工会基层委员会；会员不足二十五人的，可以选举组织员一人，也可以选举工会主席、副主席，主持基层工会工作。

第二十五条 工会基层组织的会员大会或会员代表大会，一般每年召开一次。会员代表大会的代表实行常任制，任期三至五年。工会会员大会或会员代表大会的职权是：

（一）审议和批准工会基层委员会的工作报告。

（二）审议和批准工会基层委员会的经费收支情况报告和经费审查委员会的工作报告。

（三）选举工会基层委员会和经费审查委员会。

工会基层委员会和经费审查委员会每届任期三至五年。

第二十六条 工会基层委员会的委员，应在会员或会员代表中充分酝酿协商的基础上选举产生；主席、副主席，可以由会员大会或会员代表大会直接选举产生，也可以由工会基层委员会选举产生。大型企业、事业单位的工会委员会，根据工作需要，经上级工会委员会批准，可以设立常务委员会。工会基层委员会、常务委员会和主席、副主席以及经费审查委员会的选举结果，报上一级工会批准。

第二十七条 工会基层委员会的基本任务是：

（一）执行会员大会或会员代表大会的决议和上级工会的决定，主持基层工会的日常工作。

（二）代表和组织职工依照法律规定，通过职工代表大会和其他形式，参加本单位民主管理和民主监督。企业、事业单位工会委员会是职工代表大会工作机构，负责职工代表大会的日常工作，检查、督促职工代表大会决议的执行。

（三）参与协调劳动关系和调解劳动争议，与企业、事业单位行政方面建立协商制度，协商解决涉及职工切身利益问题。帮助和指导职工与企业、事业单位行政方面签订劳动合同，代表职工与企业、事业单位行政方面签订集体合同或其他协议，并监督执行。

（四）组织职工开展劳动竞赛、合理化建议、技术革新和技术协作活动，总结推广先进经验。做好先进生产（工作）者和劳动模范的评选、表彰、培养和管理工作。

（五）对职工进行思想政治教育，鼓励支持职工学习文化科学技术和管理知识，开展健康的文化体育活动。办好工会文化、教育、体育事业。

（六）监督有关法律、法规的贯彻执行。协助和督促行政方面做好劳动保险、劳动保护工作，办好职工集体福利事业，改善职工生活。

（七）维护女职工的特殊利益，同歧视、虐待、摧残、迫害女职工的现象作斗争。

（八）搞好工会组织建设，健全民主制度和民主生活。建立和发展工会积极分子队伍。做好新会员的接收、教育工作。

（九）收好、管好、用好工会经费，管理好工会财产和工会的企业、事业。

第二十八条 外商投资企业和私营企业工会与企业行政方面建立协商谈判制度，实行民主参与，依法代表和维护职工的政治权利和物质利益，维护国家和社会利益，尊重投资者的合法权益，共谋企业发展。

第二十九条 教育、科研、文化、卫生、体育等事业单位和机关工会，从脑力劳动者比较集中的特点出发开展工作，积极了解和关心职工的思想、工作和生活，推动党的知识分子政策的贯彻落实。组织职工搞好本单位的民主管理和民主监督，为发挥职工的聪明才智，创造良好的条件。

第三十条 工会基层委员会根据工作需要，可以在分厂、车间（科室）建立分厂、车间（科室）工会委员会。分厂、车间（科室）工会委员会由分厂、车间（科室）会员大会或会员代表大会选举产生，任期和工会基层委员会相同。

工会基层委员会和分厂、车间委员会，可以根据需要设若干专门委员会或专门小组。

按照生产（行政）班组建立工会小组，民主选举工会小组长，积极开展工会小组活动。

第六章　工会干部

第三十一条 各级工会组织按照革命化、年轻化、知识化、专业化的要求，努力建设一支坚持党的基本路线，熟悉本职业务，热爱工会工作，受到职工信赖的干部队伍。

工会干部要努力做到：

（一）认真学习马克思列宁主义、毛泽东思想，认真学习建设有中国特色社会主义的理论，学习经济、法律和工会业务知识。

（二）执行党的基本路线和各项方针政策，遵守国家法律、法规，在改革开放和社会主义现代化建设中勇于开拓创新。

（三）忠于职守，勤奋工作，廉洁奉公，顾全大局，维护团结。

（四）坚持实事求是，认真调查研究，如实反映职工的意见、愿望和要求。

（五）坚持原则，不谋私利，热心为职工说话办事，维护职工的合法权益。

（六）作风民主，联系群众，自觉接受职工群众的批评和监督。

第三十二条 各级工会组织，根据有关规定管理工会干部。重视培养和选拔青年干部、妇女干部、少数民族干部。

各级工会主席、副主席任期未满不得随意调动其工作。因工作需要调动时，应事先征得本级工会委员会和上一级工会同意。

第三十三条 各级工会组织建立与健全干部培训制度，办好工会干部院校和各种培训班。

第三十四条 各级工会组织关心工会干部的思想、学习和生活，督促落实相应的待遇，支持他们的工作，坚决同打击报复工会干部的行为作斗争，保障工会干部依法履行职责。

第七章 工会经费和财产

第三十五条 工会经费的来源：

（一）会员缴纳的会费。

（二）企业、事业及机关单位按全部职工工资总额的百分之二拨交的经费。

（三）工会所属的企业、事业上缴的收入。

（四）人民政府和企业、事业及机关单位的补助。

（五）其他收入。

第三十六条 工会根据经费独立原则，建立预算、决算和经费审查监督制度。实行统一领导、分级管理的财务体制。工会经费的管理和使用办法，由中华全国总工会制定。

第三十七条 各级工会委员会按照规定编制和审批预算、决算，定期向会员大会或会员代表大会和上一级工会委员会报告经费收支情况，接受同级经费审查委员会审查监督。

第三十八条 工会经费、财产和国家及企业、事业单位拨给工会的不动产受法律保护，任何单位和个人不得侵占、挪用和任意调拨；不得随意改变工会所属企业、事业的隶属关系。

工会组织合并，其经费财产归合并后的工会所有；工会组织撤销或解散，其经费财产由上级工会处置。

第八章 会 徽

第三十九条 中国工会会徽，选用汉字“中”、“工”两字，经艺术造型呈圆形重叠组成，象征中国工会和中国工人阶级的团结统一。会徽的制作标准，由中华全国总工会规定。

第四十条 中国工会会徽，可在工会办公地点、活动场所、会议会场悬挂，可作为纪念品、办公用品上的工会标志，也可以作为徽章佩戴。

第九章 附 则

第四十一条 本章程解释权属于中华全国总工会。

中国工会章程

（根据1998年10月24日中国工会第十三次全国代表大会通过的《关于〈中国工会章程（修正案）〉的决议》修正）

总　则

中国工会是中国共产党领导的职工自愿结合的工人阶级群众组织，是党联系职工群众的桥梁和纽带，是国家政权的重要社会支柱，是会员和职工利益的代表。

中国工会以宪法为根本活动准则，按照《中华人民共和国工会法》和《中国工会章程》独立自主地开展工作，依法行使权利和履行义务。

工人阶级是我国的领导阶级，是先进生产力和生产关系的代表，是改革开放和社会主义现代化建设的主力军，是维护社会安定的强大而集中的社会力量。中国工会以马克思列宁主义、毛泽东思想、邓小平理论为指导，贯彻执行党的以经济建设为中心，坚持四项基本原则，坚持改革开放的基本路线，全面履行工会的社会职能，在维护全国人民总体利益的同时，更好地表达和维护职工的具体利益，团结和动员全国职工自力更生，艰苦创业，为把我国建设成为富强、民主、文明的社会主义现代化国家而奋斗。

中国工会的主要社会职能是：维护职工的合法利益和民主权利；动员和组织职工积极参加建设和改革，完成经济和社会发展任务；代表和组织职工参与国家和社会事务管理，参与企业、事业和机关的民主管理；教育职工不断提高思想道德素质和科学文化素质，建设有理想、有道德、有文化、有纪律的职工队伍。

中国工会在发展社会主义市场经济的过程中，在维护职工政治权利的同时，维护职工的劳动权利和物质文化利益，把参与协调劳动关系，调节社会矛盾作为一项重要工作，努力促进经济发展和社会的长期稳定。

中国工会维护工人阶级领导的、以工农联盟为基础的人民民主专政的社会主义国家政权，协助人民政府开展工作，在政府行使国家行政权力过程中，发挥民主参与和社会监督作用。

中国工会在企业、事业单位中，支持行政依法行使管理权力，组织职工参加民主管理和民主监督，与行政方面建立协商制度，保障职工的合法权益，调动职工的积极性，促进企业、事业的发展。

中国工会实行产业和地方相结合的组织领导原则，坚持民主集中制。

中国工会坚持群众化、民主化，保持同会员群众的密切联系，依靠会员群众开展工会工作。各级工会领导机关坚持把工作重点放到基层，全心全意为基层、为职工服务，增强基层工会的活力，把工会建设成为“职工之家”。

工会兴办的企业、事业，坚持为改革开放和发展社会生产力服务，为职工群众服务，为推进工运事业服务。

中国工会努力巩固和发展工农联盟，坚持爱国统一战线，加强包括台湾同胞、港澳同胞和海外侨胞在内的全国各族人民的大团结，促进祖国的统一、繁荣和富强。

中国工会在国际事务中坚持独立自主、广泛联系的方针，在独立、平等、互相尊重、互不干涉内部事务的原则基础上，广泛发展同各国工会组织的友好关系，同全世界工人和工会一起，为世界的和平、发展、工人权益和社会进步而共同努力。

第一章　会　员

第一条　凡在中国境内的企业、事业、机关单位中以工资收入为主要生活来源的体力劳动者和脑力劳动者，不分民族、种族、性别、职业、宗教信仰、教育程度，承认工会章程，都可以加入工会为会员。

第二条　职工加入工会，须由本人自愿申请，经工会小组讨论通过，工会基层委员会批准并发给会员证。

第三条　会员享有以下权利：

（一）选举权、被选举权和表决权。

（二）批评工会的任何组织和任何工作人员，要求撤换或罢免工会工作人员，对工会工作进行监督。

（三）对国家和社会生活问题提出批评与建议，要求工会组织向有关方面如实反映。

（四）在合法权益受到侵犯时，要求工会给予保护。

（五）享受工会举办的文化、教育、体育、旅游、疗休养事业等的优惠待遇；享受工会给予的各种奖励。

（六）在工会会议和工会报刊上，参加关于工会工作和职工关心问题的讨论。

第四条 会员履行下列义务：

（一）学习政治、经济、文化、科学、技术，学习工会基本知识。

（二）积极参加民主管理，努力完成生产和工作任务。

（三）遵守宪法和法律、维护社会公德和职业道德，遵守劳动纪律。

（四）正确处理国家、集体、个人三者利益关系，向危害国家、社会利益的行为作斗争。

（五）维护工人阶级内部的团结和统一，发扬阶级友爱，搞好互助互济。

（六）遵守工会章程，执行工会决议，参加工会活动，按月交纳会费。

第五条 会员有退会自由。会员退会由本人向工会小组提出，由工会基层委员会宣布其退会并收回会员证。会员没有正当理由连续六个月不交纳会费、不参加工会组织生活，经教育拒不改正，应视为自动退会。

第六条 对不执行工会决议、违反工会章程的会员，给予批评教育。对严重违法犯罪并受到刑事处分的会员，开除会籍。开除会员会籍，须经工会小组讨论，提出意见，由工会基层委员会决定，报上一级工会备案。

第七条 会员离休、退休和待业，可保留会籍。保留会籍期间免交会费。工会组织要关心离休、退休和待业会员的生活，积极向有关方面反映他们的愿望和要求。

第二章 组织制度

第八条 中国工会实行民主集中制，主要内容是：

（一）个人服从组织，少数服从多数，下级组织服从上级组织。

（二）工会的各级领导机关，除它们派出的代表机关外，都由民主选举产生。

（三）工会的最高领导机关，是工会的全国代表大会和它所产生的中华全国总工会执行委员会。工会的地方各级领导机关，是工会的地方各级代表大会和它所产生的总工会委员会。

（四）工会各级委员会，向同级会员大会或会员代表大会负责并报告工作，接受会员监督。会员大会和会员代表大会有权撤换或者罢免其所选举的代表和工会委员会组成人员。

（五）工会各级委员会，实行集体领导和分工负责相结合的制度。凡属重大问题由委员会民主讨论，作出决定，委员会成员根据集体的决定和分工，履行自己的职责。

（六）工会各级领导机关，经常向下级组织通报情况，听取下级组织和会员的意见，研究和解决他们提出的问题。下级组织向上级组织请示报告工作。

第九条 工会各级代表大会的代表和委员会的产生，要充分体现选举人的意志。候选人名单，要反复酝酿，充分讨论。选举采用无记名投票方式，可以直接采用候选人数多于应选人数的差额选举办法进行正式选举，也可以先采用差额选举办法进行预选，产生候选人名单，然后进行正式选举。任何组织和个人，不得以任何方式强迫选举人选举或不选举某个人。

第十条 中国工会实行产业和地方相结合的组织领导原则。同一企业、事业、机关单位中的会员，组织在一个工会基层组织中；同一行业或性质相近的几个行业，根据需要建立全国的或地方的产业工会组织。除少数行政管理体制实行垂直管理的产业，其产业工会实行产业工会和地方工会双重领导，以产业工会领导为主外，其他产业工会均实行以地方工会领导为主，同时接受上级产业工会领导的体制。各产业工会的领导体制，由中华全国总工会确定。

省、自治区、直辖市、自治州、市、县（旗）建立地方总工会。地方总工会是当地地方工会组织和产业工会地方组织的领导机关。全国建立统一的中华全国总工会。中华全国总工会是各地方总工会和各产业工会全国组织的领导机关。

中华全国总工会执行委员会委员和产业工会全国委员会委员实行替补制，各级地方总工会委员会委员和地方产业工会委员会委员，也可以实行替补制。

第十一条 县和县以上各级地方总工会委员会，根据工作需要可以派出代表机关。

县和县以上各级工会委员会，在两次代表大会之间，认为有必要时，可以召集代表会议，讨论和决定需要及时解决的重大问题。代表会议代表的名额和产生办法，由召集代表会议的总工会决定。

全国产业工会、各级地方产业工会、乡镇工会和城市街道工会的委员会，可以按照联合制、代表制原则，由下一级工会组织民主选举的主要负责人和适当比例的有关方面代表组成。

第十二条 各级工会代表大会选举产生同级经费审查委员会。中华全国总工会经费审查委员会设常务委员会，省、自治区、直辖市总工会经费审查委员会和独立管理经费的全国产业工会经费审查委员会，也可以设常务委员会。经费审查委员会负责审查同级工会组织及其直属企业、事业单位的经费收支和财产管理情况，监督财经法纪的贯彻执行和工会经费的使用，并接受上级工会经费审查委员会的指导。工会经费审查委员会向同级会员大会或会员代表大会负责并报告工作；在大会闭会期间，向同级工会委员会负责并报告工作。

上级经费审查委员会认为必要或在下一级经费审查委员会提出要求时，上级经费审查委员会可以对下级工会及其直属企业、事业单位的经费收支和财产管理情况进行审查。

中华全国总工会经费审查委员会委员实行替补制，各级地方总工会经费审查委员会委员和独立管理经费的产业工会经费审查委员会委员，也可以实行替补制。

第十三条 各级工会建立女职工委员会，表达和维护女职工的合法权益。女职工委员会由同级工会委员会提名，在充分协商的基础上组成，在同级工会委员会领导下开展工作。

第十四条 县和县以上各级工会组织可以建立法律咨询服务机构，为保护职工和工会组织的合法权益提供服务。

第十五条 成立或撤销工会组织，必须经会员大会或会员代表大会通过，并报上一级工会批准。工会基层组织所在的企业终止，或所在的事业单位、机关被撤销，该工会组织相应撤销，并报上级工会备案。其他组织和个人不得随意撤销工会组织，也不得把工会组织的机构撤销、合并或归属其他工作部门。

第三章　全国组织

第十六条　中国工会全国代表大会，每五年举行一次，由中华全国总工会执行委员会召集。在特殊情况下，由中华全国总工会执行委员会主席团提议，经执行委员会全体会议通过，可以提前或延期举行。代表名额和代表选举办法由中华全国总工会决定。

第十七条　中国工会全国代表大会的职权是：

（一）审议和批准中华全国总工会执行委员会的工作报告。

（二）审议和批准中华全国总工会执行委员会的经费收支情况报告和经费审查委员会的工作报告。

（三）修改中国工会章程。

（四）选举中华全国总工会执行委员会和经费审查委员会。

第十八条　中华全国总工会执行委员会，在全国代表大会闭会期间，负责贯彻执行全国代表大会的决议，领导全国工会工作。

执行委员会全体会议选举主席一人、副主席若干人、主席团委员若干人，组成主席团。

执行委员会全体会议由主席团召集，每年至少举行一次。

第十九条　执行委员会全体会议闭会期间，由主席团行使执行委员会的职权。主席团全体会议，由主席召集，一般每季度举行一次。

主席团下设书记处，由主席团在主席团成员中推选第一书记一人、书记若干人组成。书记处在主席团领导下，主持全国总工会的日常工作。

第二十条　产业工会全国组织的设置，由中华全国总工会根据需要确定。

产业工会全国委员会的建立，经中华全国总工会批准，可以按照联合制、代表制原则组成；也可以由产业工会全国代表大会选举产生。全国委员会每届任期五年。任期届满，应如期召开会议，进行换届选举。在特殊情况下，经中华全国总工会批准，可以提前或延期举行。

产业工会代表大会和按照联合制、代表制原则组成的委员会全体会议的职权是：审议和批准产业工会的工作报告；选举产业工会全国委员会或产业工会全国委员会常务委员会。独立管理经费的产业工会，选举经费审查委员会，并向产业工会全国代表大会或委员会全体会议报告工作。产业工会全国委员会常务委员会由主席一人、副主席若干人、常务委员若干人组成。

第四章　地方组织

第二十一条　省、自治区、直辖市、自治州、市、县（旗）的工会代表大会，由同级总工会委员会召集，每五年举行一次。在特殊情况下，由同级总工会委员会提议，经上一级工会批准，可以提前或延期举行。工会的地方各级代表大会的职权是：

（一）审议和批准同级总工会委员会的工作报告。

（二）审议和批准同级总工会委员会的经费收支情况报告和经费审查委员会的工作报告。

（三）选举同级总工会委员会和经费审查委员会。

各级地方总工会委员会，在代表大会闭会期间，执行上级工会的决定和同级工会代表大会的决议，领导本地区的工会工作，定期向上级总工会委员会报告工作。

根据工作需要，省、自治区总工会可在地区设派出代表机关，直辖市和设区的市总工会可在区建立区一级工会组织或设派出代表机关。

县和城市的区可在乡镇和街道建立乡镇工会和街道工会组织。

第二十二条　各级地方总工会委员会选举主席一人、副主席若干人、常务委员若干人，组成常务委员会。工会委员会、常务委员会和主席、副主席以及经费审查委员会的选举结果，报上一级总工会批准。

各级地方总工会委员会全体会议，每年至少举行一次，由常务委员会召集。各级地方总工会常务委员会，在委员会全体会议闭会期间，行使委员会的职权。

第二十三条　各级地方产业工会组织的设置，由同级地方总工会根据本地区的实际情况确定。

第五章　基层组织

第二十四条　各种所有制企业、事业和机关等基层单位，应依法建立工会组织，成立工会基层委员会；会员不足二十五人的，可以选举组织员一人，也可以选举工会主席、副主席，主持基层工会工作。

第二十五条 工会基层组织的会员大会或会员代表大会，一般每年召开一次。会员代表大会的代表实行常任制，任期三至五年。工会会员大会或会员代表大会的职权是：

（一）审议和批准工会基层委员会的工作报告。

（二）审议和批准工会基层委员会的经费收支情况报告和经费审查委员会的工作报告。

（三）选举工会基层委员会和经费审查委员会。

工会基层委员会和经费审查委员会每届任期三至五年。

第二十六条 工会基层委员会的委员，应在会员或会员代表中充分酝酿协商的基础上选举产生；主席、副主席，可以由会员大会或会员代表大会直接选举产生，也可以由工会基层委员会选举产生。大型企业、事业单位的工会委员会，根据工作需要，经上级工会委员会批准，可以设立常务委员会。工会基层委员会、常务委员会和主席、副主席以及经费审查委员会的选举结果，报上一级工会批准。

第二十七条 工会基层委员会的基本任务是：

（一）执行会员大会或会员代表大会的决议和上级工会的决定，主持基层工会的日常工作。

（二）代表和组织职工依照法律规定，通过职工代表大会和其他形式，参加本单位民主管理和民主监督。企业、事业单位工会委员会是职工代表大会工作机构，负责职工代表大会的日常工作，检查、督促职工代表大会决议的执行。

（三）参与协调劳动关系和调解劳动争议，与企业、事业单位行政方面建立协商制度，协商解决涉及职工切身利益问题。帮助和指导职工与企业、事业单位行政方面签订劳动合同，代表职工与企业、事业单位行政方面签订集体合同或其他协议，并监督执行。

（四）组织职工开展劳动竞赛、合理化建议、技术革新和技术协作活动，总结推广先进经验。做好先进生产（工作）者和劳动模范的评选、表彰、培养和管理工作。

（五）对职工进行思想政治教育，鼓励支持职工学习文化科学技术和管理知识，开展健康的文化体育活动。办好工会文化、教育、体育事业。

（六）监督有关法律、法规的贯彻执行。协助和督促行政方面做好劳动保险、劳动保护工作，办好职工集体福利事业，改善职工生活。

（七）维护女职工的特殊利益，同歧视、虐待、摧残、迫害女职工的现象作斗争。

（八）搞好工会组织建设，健全民主制度和民主生活。建立和发展工会积极分子队伍。做好新会员的接收、教育工作。

（九）收好、管好、用好工会经费，管理好工会财产和工会的企业、事业。

第二十八条 外商投资企业和私营企业工会与企业行政方面建立协商谈判制度，实行民主参与，依法代表和维护职工的政治权利和物质利益，维护国家和社会利益，尊重投资者的合法权益，共谋企业发展。

第二十九条 教育、科研、文化、卫生、体育等事业单位和机关工会，从脑力劳动者比较集中的特点出发开展工作，积极了解和关心职工的思想、工作和生活，推动党的知识分子政策的贯彻落实。组织职工搞好本单位的民主管理和民主监督，为发挥职工的聪明才智，创造良好的条件。

第三十条 工会基层委员会根据工作需要，可以在分厂、车间（科室）建立分厂、车间（科室）工会委员会。分厂、车间（科室）工会委员会由分厂、车间（科室）会员大会或会员代表大会选举产生，任期和工会基层委员会相同。

工会基层委员会和分厂、车间委员会，可以根据需要设若干专门委员会或专门小组。

按照生产（行政）班组建立工会小组，民主选举工会小组长，积极开展工会小组活动。

第六章　工会干部

第三十一条 各级工会组织按照革命化、年轻化、知识化、专业化的要求，努力建设一支坚持党的基本路线，熟悉本职业务，热爱工会工作，受到职工信赖的干部队伍。工会干部要努力做到：

（一）认真学习马克思列宁主义、毛泽东思想和邓小平理论，学习经济、法律和工会业务知识。

（二）执行党的基本路线和各项方针政策，遵守国家法律、法规，在改革开放和社会主义现代化建设中勇于开拓创新。

（三）忠于职守，勤奋工作，廉洁奉公，顾全大局，维护团结。

（四）坚持实事求是，认真调查研究，如实反映职工的意见、愿望和要求。

（五）坚持原则，不谋私利，热心为职工说话办事，维护职工的合法权益。

（六）作风民主，联系群众，自觉接受职工群众的批评和监督。

第三十二条 各级工会组织，根据有关规定管理工会干部。重视培养和选拔青年干部、妇女干部、少数民族干部。

各级工会主席、副主席任期未满不得随意调动其工作。因工作需要调动时，应事先征得本级工会委员会和上一级工会同意。

第三十三条 各级工会组织建立与健全干部培训制度。办好工会干部院校和各种培训班。

第三十四条 各级工会组织关心工会干部的思想、学习和生活，督促落实相应的待遇，支持他们的工作，坚决同打击报复工会干部的行为作斗争，保障工会干部依法履行职责。

第七章　工会经费和财产

第三十五条 工会经费的来源：

（一）会员缴纳的会费。

（二）企业、事业及机关单位按全部职工工资总额的百分之二拨交的经费。

（三）工会所属的企业、事业上缴的收入。

（四）人民政府和企业、事业及机关单位的补助。

（五）其他收入。

第三十六条 工会根据经费独立原则，建立预算、决算和经费审查监督制度。实行统一领导、分级管理的财务体制。工会经费的管理和使用办法，由中华全国总工会制定。

第三十七条 各级工会委员会按照规定编制和审批预算、决算，定期向会员大会或会员代表大会和上一级工会委员会报告经费收支情况，接受同级经费审查委员会审查监督。

第三十八条 工会经费、财产和国家及企业、事业单位拨给工会的不动产受法律保护，任何单位和个人不得侵占、挪用和任意调拨；不得改变工会所属企业、事业的隶属关系。

工会组织合并，其经费财产归合并后的工会所有；工会组织撤销或解散，其经费财产由上级工会处置。

第八章　会　徽

第三十九条　中国工会会徽，选用汉字“中”、“工”两字，经艺术造型呈圆形重叠组成，象征中国工会和中国工人阶级的团结统一。会徽的制作标准，由中华全国总工会规定。

第四十条　中国工会会徽，可在工会办公地点、活动场所、会议会场悬挂，可作为纪念品、办公用品上的工会标志，也可以作为徽章佩戴。

第九章　附　则

第四十一条　本章程解释权属于中华全国总工会。

中国工会章程

(根据2003年9月26日中国工会第十四次全国代表大会通过的《关于〈中国工会章程(修正案)〉的决议》修正)

总　则

中国工会是中国共产党领导的职工自愿结合的工人阶级群众组织，是党联系职工群众的桥梁和纽带，是国家政权的重要社会支柱，是会员和职工利益的代表。

中国工会以宪法为根本活动准则，按照《中华人民共和国工会法》和《中国工会章程》独立自主地开展工作，依法行使权利和履行义务。

工人阶级是我国的领导阶级，是先进生产力和生产关系的代表，是改革开放和社会主义现代化建设的主力军，是维护社会安定的强大而集中的社会力量。中国工会以马克思列宁主义、毛泽东思想、邓小平理论和“三个代表”重要思想为指导，贯彻执行党的以经济建设为中心，坚持四项基本原则，坚持改革开放的基本路线，推动党的全心全意依靠工人阶级的根本指导方针的贯彻落实，全面履行工会的社会职能，在维护全国人民总体利益的同时，更好地表达和维护职工的具体利益，团结和动员全国职工自力更生，艰苦创业，为把我国建设成为富强、民主、文明的社会主义现代化国家而奋斗。

中国工会的基本职责是维护职工合法权益。

中国工会动员和组织职工积极参加建设和改革，努力完成经济和社会发展任务；代表和组织职工参与国家和社会事务管理，参与企业、事业和机关的民主管理；教育职工不断提高思想道德素质和科学文化素质，建设有理想、有道德、有文化、有纪律的职工队伍。

中国工会在发展社会主义市场经济的过程中，在维护职工政治权利的同时，维护职工的劳动权利和物质文化利益，把参与协调劳动关系，调节社会矛盾作为一项重要工作，努力促进经济发展和社会的长期稳定。

中国工会维护工人阶级领导的、以工农联盟为基础的人民民主专政的社会主义国家政权，协助人民政府开展工作，依法发挥民主参与和社会监督作用。

中国工会在企业、事业单位中，支持行政依法行使管理权力，组织职工参加民主管理和民主监督，与行政方面建立协商制度，保障职工的合法权益，调动职工的积极性，促进企业、事业的发展。

中国工会实行产业和地方相结合的组织领导原则，坚持民主集中制。

中国工会坚持群众化、民主化，保持同会员群众的密切联系，依靠会员群众开展工会工作。各级工会领导机关坚持把工作重点放到基层，全心全意为基层、为职工服务，增强基层工会的活力，把工会建设成为“职工之家”。

工会兴办的企业、事业，坚持为改革开放和发展社会生产力服务，为职工群众服务，为推进工运事业服务。

中国工会努力巩固和发展工农联盟，坚持爱国统一战线，加强包括香港特别行政区同胞、澳门特别行政区同胞、台湾同胞和海外侨胞在内的全国各族人民的大团结，促进祖国的统一、繁荣和富强。

中国工会在国际事务中坚持独立自主、广泛联系的方针，在独立、平等、互相尊重、互不干涉内部事务的原则基础上，广泛发展同各国工会组织的友好关系，同全世界工人和工会一起，为世界的和平、发展、工人权益和社会进步而共同努力。

第一章　会　员

第一条　凡在中国境内的企业、事业、机关单位中以工资收入为主要生活来源的体力劳动者和脑力劳动者，不分民族、种族、性别、职业、宗教信仰、教育程度，承认工会章程，都可以加入工会为会员。

第二条　职工加入工会，须由本人自愿申请，经工会小组讨论通过，工会基层委员会批准并发给会员证。

第三条　会员享有以下权利：

（一）选举权、被选举权和表决权。

（二）批评工会的任何组织和任何工作人员，要求撤换或罢免工会工作人员，对工会工作进行监督。

（三）对国家和社会生活问题提出批评与建议，要求工会组织向有关方面如实反映。

(四) 在合法权益受到侵犯时，要求工会给予保护。

(五) 享受工会举办的文化、教育、体育、旅游、疗休养事业等的优惠待遇；享受工会给予的各种奖励。

(六) 在工会会议和工会报刊上，参加关于工会工作和职工关心问题的讨论。

第四条 会员履行下列义务：

(一) 学习政治、经济、文化、科学、技术，学习工会基本知识。

(二) 积极参加民主管理，努力完成生产和工作任务。

(三) 遵守宪法和法律，维护社会公德和职业道德，遵守劳动纪律。

(四) 正确处理国家、集体、个人三者利益关系，向危害国家、社会利益的行为作斗争。

(五) 维护工人阶级内部的团结和统一，发扬阶级友爱，搞好互助互济。

(六) 遵守工会章程，执行工会决议，参加工会活动，按月交纳会费。

第五条 会员组织关系随劳动（工作）关系变动，凭会员证接转。

第六条 会员有退会自由。会员退会由本人向工会小组提出，由工会基层委员会宣布其退会并收回会员证。

会员没有正当理由连续六个月不交纳会费、不参加工会组织生活，经教育拒不改正，应视为自动退会。

第七条 对不执行工会决议、违反工会章程的会员，给予批评教育。对严重违法犯罪并受到刑事处分的会员，开除会籍。开除会员会籍，须经工会小组讨论，提出意见，由工会基层委员会决定，报上一级工会备案。

第八条 会员离休、退休和失业，可保留会籍。保留会籍期间免交会费。

工会组织要关心离休、退休和失业会员的生活，积极向有关方面反映他们的愿望和要求。

第二章 组织制度

第九条 中国工会实行民主集中制，主要内容是：

(一) 个人服从组织，少数服从多数，下级组织服从上级组织。

（二）工会的各级领导机关，除它们派出的代表机关外，都由民主选举产生。

（三）工会的最高领导机关，是工会的全国代表大会和它所产生的中华全国总工会执行委员会。工会的地方各级领导机关，是工会的地方各级代表大会和它所产生的总工会委员会。

（四）工会各级委员会，向同级会员大会或会员代表大会负责并报告工作，接受会员监督。会员大会和会员代表大会有权撤换或者罢免其所选举的代表和工会委员会组成人员。

（五）工会各级委员会，实行集体领导和分工负责相结合的制度。凡属重大问题由委员会民主讨论，作出决定，委员会成员根据集体的决定和分工，履行自己的职责。

（六）工会各级领导机关，经常向下级组织通报情况，听取下级组织和会员的意见，研究和解决他们提出的问题。下级组织向上级组织请示报告工作。

第十条 工会各级代表大会的代表和委员会的产生，要充分体现选举人的意志。候选人名单，要反复酝酿，充分讨论。选举采用无记名投票方式，可以直接采用候选人数多于应选人数的差额选举办法进行正式选举，也可以先采用差额选举办法进行预选，产生候选人名单，然后进行正式选举。任何组织和个人，不得以任何方式强迫选举人选举或不选举某个人。

第十一条 中国工会实行产业和地方相结合的组织领导原则。同一企业、事业、机关单位中的会员，组织在一个工会基层组织中；同一行业或性质相近的几个行业，根据需要建立全国的或地方的产业工会组织。除少数行政管理体制实行垂直管理的产业，其产业工会实行产业工会和地方工会双重领导，以产业工会领导为主外，其他产业工会均实行以地方工会领导为主，同时接受上级产业工会领导的体制。各产业工会的领导体制，由中华全国总工会确定。

省、自治区、直辖市、自治州、市、县（旗）建立地方总工会。地方总工会是当地地方工会组织和产业工会地方组织的领导机关。全国建立统一的中华全国总工会。中华全国总工会是各地方总工会和各产业工会全国组织的领导机关。

中华全国总工会执行委员会委员和产业工会全国委员会委员实行替补

制，各级地方总工会委员会委员和地方产业工会委员会委员，也可以实行替补制。

第十二条 县和县以上各级地方总工会委员会，根据工作需要可以派出代表机关。

县和县以上各级工会委员会，在两次代表大会之间，认为有必要时，可以召集代表会议，讨论和决定需要及时解决的重大问题。代表会议代表的名额和产生办法，由召集代表会议的总工会决定。

全国产业工会、各级地方产业工会、乡镇工会和城市街道工会的委员会，可以按照联合制、代表制原则，由下一级工会组织民主选举的主要负责人和适当比例的有关方面代表组成。

第十三条 各级工会代表大会选举产生同级经费审查委员会。中华全国总工会经费审查委员会设常务委员会，省、自治区、直辖市总工会经费审查委员会和独立管理经费的全国产业工会经费审查委员会，也可以设常务委员会。经费审查委员会负责审查同级工会组织及其直属企业、事业单位的经费收支和财产管理情况，监督财经法纪的贯彻执行和工会经费的使用，并接受上级工会经费审查委员会的指导。工会经费审查委员会向同级会员大会或会员代表大会负责并报告工作；在大会闭会期间，向同级工会委员会负责并报告工作。

上级经费审查委员会认为必要或在下一级经费审查委员会提出要求时，上级经费审查委员会可以对下级工会及其直属企业、事业单位的经费收支和财产管理情况进行审查。

中华全国总工会经费审查委员会委员实行替补制，各级地方总工会经费审查委员会委员和独立管理经费的产业工会经费审查委员会委员，也可以实行替补制。

第十四条 各级工会建立女职工委员会，表达和维护女职工的合法权益。女职工委员会由同级工会委员会提名，在充分协商的基础上组成，在同级工会委员会领导下开展工作。

第十五条 县和县以上各级工会组织可以建立法律咨询服务机构，为保护职工和工会组织的合法权益提供服务。

第十六条 成立或撤销工会组织，必须经会员大会或会员代表大会通过，并报上一级工会批准。工会基层组织所在的企业终止，或所在的事业单位、机关被撤销，该工会组织相应撤销，并报上级工会备案。其他组织和个人不得随意撤销工会组织，也不得把工会组织的机构撤销、合并或归属其他工作部门。

第三章　全国组织

第十七条　中国工会全国代表大会，每五年举行一次，由中华全国总工会执行委员会召集。在特殊情况下，由中华全国总工会执行委员会主席团提议，经执行委员会全体会议通过，可以提前或延期举行。代表名额和代表选举办法由中华全国总工会决定。

第十八条　中国工会全国代表大会的职权是：

（一）审议和批准中华全国总工会执行委员会的工作报告。

（二）审议和批准中华全国总工会执行委员会的经费收支情况报告和经费审查委员会的工作报告。

（三）修改《中国工会章程》。

（四）选举中华全国总工会执行委员会和经费审查委员会。

第十九条　中华全国总工会执行委员会，在全国代表大会闭会期间，负责贯彻执行全国代表大会的决议，领导全国工会工作。

执行委员会全体会议选举主席一人、副主席若干人、主席团委员若干人，组成主席团。

执行委员会全体会议由主席团召集，每年至少举行一次。

第二十条　中华全国总工会执行委员会全体会议闭会期间，由主席团行使执行委员会的职权。主席团全体会议，由主席召集。

主席团闭会期间，由主席、副主席组成的主席会议行使主席团职权。主席会议由中华全国总工会主席召集并主持。

主席团下设书记处，由主席团在主席团成员中推选第一书记一人、书记若干人组成。书记处在主席团领导下，主持中华全国总工会的日常工作。

第二十一条　产业工会全国组织的设置，由中华全国总工会根据需要确定。

产业工会全国委员会的建立，经中华全国总工会批准，可以按照联合制、代表制原则组成，也可以由产业工会全国代表大会选举产生。全国委员会每届任期五年。任期届满，应如期召开会议，进行换届选举。在特殊情况下，经中华全国总工会批准，可以提前或延期举行。

产业工会全国代表大会和按照联合制、代表制原则组成的产业工会全国委员会全体会议的职权是：审议和批准产业工会全国委员会的工作报告；选举产业工会全国委员会或产业工会全国委员会常务委员会。独立管理经费的产业工会，选举经费审查委员会，并向产业工会全国代表大会或委员会全体会议报告工作。产业工会全国委员会常务委员会由主席一人、副主席若干人、常务委员若干人组成。

第四章　地方组织

第二十二条　省、自治区、直辖市、自治州、市、县（旗）的工会代表大会，由同级总工会委员会召集，每五年举行一次。在特殊情况下，由同级总工会委员会提议，经上一级工会批准，可以提前或延期举行。工会的地方各级代表大会的职权是：

（一）审议和批准同级总工会委员会的工作报告。

（二）审议和批准同级总工会委员会的经费收支情况报告和经费审查委员会的工作报告。

（三）选举同级总工会委员会和经费审查委员会。

各级地方总工会委员会，在代表大会闭会期间，执行上级工会的决定和同级工会代表大会的决议，领导本地区的工会工作，定期向上级总工会委员会报告工作。

根据工作需要，省、自治区总工会可在地区设派出代表机关。直辖市和设区的市总工会可在区建立区一级工会组织或设派出代表机关。

县和城市的区可在乡镇和街道建立乡镇工会和街道工会组织。

第二十三条　各级地方总工会委员会选举主席一人、副主席若干人、常务委员若干人，组成常务委员会。工会委员会、常务委员会和主席、副主席以及经费审查委员会的选举结果，报上一级总工会批准。

各级地方总工会委员会全体会议，每年至少举行一次，由常务委员会召集。各级地方总工会常务委员会，在委员会全体会议闭会期间，行使委员会的职权。

第二十四条　各级地方产业工会组织的设置，由同级地方总工会根据本地区的实际情况确定。

第五章　基层组织

第二十五条　各种所有制企业、事业和机关等基层单位，应依法建立工会组织，有会员二十五人以上的，应当成立工会基层委员会；不足二十五人的，可以单独建立工会基层委员会，也可以由两个以上单位的会员联合建立工会基层委员会，也可以选举组织员或工会主席一人，主持基层工会工作。

职工二百人以上企业、事业单位的工会，可以设专职工会主席。工会专职工作人员的人数由工会与企业、事业单位协商确定。

第二十六条　工会基层组织的会员大会或会员代表大会，一般每年召开一次。工会会员大会或会员代表大会的职权是：

（一）审议和批准工会基层委员会的工作报告。

（二）审议和批准工会基层委员会的经费收支情况报告和经费审查委员会的工作报告。

（三）选举工会基层委员会和经费审查委员会。

工会基层委员会和经费审查委员会每届任期三年或者五年，具体任期由会员大会或会员代表大会决定。

会员代表大会的代表实行常任制，任期与本单位工会委员会相同。

第二十七条　工会基层委员会的委员，应在会员或会员代表充分酝酿协商的基础上选举产生；主席、副主席，可以由会员大会或会员代表大会直接选举产生，也可以由工会基层委员会选举产生。大型企业、事业单位的工会委员会，根据工作需要，经上级工会委员会批准，可以设立常务委员会。工会基层委员会、常务委员会和主席、副主席以及经费审查委员会的选举结果，报上一级工会批准。

第二十八条　工会基层委员会的基本任务是：

（一）执行会员大会或会员代表大会的决议和上级工会的决定，主持基层工会的日常工作。

（二）代表和组织职工依照法律规定，通过职工代表大会和其他形式，参加本单位民主管理和民主监督。企业、事业单位工会委员会是职工代表大会工作机构，负责职工代表大会的日常工作，检查、督促职工代表大会决议的执行。

（三）参与协调劳动关系和调解劳动争议，与企业、事业单位行政方面建立协商制度，协商解决涉及职工切身利益问题。帮助和指导职工与企业、事业单位行政方面签订劳动合同，代表职工与企业、事业单位行政方面签订集体合同或其他协议，并监督执行。

（四）组织职工开展劳动竞赛、合理化建议、技术革新和技术协作活动，总结推广先进经验。做好先进生产（工作）者和劳动模范的评选、表彰、培养和管理工作。

（五）对职工进行思想政治教育，鼓励支持职工学习文化科学技术和管理知识，开展健康的文化体育活动。办好工会文化、教育、体育事业。

（六）监督有关法律、法规的贯彻执行。协助和督促行政方面做好工资、劳动安全卫生和社会保险等方面的工作，办好职工集体福利事业，改善职工生活。依法参与劳动安全卫生事故的调查处理。

（七）维护女职工的特殊利益，同歧视、虐待、摧残、迫害女职工的现象作斗争。

（八）搞好工会组织建设，健全民主制度和民主生活。建立和发展工会积极分子队伍。做好新会员的接收、教育工作。

（九）收好、管好、用好工会经费，管理好工会财产和工会的企业、事业。

第二十九条 外商投资企业和私营企业工会与企业行政方面建立协商谈判制度，实行民主参与，依法代表和维护职工的政治权利和物质利益，维护国家和社会利益，尊重投资者的合法权益，共谋企业发展。

第三十条 教育、科研、文化、卫生、体育等事业单位和机关工会，从脑力劳动者比较集中的特点出发开展工作，积极了解和关心职工的思想、工作和生活，推动党的知识分子政策的贯彻落实。组织职工搞好本单位的民主管理和民主监督，为发挥职工的聪明才智，创造良好的条件。

第三十一条 工会基层委员会根据工作需要，可以在分厂、车间（科室）建立分厂、车间（科室）工会委员会。分厂、车间（科室）工会委员会由分厂、车间（科室）会员大会或会员代表大会选举产生，任期和工会基层委员会相同。

工会基层委员会和分厂、车间委员会，可以根据需要设若干专门委员会或专门小组。

按照生产（行政）班组建立工会小组，民主选举工会小组长，积极开展工会小组活动。

第六章　工会干部

第三十二条　各级工会组织按照革命化、年轻化、知识化、专业化的要求，努力建设一支坚持党的基本路线，熟悉本职业务，热爱工会工作，受到职工信赖的干部队伍。

工会干部要努力做到：

（一）认真学习马克思列宁主义、毛泽东思想、邓小平理论和“三个代表”重要思想，学习经济、法律和工会业务知识。

（二）执行党的基本路线和各项方针政策，遵守国家法律、法规，在改革开放和社会主义现代化建设中勇于开拓创新。

（三）忠于职守，勤奋工作，廉洁奉公，顾全大局，维护团结。

（四）坚持实事求是，认真调查研究，如实反映职工的意见、愿望和要求。

（五）坚持原则，不谋私利，热心为职工说话办事，维护职工的合法权益。

（六）作风民主，联系群众，自觉接受职工群众的批评和监督。

第三十三条　各级工会组织根据有关规定管理工会干部。重视培养和选拔青年干部、妇女干部、少数民族干部。

基层工会主席、副主席任期未满不得随意调动其工作。因工作需要调动时，应事先征得本级工会委员会和上一级工会同意。

第三十四条　各级工会组织建立与健全干部培训制度。办好工会干部院校和各种培训班。

第三十五条　各级工会组织关心工会干部的思想、学习和生活，督促落实相应的待遇，支持他们的工作，坚决同打击报复工会干部的行为作斗争，保障工会干部依法履行职责。

第七章　工会经费和财产

第三十六条　工会经费的来源：

（一）会员缴纳的会费。

（二）企业、事业及机关单位按全部职工工资总额的百分之二拨缴的经费。

（三）工会所属的企业、事业上缴的收入。

（四）人民政府和企业、事业及机关单位的补助。

（五）其他收入。

第三十七条 工会根据经费独立原则，建立预算、决算和经费审查监督制度。实行“统一领导、分级管理”的财务体制和“统一领导、分级负责”的经费审查监督体制。工会经费的管理和使用办法以及工会经费审查监督制度，由中华全国总工会制定。

第三十八条 各级工会委员会按照规定编制和审批预算、决算，定期向会员大会或会员代表大会和上一级工会委员会报告经费收支情况，接受同级经费审查委员会审查监督。

第三十九条 工会经费、财产和国家及企业、事业单位拨给工会的不动产受法律保护，任何单位和个人不得侵占、挪用和任意调拨；不得改变工会所属企业、事业的隶属关系。

工会组织合并，其经费财产归合并后的工会所有；工会组织撤销或解散，其经费财产由上级工会处置。

第八章 会 徽

第四十条 中国工会会徽，选用汉字“中”、“工”两字，经艺术造型呈圆形重叠组成，并在两字外加一圆线，象征中国工会和中国工人阶级的团结统一。会徽的制作标准，由中华全国总工会规定。

第四十一条 中国工会会徽，可在工会办公地点、活动场所、会议会场悬挂，可作为纪念品、办公用品上的工会标志，也可以作为徽章佩戴。

第九章 附 则

第四十二条 本章程解释权属于中华全国总工会。

中国工会章程

（根据2008年10月21日中国工会第十五次全国代表大会通过的《关于〈中国工会章程（修正案）〉的决议》修正）

总　则

中国工会是中国共产党领导的职工自愿结合的工人阶级群众组织，是党联系职工群众的桥梁和纽带，是国家政权的重要社会支柱，是会员和职工利益的代表。

中国工会以宪法为根本活动准则，按照《中华人民共和国工会法》和《中国工会章程》独立自主地开展工作，依法行使权利和履行义务。

工人阶级是我国的领导阶级，是先进生产力和生产关系的代表，是改革开放和社会主义现代化建设的主力军，是维护社会安定的强大而集中的社会力量。中国工会高举中国特色社会主义伟大旗帜，以马克思列宁主义、毛泽东思想、邓小平理论和“三个代表”重要思想为指导，深入贯彻落实科学发展观，贯彻执行党的以经济建设为中心，坚持四项基本原则，坚持改革开放的基本路线，推动党的全心全意依靠工人阶级的根本指导方针的贯彻落实，全面履行工会的社会职能，在维护全国人民总体利益的同时，更好地表达和维护职工的具体利益，团结和动员全国职工自力更生，艰苦创业，为把我国建设成为富强民主文明和谐的社会主义现代化国家而奋斗。

中国工会的基本职责是维护职工合法权益。

中国工会动员和组织职工积极参加建设和改革，努力促进经济、政治、文化和社会建设；代表和组织职工参与国家和社会事务管理，参与企业、事业单位和机关的民主管理；教育职工不断提高思想道德素质和科学文化素质，建设有理想、有道德、有文化、有纪律的职工队伍。

中国工会在社会主义市场经济条件下，坚持走中国特色社会主义工会发展道路，坚持组织起来、切实维权的工作方针，坚持以职工为本，主动依法科学维权的维权观，维护职工的经济、政治、文化和社会权利，参与协调劳动关系和社会利益关系，努力构建和谐劳动关系，促进经济发展和社会的长期稳定，为全面建设小康社会、构建社会主义和谐社会做贡献。

中国工会维护工人阶级领导的、以工农联盟为基础的人民民主专政的社会主义国家政权，协助人民政府开展工作，依法发挥民主参与和社会监督作用。

中国工会在企业、事业单位中，按照促进企事业发展、维护职工权益的原则，支持行政依法行使管理权力，组织职工参加民主管理和民主监督，与行政方面建立协商制度，保障职工的合法权益，调动职工的积极性，促进企业、事业的发展。

中国工会实行产业和地方相结合的组织领导原则，坚持民主集中制。

中国工会坚持群众化、民主化，保持同会员群众的密切联系，依靠会员群众开展工会工作。各级工会领导机关坚持把工作重点放到基层，全心全意为基层、为职工服务，增强基层工会的活力，把工会建设成为“职工之家”。

工会兴办的企业、事业，坚持为改革开放和发展社会生产力服务，为职工群众服务，为推进工运事业服务。

中国工会努力巩固和发展工农联盟，坚持爱国统一战线，加强包括香港特别行政区同胞、澳门特别行政区同胞、台湾同胞和海外侨胞在内的全国各族人民的大团结，促进祖国的统一、繁荣和富强。

中国工会在国际事务中坚持独立自主、互相尊重、求同存异、加强合作、增进友谊的方针，在独立、平等、互相尊重、互不干涉内部事务的原则基础上，广泛建立和发展同国际和各国工会组织的友好关系，同全世界工人和工会一起，为世界的和平、发展、工人权益和社会进步而共同努力。

第一章　会　员

第一条　凡在中国境内的企业、事业单位、机关和其他社会组织中，以工资收入为主要生活来源或者与用人单位建立劳动关系的体力劳动者和脑力劳动者，不分民族、种族、性别、职业、宗教信仰、教育程度，承认工会章程，都可以加入工会为会员。

第二条　职工加入工会，由本人自愿申请，经工会基层委员会批准并发给会员证。

第三条　会员享有以下权利：

（一）选举权、被选举权和表决权。

（二）对工会工作进行监督，提出意见和建议，要求撤换或者罢免不称职的工会工作人员。

（三）对国家和社会生活问题及本单位工作提出批评与建议，要求工会组织向有关方面如实反映。

（四）在合法权益受到侵犯时，要求工会给予保护。

（五）享受工会举办的文化、教育、体育、旅游、疗休养事业、生活救助、法律服务、就业服务等优惠待遇；享受工会给予的各种奖励。

（六）在工会会议和工会报刊上，参加关于工会工作和职工关心问题的讨论。

第四条 会员履行下列义务：

（一）学习政治、经济、文化、法律、科学、技术和工会基本知识。

（二）积极参加民主管理，努力完成生产和工作任务。

（三）遵守宪法和法律，维护社会公德和职业道德，遵守劳动纪律。

（四）正确处理国家、集体、个人三者利益关系，向危害国家、社会利益的行为作斗争。

（五）维护中国工人阶级和工会组织的团结统一，发扬阶级友爱，搞好互助互济。

（六）遵守工会章程，执行工会决议，参加工会活动，按月交纳会费。

第五条 会员组织关系随劳动（工作）关系变动，凭会员证接转。

第六条 会员有退会自由。会员退会由本人向工会小组提出，由工会基层委员会宣布其退会并收回会员证。

会员没有正当理由连续六个月不交纳会费、不参加工会组织生活，经教育拒不改正，应当视为自动退会。

第七条 对不执行工会决议、违反工会章程的会员，给予批评教育。对严重违法犯罪并受到刑事处分的会员，开除会籍。开除会员会籍，须经工会小组讨论，提出意见，由工会基层委员会决定，报上一级工会备案。

第八条 会员离休、退休和失业，可保留会籍。保留会籍期间免交会费。

工会组织要关心离休、退休和失业会员的生活，积极向有关方面反映他们的愿望和要求。

第二章　组织制度

第九条　中国工会实行民主集中制，主要内容是：

（一）个人服从组织，少数服从多数，下级组织服从上级组织。

（二）工会的各级领导机关，除它们派出的代表机关外，都由民主选举产生。

（三）工会的最高领导机关，是工会的全国代表大会和它所产生的中华全国总工会执行委员会。工会的地方各级领导机关，是工会的地方各级代表大会和它所产生的总工会委员会。

（四）工会各级委员会，向同级会员大会或者会员代表大会负责并报告工作，接受会员监督。会员大会和会员代表大会有权撤换或者罢免其所选举的代表和工会委员会组成人员。

（五）工会各级委员会，实行集体领导和分工负责相结合的制度。凡属重大问题由委员会民主讨论，作出决定，委员会成员根据集体的决定和分工，履行自己的职责。

（六）工会各级领导机关，经常向下级组织通报情况，听取下级组织和会员的意见，研究和解决他们提出的问题。下级组织向上级组织请示报告工作。

第十条　工会各级代表大会的代表和委员会的产生，要充分体现选举人的意志。候选人名单，要反复酝酿，充分讨论。选举采用无记名投票方式，可以直接采用候选人数多于应选人数的差额选举办法进行正式选举，也可以先采用差额选举办法进行预选，产生候选人名单，然后进行正式选举。任何组织和个人，不得以任何方式强迫选举人选举或不选举某个人。

第十一条　中国工会实行产业和地方相结合的组织领导原则。同一企业、事业单位、机关和其他社会组织中的会员，组织在一个工会基层组织中；同一行业或者性质相近的几个行业，根据需要建立全国的或者地方的产业工会组织。除少数行政管理体制实行垂直管理的产业，其产业工会实行产业工会和地方工会双重领导，以产业工会领导为主外，其他产业工会均实行以地方工会领导为主，同时接受上级产业工会领导的体制。各产业工会的领导体制，由中华全国总工会确定。

省、自治区、直辖市，设区的市和自治州，县（旗）、自治县、不设区的市建立地方总工会。地方总工会是当地地方工会组织和产业工会地方组织的领导机关。全国建立统一的中华全国总工会。中华全国总工会是各级地方总工会和各产业工会全国组织的领导机关。

中华全国总工会执行委员会委员和产业工会全国委员会委员实行替补制，各级地方总工会委员会委员和地方产业工会委员会委员，也可以实行替补制。

第十二条 县和县以上各级地方总工会委员会，根据工作需要可以派出代表机关。

县和县以上各级工会委员会，在两次代表大会之间，认为有必要时，可以召集代表会议，讨论和决定需要及时解决的重大问题。代表会议代表的名额和产生办法，由召集代表会议的总工会决定。

全国产业工会、各级地方产业工会、乡镇工会和城市街道工会的委员会，可以按照联合制、代表制原则，由下一级工会组织民主选举的主要负责人和适当比例的有关方面代表组成。

上级工会可以派员帮助和指导用人单位的职工组建工会。

第十三条 各级工会代表大会选举产生同级经费审查委员会。中华全国总工会经费审查委员会设常务委员会，省、自治区、直辖市总工会经费审查委员会和独立管理经费的全国产业工会经费审查委员会，应当设常务委员会。经费审查委员会负责审查同级工会组织及其直属企业、事业单位的经费收支和资产管理情况，监督财经法纪的贯彻执行和工会经费的使用，并接受上级工会经费审查委员会的指导。工会经费审查委员会向同级会员大会或会员代表大会负责并报告工作；在大会闭会期间，向同级工会委员会负责并报告工作。

上级经费审查委员会应当对下一级工会及其直属企业、事业单位的经费收支和资产管理情况进行审查。

中华全国总工会经费审查委员会委员实行替补制，各级地方总工会经费审查委员会委员和独立管理经费的产业工会经费审查委员会委员，也可以实行替补制。

第十四条 各级工会建立女职工委员会，表达和维护女职工的合法权益。女职工委员会由同级工会委员会提名，在充分协商的基础上组成或者选举产生，女职工委员会与工会委员会同时建立，在同级工会委员会领导下开展工作。企业工会女职工委员会是县或者县以上妇联的团体会员，通过县以上地方工会接受妇联的业务指导。

第十五条 县和县以上各级工会组织可以建立法律服务机构，为保护职工和工会组织的合法权益提供服务。

第十六条 成立或者撤销工会组织，必须经会员大会或者会员代表大会通过，并报上一级工会批准。工会基层组织所在的企业终止，或者所在的事业单位、机关和其他社会组织被撤销，该工会组织相应撤销，并报上级工会备案。其他组织和个人不得随意撤销工会组织，也不得把工会组织的机构撤销、合并或者归属其他工作部门。

第三章 全国组织

第十七条 中国工会全国代表大会，每五年举行一次，由中华全国总工会执行委员会召集。在特殊情况下，由中华全国总工会执行委员会主席团提议，经执行委员会全体会议通过，可以提前或者延期举行。代表名额和代表选举办法由中华全国总工会决定。

第十八条 中国工会全国代表大会的职权是：

（一）审议和批准中华全国总工会执行委员会的工作报告。

（二）审议和批准中华全国总工会执行委员会的经费收支情况报告和经费审查委员会的工作报告。

（三）修改《中国工会章程》。

（四）选举中华全国总工会执行委员会和经费审查委员会。

第十九条 中华全国总工会执行委员会，在全国代表大会闭会期间，负责贯彻执行全国代表大会的决议，领导全国工会工作。

执行委员会全体会议选举主席一人、副主席若干人、主席团委员若干人，组成主席团。

执行委员会全体会议由主席团召集，每年至少举行一次。

第二十条 中华全国总工会执行委员会全体会议闭会期间，由主席团行使执行委员会的职权。主席团全体会议，由主席召集。

主席团闭会期间，由主席、副主席组成的主席会议行使主席团职权。主席会议由中华全国总工会主席召集并主持。

主席团下设书记处，由主席团在主席团成员中推选第一书记一人，书记若干人组成。书记处在主席团领导下，主持中华全国总工会的日常工作。

第二十一条 产业工会全国组织的设置，由中华全国总工会根据需要确定。

产业工会全国委员会的建立，经中华全国总工会批准，可以按照联合制、代表制原则组成，也可以由产业工会全国代表大会选举产生。全国委员会每届任期五年。任期届满，应当如期召开会议，进行换届选举。在特殊情况下，经中华全国总工会批准，可以提前或者延期举行。

产业工会全国代表大会和按照联合制、代表制原则组成的产业工会全国委员会全体会议的职权是：审议和批准产业工会全国委员会的工作报告；选举产业工会全国委员会或者产业工会全国委员会常务委员会。独立管理经费的产业工会，选举经费审查委员会，并向产业工会全国代表大会或者委员会全体会议报告工作。产业工会全国委员会常务委员会由主席一人、副主席若干人、常务委员若干人组成。

第四章 地方组织

第二十二条 省、自治区、直辖市，设区的市和自治州，县（旗）、自治县、不设区的市的工会代表大会，由同级总工会委员会召集，每五年举行一次。在特殊情况下，由同级总工会委员会提议，经上一级工会批准，可以提前或者延期举行。工会的地方各级代表大会的职权是：

（一）审议和批准同级总工会委员会的工作报告。

（二）审议和批准同级总工会委员会的经费收支情况报告和经费审查委员会的工作报告。

（三）选举同级总工会委员会和经费审查委员会。

各级地方总工会委员会，在代表大会闭会期间，执行上级工会的决定和同级工会代表大会的决议，领导本地区的工会工作，定期向上级总工会委员会报告工作。

根据工作需要，省、自治区总工会可在地区设派出代表机关。直辖市和设区的市总工会可在区建立区一级工会组织或者设派出代表机关。

县和城市的区可在乡镇和街道建立乡镇工会和街道工会组织。

第二十三条 各级地方总工会委员会选举主席一人、副主席若干人、常务委员若干人，组成常务委员会。工会委员会、常务委员会和主席、副主席以及经费审查委员会的选举结果，报上一级总工会批准。

各级地方总工会委员会全体会议，每年至少举行一次，由常务委员会召集。各级地方总工会常务委员会，在委员会全体会议闭会期间，行使委员会的职权。

第二十四条 各级地方产业工会组织的设置，由同级地方总工会根据本地区的实际情况确定。

第五章 基层组织

第二十五条 企业、事业单位、机关和其他社会组织等基层单位，应当依法建立工会组织。社区和行政村可以建立工会组织。有会员二十五人以上的，应当成立工会基层委员会；不足二十五人的，可以单独建立工会基层委员会，也可以由两个以上单位的会员联合建立工会基层委员会，也可以选举组织员或者工会主席一人，主持基层工会工作。

职工二百人以上企业、事业单位的工会设专职工会主席。工会专职工作人员的人数由工会与企业、事业单位协商确定。

基层工会具备法人条件，依法取得社团法人资格，工会主席为法定代表人。

第二十六条 工会基层组织的会员大会或者会员代表大会，每年至少召开一次。经基层工会委员会或者三分之一以上的工会会员提议，可以临时召开会员大会或者会员代表大会。工会会员在一百人以下的基层工会应当召开会员大会。

工会会员大会或者会员代表大会的职权是：

（一）审议和批准工会基层委员会的工作报告。

（二）审议和批准工会基层委员会的经费收支情况报告和经费审查委员会的工作报告。

（三）选举工会基层委员会和经费审查委员会。

（四）撤换或者罢免其所选举的代表或者工会委员会组成人员。

（五）讨论决定工会工作的重大问题。

工会基层委员会和经费审查委员会每届任期三年至五年，具体任期由会员大会或者会员代表大会决定。任期届满，应当如期召开会议，进行换届选举。在特殊情况下，经上一级工会批准，可以提前或者延期举行。

会员代表大会的代表实行常任制，任期与本单位工会委员会相同。

第二十七条 工会基层委员会的委员，应当在会员或者会员代表充分酝酿协商的基础上选举产生；主席、副主席，可以由会员大会或者会员代表大会直接选举产生，也可以由工会基层委员会选举产生。大型企业、事业单位的工会委员会，根据工作需要，经上级工会委员会批准，可以设立常务委员会。工会基层委员会、常务委员会和主席、副主席以及经费审查委员会的选举结果，报上一级工会批准。

第二十八条 工会基层委员会的基本任务是：

（一）执行会员大会或者会员代表大会的决议和上级工会的决定，主持基层工会的日常工作。

（二）代表和组织职工依照法律规定，通过职工代表大会、厂务公开和其他形式，参加本单位民主管理和民主监督。企业、事业单位工会委员会是职工代表大会工作机构，负责职工代表大会的日常工作，检查、督促职工代表大会决议的执行。

（三）参与协调劳动关系和调解劳动争议，与企业、事业单位行政方面建立协商制度，协商解决涉及职工切身利益问题。帮助和指导职工与企业、事业单位行政方面签订劳动合同，代表职工与企业、事业单位行政方面签订集体合同或者其他专项协议，并监督执行。

（四）组织职工开展劳动竞赛、合理化建议、技术革新和技术协作等活动，总结推广先进经验。做好先进生产（工作）者和劳动模范的评选、表彰、培养和管理服务工作。

（五）对职工进行思想政治教育，鼓励支持职工学习文化科学技术和管理知识，开展健康的文化体育活动。办好工会文化、教育、体育事业。

（六）监督有关法律、法规的贯彻执行。协助和督促行政方面做好工资、劳动安全卫生和社会保险等方面的工作，办好职工集体福利事业，改善职工生活。依法参与劳动安全卫生事故的调查处理。

（七）维护女职工的特殊利益，同歧视、虐待、摧残、迫害女职工的现象作斗争。

（八）搞好工会组织建设，健全民主制度和民主生活。建立和发展工会积极分子队伍。做好会员的发展、接收、教育和会籍管理工作。

（九）收好、管好、用好工会经费，管理好工会资产和工会的企业、事业。

第二十九条 教育、科研、文化、卫生、体育等事业单位和机关工会，从脑力劳动者比较集中的特点出发开展工作，积极了解和关心职工的思想、工作和生活，推动党的知识分子政策的贯彻落实。组织职工搞好本单位的民主管理和民主监督，为发挥职工的聪明才智，创造良好的条件。

第三十条 工会基层委员会根据工作需要，可以在分厂、车间（科室）建立分厂、车间（科室）工会委员会。分厂、车间（科室）工会委员会由分厂、车间（科室）会员大会或者会员代表大会选举产生，任期和工会基层委员会相同。

工会基层委员会和分厂、车间委员会，可以根据需要设若干专门委员会或者专门小组。

按照生产（行政）班组建立工会小组，民主选举工会小组长，积极开展工会小组活动。

第六章 工会干部

第三十一条 各级工会组织按照革命化、年轻化、知识化、专业化的要求，努力建设一支坚持党的基本路线，熟悉本职业务，热爱工会工作，受到职工信赖的干部队伍。

第三十二条 工会干部要努力做到：

（一）认真学习马克思列宁主义、毛泽东思想、邓小平理论和“三个代表”重要思想，学习科学发展观，学习经济、法律和工会业务知识。

（二）执行党的基本路线和各项方针政策，遵守国家法律、法规，在改革开放和社会主义现代化建设中勇于开拓创新。

（三）忠于职守，勤奋工作，廉洁奉公，顾全大局，维护团结。

（四）坚持实事求是，认真调查研究，如实反映职工的意见、愿望和要求。

（五）坚持原则，不谋私利，热心为职工说话办事，依法维护职工的合法权益。

（六）作风民主，联系群众，自觉接受职工群众的批评和监督。

第三十三条 各级工会组织根据有关规定管理工会干部。重视培养和选拔青年干部、妇女干部、少数民族干部。

基层工会主席、副主席任期未满不得随意调动其工作。因工作需要调动时，应事先征得本级工会委员会和上一级工会同意。

第三十四条 各级工会组织建立与健全干部培训制度。办好工会干部院校和各种培训班。

第三十五条 各级工会组织关心工会干部的思想、学习和生活，督促落实相应的待遇，支持他们的工作，坚决同打击报复工会干部的行为作斗争。

县和县以上工会设立工会干部权益保障金，保障工会干部依法履行职责。

县和县以上工会可以为基层工会选派、聘用工作人员。

第七章 工会经费和资产

第三十六条 工会经费的来源：

（一）会员缴纳的会费。

（二）企业、事业单位、机关和其他社会组织按全部职工工资总额的百分之二向工会拨缴的经费或者建会筹备金。

（三）工会所属的企业、事业单位上缴的收入。

（四）人民政府和企业、事业单位、机关和其他社会组织的补助。

（五）其他收入。

第三十七条 县和县以上各级工会应当与税务、财政等有关部门合作，依照规定做好工会经费收缴和应当由财政负担的工会经费拨缴工作。

未成立工会的企业、事业单位、机关和其他社会组织，按工资总额的百分之二向上级工会拨缴工会建会筹备金。

第三十八条 工会资产是社会团体资产，中华全国总工会对各级工会的资产拥有终极所有权。根据经费独立原则，建立预算、决算、资产监管和经费审查监督制度。实行“统一领导、分级管理”的财务体制、“统一所有、分级监管、单位使用”的资产监管体制和“统一领导、分级管理、分级负责”的经费审查监督体制。工会经费、资产的管理和使用办法以及工会经费审查监督制度，由中华全国总工会制定。

第三十九条 各级工会委员会按照规定编制和审批预算、决算，定期向会员大会或者会员代表大会和上一级工会委员会报告经费收支和资产管理情况，接受上级和同级工会经费审查委员会审查监督。

第四十条　工会经费、资产和国家及企业、事业单位等拨给工会的不动产和拨付资金形成的资产受法律保护，任何单位和个人不得侵占、挪用和任意调拨；不经批准，不得改变工会所属企业、事业单位的隶属关系。

工会组织合并，其经费资产归合并后的工会所有；工会组织撤销或者解散，其经费资产由上级工会处置。

第八章　会　徽

第四十一条　中国工会会徽，选用汉字"中"、"工"两字，经艺术造型呈圆形重叠组成，并在两字外加一圆线，象征中国工会和中国工人阶级的团结统一。会徽的制作标准，由中华全国总工会规定。

第四十二条　中国工会会徽，可在工会办公地点、活动场所、会议会场悬挂，可作为纪念品、办公用品上的工会标志，也可以作为徽章佩戴。

第九章　附　则

第四十三条　本章程解释权属于中华全国总工会。

中国工会章程

（根据2013年10月22日中国工会第十六次全国代表大会通过的《关于〈中国工会章程（修正案）〉的决议》修正）

总　则

中国工会是中国共产党领导的职工自愿结合的工人阶级群众组织，是党联系职工群众的桥梁和纽带，是国家政权的重要社会支柱，是会员和职工利益的代表。

中国工会以宪法为根本活动准则，按照《中华人民共和国工会法》和本章程独立自主地开展工作，依法行使权利和履行义务。

工人阶级是我国的领导阶级，是先进生产力和生产关系的代表，是改革开放和社会主义现代化建设的主力军，是维护社会安定的强大而集中的社会力量。中国工会高举中国特色社会主义伟大旗帜，以马克思列宁主义、毛泽东思想、邓小平理论、“三个代表”重要思想、科学发展观为指导，贯彻执行党的以经济建设为中心，坚持四项基本原则，坚持改革开放的基本路线，坚定不移地走中国特色社会主义工会发展道路，推动党的全心全意依靠工人阶级的根本指导方针的贯彻落实，全面履行工会的社会职能，在维护全国人民总体利益的同时，更好地表达和维护职工的具体利益，团结和动员全国职工自力更生、艰苦创业，坚持和发展中国特色社会主义，为全面建成小康社会、把我国建设成为富强民主文明和谐的社会主义现代化国家、实现中华民族伟大复兴的中国梦而奋斗。

中国工会的基本职责是维护职工合法权益。

中国工会动员和组织职工积极参加建设和改革，努力促进经济、政治、文化、社会和生态文明建设；代表和组织职工参与国家和社会事务管理，参与企业、事业单位和机关的民主管理；教育职工不断提高思想道德素质和科学文化素质，建设有理想、有道德、有文化、有纪律的职工队伍，不断发展工人阶级先进性。

中国工会坚持组织起来、切实维权的工作方针，坚持以职工为本，主动依法科学维权的维权观，促进完善社会主义劳动法律，维护职工的经济、政治、文化和社会权利，参与协调劳动关系和社会利益关系，努力构建和谐劳动关系，促进经济发展和社会的长期稳定，为构建社会主义和谐社会作贡献。

中国工会维护工人阶级领导的、以工农联盟为基础的人民民主专政的社会主义国家政权，协助人民政府开展工作，依法发挥民主参与和社会监督作用。

中国工会在企业、事业单位中，按照促进企事业发展、维护职工权益的原则，支持行政依法行使管理权力，组织职工参加民主管理和民主监督，与行政方面建立协商制度，保障职工的合法权益，调动职工的积极性，促进企业、事业的发展。

中国工会实行产业和地方相结合的组织领导原则，坚持民主集中制。

中国工会坚持以改革创新精神加强自身建设，坚持群众化、民主化，保持同会员群众的密切联系，依靠会员群众开展工会工作。各级工会领导机关坚持把工作重点放到基层，全心全意为基层、为职工服务，增强基层工会的活力，把工会建设成为深受职工群众信赖的学习型、服务型、创新型“职工之家”。

工会兴办的企业、事业，坚持为改革开放和发展社会生产力服务，为职工群众服务，为推进工运事业服务。

中国工会努力巩固和发展工农联盟，坚持爱国统一战线，加强包括香港特别行政区同胞、澳门特别行政区同胞、台湾同胞和海外侨胞在内的全国各族人民的大团结，促进祖国的统一、繁荣和富强。

中国工会在国际事务中坚持独立自主、互相尊重、求同存异、加强合作、增进友谊的方针，在独立、平等、互相尊重、互不干涉内部事务的原则基础上，广泛建立和发展同国际和各国工会组织的友好关系，推动形成公正合理、民主和谐的国际工运新秩序，同全世界工人和工会一起，为世界的和平、发展、工人权益和社会进步而共同努力。

第一章　会　员

第一条　凡在中国境内的企业、事业单位、机关和其他社会组织中，以工资收入为主要生活来源或者与用人单位建立劳动关系的体力劳动者和脑力劳动者，不分民族、种族、性别、职业、宗教信仰、教育程度，承认工会章程，都可以加入工会为会员。

第二条 职工加入工会，由本人自愿申请，经工会基层委员会批准并发给会员证。

第三条 会员享有以下权利：

（一）选举权、被选举权和表决权。

（二）对工会工作进行监督，提出意见和建议，要求撤换或者罢免不称职的工会工作人员。

（三）对国家和社会生活问题及本单位工作提出批评与建议，要求工会组织向有关方面如实反映。

（四）在合法权益受到侵犯时，要求工会给予保护。

（五）工会提供的文化、教育、体育、旅游、疗休养事业、生活救助、法律服务、就业服务等优惠待遇；工会给予的各种奖励。

（六）在工会会议和工会媒体上，参加关于工会工作和职工关心问题的讨论。

第四条 会员履行下列义务：

（一）学习政治、经济、文化、法律、科学、技术和工会基本知识。

（二）积极参加民主管理，努力完成生产和工作任务。

（三）遵守宪法和法律，践行社会主义核心价值观，维护社会公德和职业道德，遵守劳动纪律。

（四）正确处理国家、集体、个人三者利益关系，向危害国家、社会利益的行为作斗争。

（五）维护中国工人阶级和工会组织的团结统一，发扬阶级友爱，搞好互助互济。

（六）遵守工会章程，执行工会决议，参加工会活动，按月交纳会费。

第五条 会员组织关系随劳动（工作）关系变动，凭会员证明接转。

第六条 会员有退会自由。会员退会由本人向工会小组提出，由工会基层委员会宣布其退会并收回会员证。

会员没有正当理由连续六个月不交纳会费、不参加工会组织生活，经教育拒不改正，应当视为自动退会。

第七条 对不执行工会决议、违反工会章程的会员，给予批评教育。

对严重违法犯罪并受到刑事处分的会员，开除会籍。开除会员会籍，须经工会小组讨论，提出意见，由工会基层委员会决定，报上一级工会备案。

第八条 会员离休、退休和失业，可保留会籍。保留会籍期间免交会费。

工会组织要关心离休、退休和失业会员的生活，积极向有关方面反映他们的愿望和要求。

第二章 组织制度

第九条 中国工会实行民主集中制，主要内容是：

（一）个人服从组织，少数服从多数，下级组织服从上级组织。

（二）工会的各级领导机关，除它们派出的代表机关外，都由民主选举产生。

（三）工会的最高领导机关，是工会的全国代表大会和它所产生的中华全国总工会执行委员会。工会的地方各级领导机关，是工会的地方各级代表大会和它所产生的总工会委员会。

（四）工会各级委员会，向同级会员大会或者会员代表大会负责并报告工作，接受会员监督。会员大会和会员代表大会有权撤换或者罢免其所选举的代表和工会委员会组成人员。

（五）工会各级委员会，实行集体领导和分工负责相结合的制度。凡属重大问题由委员会民主讨论，作出决定，委员会成员根据集体的决定和分工，履行自己的职责。

（六）工会各级领导机关，经常向下级组织通报情况，听取下级组织和会员的意见，研究和解决他们提出的问题。下级组织向上级组织请示报告工作。

第十条 工会各级代表大会的代表和委员会的产生，要充分体现选举人的意志。候选人名单，要反复酝酿，充分讨论。选举采用无记名投票方式，可以直接采用候选人数多于应选人数的差额选举办法进行正式选举，也可以先采用差额选举办法进行预选，产生候选人名单，然后进行正式选举。任何组织和个人，不得以任何方式强迫选举人选举或不选举某个人。

第十一条 中国工会实行产业和地方相结合的组织领导原则。同一企业、事业单位、机关和其他社会组织中的会员，组织在一个工会基层组织中；同一行业或者性质相近的几个行业，根据需要建立全国的或者地方的产业工会组织。除少数行政管理体制实行垂直管理的产业，其产业工会实行产业工会和地方工会双重领导，以产业工会领导为主外，其他产业工会均实行以地方工会领导为主，同时接受上级产业工会领导的体制。各产业工会的领导体制，由中华全国总工会确定。

省、自治区、直辖市，设区的市和自治州，县（旗）、自治县、不设区的市建立地方总工会。地方总工会是当地地方工会组织和产业工会地方组织的领导机关。全国建立统一的中华全国总工会。中华全国总工会是各级地方总工会和各产业工会全国组织的领导机关。

中华全国总工会执行委员会委员和产业工会全国委员会委员实行替补制，各级地方总工会委员会委员和地方产业工会委员会委员，也可以实行替补制。

第十二条 县和县以上各级地方总工会委员会，根据工作需要可以派出代表机关。

县和县以上各级工会委员会，在两次代表大会之间，认为有必要时，可以召集代表会议，讨论和决定需要及时解决的重大问题。代表会议代表的名额和产生办法，由召集代表会议的总工会决定。

全国产业工会、各级地方产业工会、乡镇工会和城市街道工会的委员会，可以按照联合制、代表制原则，由下一级工会组织民主选举的主要负责人和适当比例的有关方面代表组成。

上级工会可以派员帮助和指导用人单位的职工组建工会。

第十三条 各级工会代表大会选举产生同级经费审查委员会。中华全国总工会经费审查委员会设常务委员会，省、自治区、直辖市总工会经费审查委员会和独立管理经费的全国产业工会经费审查委员会，应当设常务委员会。经费审查委员会负责审查同级工会组织及其直属企业、事业单位的经费收支和资产管理情况，监督财经法纪的贯彻执行和工会经费的使用，并接受上级工会经费审查委员会的指导。工会经费审查委员会向同级会员大会或会员代表大会负责并报告工作；在大会闭会期间，向同级工会委员会负责并报告工作。

上级经费审查委员会应当对下一级工会及其直属企业、事业单位的经费收支和资产管理情况进行审查。

中华全国总工会经费审查委员会委员实行替补制，各级地方总工会经费审查委员会委员和独立管理经费的产业工会经费审查委员会委员，也可以实行替补制。

第十四条 各级工会建立女职工委员会，表达和维护女职工的合法权益。女职工委员会由同级工会委员会提名，在充分协商的基础上组成或者选举产生，女职工委员会与工会委员会同时建立，在同级工会委员会领导下开展工作。企业工会女职工委员会是县或者县以上妇联的团体会员，通过县以上地方工会接受妇联的业务指导。

第十五条 县和县以上各级工会组织应当建立法律服务机构，为保护职工和工会组织的合法权益提供服务。

各级工会组织应当组织和代表职工开展劳动法律监督。

第十六条 成立或者撤销工会组织，必须经会员大会或者会员代表大会通过，并报上一级工会批准。工会基层组织所在的企业终止，或者所在的事业单位、机关和其他社会组织被撤销，该工会组织相应撤销，并报上级工会备案。其他组织和个人不得随意撤销工会组织，也不得把工会组织的机构撤销、合并或者归属其他工作部门。

第三章　全国组织

第十七条 中国工会全国代表大会，每五年举行一次，由中华全国总工会执行委员会召集。在特殊情况下，由中华全国总工会执行委员会主席团提议，经执行委员会全体会议通过，可以提前或者延期举行。代表名额和代表选举办法由中华全国总工会决定。

第十八条 中国工会全国代表大会的职权是：

（一）审议和批准中华全国总工会执行委员会的工作报告。

（二）审议和批准中华全国总工会执行委员会的经费收支情况报告和经费审查委员会的工作报告。

（三）修改中国工会章程。

（四）选举中华全国总工会执行委员会和经费审查委员会。

第十九条 中华全国总工会执行委员会，在全国代表大会闭会期间，负责贯彻执行全国代表大会的决议，领导全国工会工作。

执行委员会全体会议选举主席一人、副主席若干人、主席团委员若干人，组成主席团。

执行委员会全体会议由主席团召集，每年至少举行一次。

第二十条 中华全国总工会执行委员会全体会议闭会期间，由主席团行使执行委员会的职权。主席团全体会议，由主席召集。

主席团闭会期间，由主席、副主席组成的主席会议行使主席团职权。主席会议由中华全国总工会主席召集并主持。

主席团下设书记处，由主席团在主席团成员中推选第一书记一人，书记若干人组成。书记处在主席团领导下，主持中华全国总工会的日常工作。

第二十一条 产业工会全国组织的设置，由中华全国总工会根据需要确定。

产业工会全国委员会的建立，经中华全国总工会批准，可以按照联合制、代表制原则组成，也可以由产业工会全国代表大会选举产生。全国委员会每届任期五年。任期届满，应当如期召开会议，进行换届选举。在特殊情况下，经中华全国总工会批准，可以提前或者延期举行。

产业工会全国代表大会和按照联合制、代表制原则组成的产业工会全国委员会全体会议的职权是：审议和批准产业工会全国委员会的工作报告；选举产业工会全国委员会或者产业工会全国委员会常务委员会。独立管理经费的产业工会，选举经费审查委员会，并向产业工会全国代表大会或者委员会全体会议报告工作。产业工会全国委员会常务委员会由主席一人、副主席若干人、常务委员若干人组成。

第四章　地方组织

第二十二条 省、自治区、直辖市，设区的市和自治州，县（旗）、自治县、不设区的市的工会代表大会，由同级总工会委员会召集，每五年举行一次。在特殊情况下，由同级总工会委员会提议，经上一级工会批准，可以提前或者延期举行。工会的地方各级代表大会的职权是：

（一）审议和批准同级总工会委员会的工作报告。

（二）审议和批准同级总工会委员会的经费收支情况报告和经费审查委员会的工作报告。

（三）选举同级总工会委员会和经费审查委员会。

各级地方总工会委员会，在代表大会闭会期间，执行上级工会的决定和同级工会代表大会的决议，领导本地区的工会工作，定期向上级总工会委员会报告工作。

根据工作需要，省、自治区总工会可在地区设派出代表机关。直辖市和设区的市总工会可在区建立区一级工会组织或者设派出代表机关。

县和城市的区可在乡镇和街道建立乡镇工会和街道工会组织，具备条件的，建立总工会。

第二十三条 各级地方总工会委员会选举主席一人、副主席若干人、常务委员若干人，组成常务委员会。工会委员会、常务委员会和主席、副主席以及经费审查委员会的选举结果，报上一级总工会批准。

各级地方总工会委员会全体会议，每年至少举行一次，由常务委员会召集。各级地方总工会常务委员会，在委员会全体会议闭会期间，行使委员会的职权。

第二十四条 各级地方产业工会组织的设置，由同级地方总工会根据本地区的实际情况确定。

第五章 基层组织

第二十五条 企业、事业单位、机关和其他社会组织等基层单位，应当依法建立工会组织。社区和行政村可以建立工会组织。有会员二十五人以上的，应当成立工会基层委员会；不足二十五人的，可以单独建立工会基层委员会，也可以由两个以上单位的会员联合建立工会基层委员会，也可以选举组织员或者工会主席一人，主持基层工会工作。工会基层委员会有女会员十人以上的建立女职工委员会，不足十人的设女职工委员。

职工二百人以上企业、事业单位的工会设专职工会主席。工会专职工作人员的人数由工会与企业、事业单位协商确定。

基层工会具备法人条件，依法取得社团法人资格，工会主席为法定代表人。

第二十六条 工会基层组织的会员大会或者会员代表大会，每年至少召开一次。经基层工会委员会或者三分之一以上的工会会员提议，可以临时召开会员大会或者会员代表大会。工会会员在一百人以下的基层工会应当召开会员大会。

工会会员大会或者会员代表大会的职权是：

（一）审议和批准工会基层委员会的工作报告。

（二）审议和批准工会基层委员会的经费收支情况报告和经费审查委员会的工作报告。

（三）选举工会基层委员会和经费审查委员会。

（四）撤换或者罢免其所选举的代表或者工会委员会组成人员。

（五）讨论决定工会工作的重大问题。

工会基层委员会和经费审查委员会每届任期三年至五年，具体任期由会员大会或者会员代表大会决定。任期届满，应当如期召开会议，进行换届选举。在特殊情况下，经上一级工会批准，可以提前或者延期举行。

会员代表大会的代表实行常任制，任期与本单位工会委员会相同。

第二十七条 工会基层委员会的委员，应当在会员或者会员代表充分酝酿协商的基础上选举产生；主席、副主席，可以由会员大会或者会员代表大会直接选举产生，也可以由工会基层委员会选举产生。大型企业、事业单位的工会委员会，根据工作需要，经上级工会委员会批准，可以设立常务委员会。工会基层委员会、常务委员会和主席、副主席以及经费审查委员会的选举结果，报上一级工会批准。

第二十八条 工会基层委员会的基本任务是：

（一）执行会员大会或者会员代表大会的决议和上级工会的决定，主持基层工会的日常工作。

（二）代表和组织职工依照法律规定，通过职工代表大会、厂务公开和其他形式，参加本单位民主管理和民主监督。企业、事业单位工会委员会是职工代表大会工作机构，负责职工代表大会的日常工作，检查、督促职工代表大会决议的执行。

（三）参与协调劳动关系和调解劳动争议，与企业、事业单位行政方面建立协商制度，协商解决涉及职工切身利益问题。帮助和指导职工与企业、事业单位行政方面签订和履行劳动合同，代表职工与企业、事业单位行政方面签订集体合同或者其他专项协议，并监督执行。

（四）组织职工开展劳动竞赛、合理化建议、技术革新和技术协作等活动，总结推广先进经验。做好先进生产（工作）者和劳动模范的评选、表彰、培养和管理服务工作。

（五）对职工进行思想政治教育，鼓励支持职工学习文化科学技术和管理知识，开展健康的文化体育活动。推进企业文化职工文化建设，办好工会文化、教育、体育事业。

（六）监督有关法律、法规的贯彻执行。协助和督促行政方面做好工资、劳动安全卫生和社会保险等方面的工作，办好职工集体福利事业，改善职工生活，对困难职工开展帮扶。依法参与劳动安全卫生事故的调查处理。

（七）维护女职工的特殊利益，同歧视、虐待、摧残、迫害女职工的现象作斗争。

（八）搞好工会组织建设，健全民主制度和民主生活。建立和发展工会积极分子队伍。做好会员的发展、接收、教育和会籍管理工作。加强职工之家建设。

（九）收好、管好、用好工会经费，管理好工会资产和工会的企业、事业。

第二十九条 教育、科研、文化、卫生、体育等事业单位和机关工会，从脑力劳动者比较集中的特点出发开展工作，积极了解和关心职工的思想、工作和生活，推动党的知识分子政策的贯彻落实。组织职工搞好本单位的民主管理和民主监督，为发挥职工的聪明才智，创造良好的条件。

第三十条 工会基层委员会根据工作需要，可以在分厂、车间（科室）建立分厂、车间（科室）工会委员会。分厂、车间（科室）工会委员会由分厂、车间（科室）会员大会或者会员代表大会选举产生，任期和工会基层委员会相同。

工会基层委员会和分厂、车间（科室）委员会，可以根据需要设若干专门委员会或者专门小组。

按照生产（行政）班组建立工会小组，民主选举工会小组长，积极开展工会小组活动。

第六章 工会干部

第三十一条 各级工会组织按照革命化、年轻化、知识化、专业化的要求，努力建设一支坚持党的基本路线，熟悉本职业务，热爱工会工作，受到职工信赖的干部队伍。

第三十二条 工会干部要努力做到：

（一）认真学习马克思列宁主义、毛泽东思想、邓小平理论、“三个代表”重要思想和科学发展观，学习经济、法律和工会业务知识。

（二）执行党的基本路线和各项方针政策，遵守国家法律、法规，在改革开放和社会主义现代化建设中勇于开拓创新。

（三）忠于职守，勤奋工作，廉洁奉公，顾全大局，维护团结。

（四）坚持实事求是，认真调查研究，如实反映职工的意见、愿望和要求。

（五）坚持原则，不谋私利，热心为职工说话办事，依法维护职工的合法权益。

（六）作风民主，联系群众，自觉接受职工群众的批评和监督。

第三十三条 各级工会组织根据有关规定管理工会干部，重视培养和选拔青年干部、妇女干部、少数民族干部，成为培养干部的重要基地。

基层工会主席、副主席任期未满不得随意调动其工作。因工作需要调动时，应事先征得本级工会委员会和上一级工会同意。

第三十四条 各级工会组织建立与健全干部培训制度。办好工会干部院校和各种培训班。

第三十五条 各级工会组织关心工会干部的思想、学习和生活，督促落实相应的待遇，支持他们的工作，坚决同打击报复工会干部的行为作斗争。

县和县以上工会设立工会干部权益保障金，保障工会干部依法履行职责。

县和县以上工会可以为基层工会选派、聘用工作人员。

第七章 工会经费和资产

第三十六条 工会经费的来源：

（一）会员缴纳的会费。

（二）企业、事业单位、机关和其他社会组织按全部职工工资总额的百分之二向工会拨缴的经费或者建会筹备金。

（三）工会所属的企业、事业单位上缴的收入。

（四）人民政府和企业、事业单位、机关和其他社会组织的补助。

（五）其他收入。

第三十七条 县和县以上各级工会应当与税务、财政等有关部门合作，依照规定做好工会经费收缴和应当由财政负担的工会经费拨缴工作。

未成立工会的企业、事业单位、机关和其他社会组织，按工资总额的百分之二向上级工会拨缴工会建会筹备金。

具备社团法人资格的工会可以设立独立经费账户。

第三十八条 工会资产是社会团体资产，中华全国总工会对各级工会的资产拥有终极所有权。各级工会应当加强对工会资产的监督、管理，保护工会资产不受损害，促进工会资产保值增值。根据经费独立原则，建立预算、决算、资产监管和经费审查监督制度。实行“统一领导、分级管理”的财务体制、“统一所有、分级监管、单位使用”的资产监管体制和“统一领导、分级管理、分级负责”的经费审查监督体制。工会经费、资产的管理和使用办法以及工会经费审查监督制度，由中华全国总工会制定。

第三十九条 各级工会委员会按照规定编制和审批预算、决算，定期向会员大会或者会员代表大会和上一级工会委员会报告经费收支和资产管理情况，接受上级和同级工会经费审查委员会审查监督。

第四十条 工会经费、资产和国家及企业、事业单位等拨给工会的不动产和拨付资金形成的资产受法律保护，任何单位和个人不得侵占、挪用和任意调拨；不经批准，不得改变工会所属企业、事业单位的隶属关系和产权关系。

工会组织合并，其经费资产归合并后的工会所有；工会组织撤销或者解散，其经费资产由上级工会处置。

第八章　会　徽

第四十一条 中国工会会徽，选用汉字“中”、“工”两字，经艺术造型呈圆形重叠组成，并在两字外加一圆线，象征中国工会和中国工人阶级的团结统一。会徽的制作标准，由中华全国总工会规定。

第四十二条 中国工会会徽，可在工会办公地点、活动场所、会议会场悬挂，可作为纪念品、办公用品上的工会标志，也可以作为徽章佩戴。

第九章　附　则

第四十三条 本章程解释权属于中华全国总工会。

中国工会章程

（根据2018年10月26日中国工会第十七次全国代表大会通过的《关于〈中国工会章程（修正案）〉的决议》修正）

总　则

中国工会是中国共产党领导的职工自愿结合的工人阶级群众组织，是党联系职工群众的桥梁和纽带，是国家政权的重要社会支柱，是会员和职工利益的代表。

中国工会以宪法为根本活动准则，按照《中华人民共和国工会法》和本章程独立自主地开展工作，依法行使权利和履行义务。

工人阶级是我国的领导阶级，是先进生产力和生产关系的代表，是中国共产党最坚实最可靠的阶级基础，是改革开放和社会主义现代化建设的主力军，是维护社会安定的强大而集中的社会力量。中国工会高举中国特色社会主义伟大旗帜，以马克思列宁主义、毛泽东思想、邓小平理论、“三个代表”重要思想、科学发展观、习近平新时代中国特色社会主义思想为指导，贯彻执行党的以经济建设为中心，坚持四项基本原则，坚持改革开放的基本路线，保持和增强政治性、先进性、群众性，坚定不移地走中国特色社会主义工会发展道路，推动党的全心全意依靠工人阶级的根本指导方针的贯彻落实，全面履行工会的社会职能，在维护全国人民总体利益的同时，更好地表达和维护职工的具体利益，团结和动员全国职工自力更生、艰苦创业，坚持和发展中国特色社会主义，为全面建成小康社会、把我国建设成为富强民主文明和谐美丽的社会主义现代化强国、实现中华民族伟大复兴的中国梦而奋斗。

中国工会坚持自觉接受中国共产党的领导，承担团结引导职工群众听党话、跟党走的政治责任，巩固和扩大党执政的阶级基础和群众基础。

中国工会的基本职责是维护职工合法权益、竭诚服务职工群众。

中国工会按照中国特色社会主义事业“五位一体”总体布局和“四个全面”战略布局，贯彻创新、协调、绿色、开放、共享的发展理念，把握为实现中华民族伟大复兴的中国梦而奋斗的工人运动时代主题，弘扬劳模精神、劳动精神、工匠精神，动员和组织职工积极参加建设和改革，努力促进经济、政治、文化、社会和生态文明建设；代表和组织职工参与国家和社会事务管理，参与企业、事业单位和机关的民主管理；教育职工践行社会主义核心价值观，不断提高思想道德素质、科学文化素质和技术技能素质，推进产业工人队伍建设改革，建设有理想、有道德、有文化、有纪律的职工队伍，不断发展工人阶级先进性。

中国工会以忠诚党的事业、竭诚服务职工为己任，坚持组织起来、切实维权的工作方针，坚持以职工为本、主动依法科学维权的维权观，促进完善社会主义劳动法律，维护职工的经济、政治、文化和社会权利，参与协调劳动关系和社会利益关系，推动构建和谐劳动关系，促进经济高质量发展和社会的长期稳定，维护工人阶级和工会组织的团结统一，为构建社会主义和谐社会作贡献。

中国工会维护工人阶级领导的、以工农联盟为基础的人民民主专政的社会主义国家政权，协助人民政府开展工作，依法发挥民主参与和社会监督作用。

中国工会在企业、事业单位中，按照促进企事业发展、维护职工权益的原则，支持行政依法行使管理权力，组织职工参加民主管理和民主监督，与行政方面建立协商制度，保障职工的合法权益，调动职工的积极性，促进企业、事业的发展。

中国工会实行产业和地方相结合的组织领导原则，坚持民主集中制。

中国工会坚持以改革创新精神加强自身建设，构建联系广泛、服务职工的工作体系，增强团结教育、维护权益、服务职工的功能，坚持群众化、民主化，保持同会员群众的密切联系，依靠会员群众开展工会工作。各级工会领导机关坚持把工作重点放到基层，着力扩大覆盖面、增强代表性，着力强化服务意识、提高维权能力，着力加强队伍建设、提升保障水平，坚持服务职工群众的工作生命线，全心全意为基层、为职工服务，构建智慧工会，增强基层工会的吸引力凝聚力战斗力，把工会组织建设得更加充满活力、更加坚强有力，成为深受职工群众信赖的学习型、服务型、创新型“职工之家”。

工会兴办的企业、事业，坚持公益性、服务性，坚持为改革开放和发展社会生产力服务，为职工群众服务，为推进工运事业服务。

中国工会努力巩固和发展工农联盟，坚持最广泛的爱国统一战线，加强包括香港特别行政区同胞、澳门特别行政区同胞、台湾同胞和海外侨胞在内的全国各族人民的大团结，促进祖国的统一、繁荣和富强。

中国工会在国际事务中坚持独立自主、互相尊重、求同存异、加强合作、增进友谊的方针，在独立、平等、互相尊重、互不干涉内部事务的原则基础上，广泛建立和发展同国际和各国工会组织的友好关系，积极参与"一带一路"建设，增进我国工人阶级同各国工人阶级的友谊，同全世界工人和工会一起，在推动构建人类命运共同体中发挥作用，为世界的和平、发展、合作、工人权益和社会进步而共同努力。

中国工会落实新时代党的建设总要求，以党的政治建设为统领，全面加强党的建设，增强政治意识、大局意识、核心意识、看齐意识，坚定道路自信、理论自信、制度自信、文化自信，坚决维护习近平总书记党中央的核心、全党的核心地位，坚决维护党中央权威和集中统一领导，在思想上政治上行动上同以习近平同志为核心的党中央保持高度一致。

第一章　会　员

第一条　凡在中国境内的企业、事业单位、机关和其他社会组织中，以工资收入为主要生活来源或者与用人单位建立劳动关系的体力劳动者和脑力劳动者，不分民族、种族、性别、职业、宗教信仰、教育程度，承认工会章程，都可以加入工会为会员。

第二条　职工加入工会，由本人自愿申请，经工会基层委员会批准并发给会员证。

第三条　会员享有以下权利：

（一）选举权、被选举权和表决权。

（二）对工会工作进行监督，提出意见和建议，要求撤换或者罢免不称职的工会工作人员。

（三）对国家和社会生活问题及本单位工作提出批评与建议，要求工会组织向有关方面如实反映。

（四）在合法权益受到侵犯时，要求工会给予保护。

（五）工会提供的文化、教育、体育、旅游、疗休养、互助保障、生活救助、法律服务、就业服务等优惠待遇；工会给予的各种奖励。

（六）在工会会议和工会媒体上，参加关于工会工作和职工关心问题的讨论。

第四条 会员履行下列义务：

（一）认真学习贯彻习近平新时代中国特色社会主义思想，学习政治、经济、文化、法律、科学、技术和工会基本知识等。

（二）积极参加民主管理，努力完成生产和工作任务，立足本职岗位建功立业。

（三）遵守宪法和法律，践行社会主义核心价值观，弘扬中华民族传统美德，恪守社会公德、职业道德、家庭美德、个人品德，遵守劳动纪律。

（四）正确处理国家、集体、个人三者利益关系，向危害国家、社会利益的行为作斗争。

（五）维护中国工人阶级和工会组织的团结统一，发扬阶级友爱，搞好互助互济。

（六）遵守工会章程，执行工会决议，参加工会活动，按月交纳会费。

第五条 会员组织关系随劳动（工作）关系变动，凭会员证明接转。

第六条 会员有退会自由。会员退会由本人向工会小组提出，由工会基层委员会宣布其退会并收回会员证。

会员没有正当理由连续六个月不交纳会费、不参加工会组织生活，经教育拒不改正，应当视为自动退会。

第七条 对不执行工会决议、违反工会章程的会员，给予批评教育。对严重违法犯罪并受到刑事处分的会员，开除会籍。开除会员会籍，须经工会小组讨论，提出意见，由工会基层委员会决定，报上一级工会备案。

第八条 会员离休、退休和失业，可保留会籍。保留会籍期间免交会费。

工会组织要关心离休、退休和失业会员的生活，积极向有关方面反映他们的愿望和要求。

第二章 组织制度

第九条 中国工会实行民主集中制，主要内容是：

（一）个人服从组织，少数服从多数，下级组织服从上级组织。

（二）工会的各级领导机关，除它们派出的代表机关外，都由民主选举产生。

（三）工会的最高领导机关，是工会的全国代表大会和它所产生的中华全国总工会执行委员会。工会的地方各级领导机关，是工会的地方各级代表大会和它所产生的总工会委员会。

（四）工会各级委员会，向同级会员大会或者会员代表大会负责并报告工作，接受会员监督。会员大会和会员代表大会有权撤换或者罢免其所选举的代表和工会委员会组成人员。

（五）工会各级委员会，实行集体领导和分工负责相结合的制度。凡属重大问题由委员会民主讨论，作出决定，委员会成员根据集体的决定和分工，履行自己的职责。

（六）工会各级领导机关，加强对下级组织的领导和服务，经常向下级组织通报情况，听取下级组织和会员的意见，研究和解决他们提出的问题。下级组织应及时向上级组织请示报告工作。

第十条 工会各级代表大会的代表和委员会的产生，要充分体现选举人的意志。候选人名单，要反复酝酿，充分讨论。选举采用无记名投票方式，可以直接采用候选人数多于应选人数的差额选举办法进行正式选举，也可以先采用差额选举办法进行预选，产生候选人名单，然后进行正式选举。任何组织和个人，不得以任何方式强迫选举人选举或不选举某个人。

第十一条 中国工会实行产业和地方相结合的组织领导原则。同一企业、事业单位、机关和其他社会组织中的会员，组织在一个工会基层组织中；同一行业或者性质相近的几个行业，根据需要建立全国的或者地方的产业工会组织。除少数行政管理体制实行垂直管理的产业，其产业工会实行产业工会和地方工会双重领导，以产业工会领导为主外，其他产业工会均实行以地方工会领导为主，同时接受上级产业工会领导的体制。各产业工会的领导体制，由中华全国总工会确定。

省、自治区、直辖市，设区的市和自治州，县（旗）、自治县、不设区的市建立地方总工会。地方总工会是当地地方工会组织和产业工会地方组织的领导机关。全国建立统一的中华全国总工会。中华全国总工会是各级地方总工会和各产业工会全国组织的领导机关。

中华全国总工会执行委员会委员和产业工会全国委员会委员实行替补制，各级地方总工会委员会委员和地方产业工会委员会委员，也可以实行替补制。

第十二条 县和县以上各级地方总工会委员会，根据工作需要可以派出代表机关。

县和县以上各级工会委员会，在两次代表大会之间，认为有必要时，可以召集代表会议，讨论和决定需要及时解决的重大问题。代表会议代表的名额和产生办法，由召集代表会议的总工会决定。

全国产业工会、各级地方产业工会、乡镇工会和城市街道工会的委员会，可以按照联合制、代表制原则，由下一级工会组织民主选举的主要负责人和适当比例的有关方面代表组成。

上级工会可以派员帮助和指导用人单位的职工组建工会。

第十三条 各级工会代表大会选举产生同级经费审查委员会。中华全国总工会经费审查委员会设常务委员会，省、自治区、直辖市总工会经费审查委员会和独立管理经费的全国产业工会经费审查委员会，应当设常务委员会。经费审查委员会负责审查同级工会组织及其直属企业、事业单位的经费收支和资产管理情况，监督财经法纪的贯彻执行和工会经费的使用，并接受上级工会经费审查委员会的指导和监督。工会经费审查委员会向同级会员大会或会员代表大会负责并报告工作；在大会闭会期间，向同级工会委员会负责并报告工作。

上级经费审查委员会应当对下一级工会及其直属企业、事业单位的经费收支和资产管理情况进行审查。

中华全国总工会经费审查委员会委员实行替补制，各级地方总工会经费审查委员会委员和独立管理经费的产业工会经费审查委员会委员，也可以实行替补制。

第十四条 各级工会建立女职工委员会，表达和维护女职工的合法权益。女职工委员会由同级工会委员会提名，在充分协商的基础上组成或者选举产生，女职工委员会与工会委员会同时建立，在同级工会委员会领导下开展工作。企业工会女职工委员会是县或者县以上妇联的团体会员，通过县以上地方工会接受妇联的业务指导。

第十五条 县和县以上各级工会组织应当建立法律服务机构，为保护职工和工会组织的合法权益提供服务。

各级工会组织应当组织和代表职工开展劳动法律监督。

第十六条 成立或者撤销工会组织，必须经会员大会或者会员代表大会通过，并报上一级工会批准。工会基层组织所在的企业终止，或者所在的事业单位、机关和其他社会组织被撤销，该工会组织相应撤销，并报上级工会备案。其他组织和个人不得随意撤销工会组织，也不得把工会组织的机构撤销、合并或者归属其他工作部门。

第三章 全国组织

第十七条 中国工会全国代表大会，每五年举行一次，由中华全国总工会执行委员会召集。在特殊情况下，由中华全国总工会执行委员会主席团提议，经执行委员会全体会议通过，可以提前或者延期举行。代表名额和代表选举办法由中华全国总工会决定。

第十八条 中国工会全国代表大会的职权是：

（一）审议和批准中华全国总工会执行委员会的工作报告。

（二）审议和批准中华全国总工会执行委员会的经费收支情况报告和经费审查委员会的工作报告。

（三）修改中国工会章程。

（四）选举中华全国总工会执行委员会和经费审查委员会。

第十九条 中华全国总工会执行委员会，在全国代表大会闭会期间，负责贯彻执行全国代表大会的决议，领导全国工会工作。

执行委员会全体会议选举主席一人、副主席若干人、主席团委员若干人，组成主席团。

执行委员会全体会议由主席团召集，每年至少举行一次。

第二十条 中华全国总工会执行委员会全体会议闭会期间，由主席团行使执行委员会的职权。主席团全体会议，由主席召集。

主席团闭会期间，由主席、副主席组成的主席会议行使主席团职权。主席会议由中华全国总工会主席召集并主持。

主席团下设书记处，由主席团在主席团成员中推选第一书记一人，书记若干人组成。书记处在主席团领导下，主持中华全国总工会的日常工作。

第二十一条 产业工会全国组织的设置，由中华全国总工会根据需要确定。

产业工会全国委员会的建立，经中华全国总工会批准，可以按照联合制、代表制原则组成，也可以由产业工会全国代表大会选举产生。全国委员会每届任期五年。任期届满，应当如期召开会议，进行换届选举。在特殊情况下，经中华全国总工会批准，可以提前或者延期举行。

产业工会全国代表大会和按照联合制、代表制原则组成的产业工会全国委员会全体会议的职权是：审议和批准产业工会全国委员会的工作报告；选举产业工会全国委员会或者产业工会全国委员会常务委员会。独立管理经费的产业工会，选举经费审查委员会，并向产业工会全国代表大会或者委员会全体会议报告工作。产业工会全国委员会常务委员会由主席一人、副主席若干人、常务委员若干人组成。

第四章 地方组织

第二十二条 省、自治区、直辖市，设区的市和自治州，县（旗）、自治县、不设区的市的工会代表大会，由同级总工会委员会召集，每五年举行一次。在特殊情况下，由同级总工会委员会提议，经上一级工会批准，可以提前或者延期举行。工会的地方各级代表大会的职权是：

（一）审议和批准同级总工会委员会的工作报告。

（二）审议和批准同级总工会委员会的经费收支情况报告和经费审查委员会的工作报告。

（三）选举同级总工会委员会和经费审查委员会。

各级地方总工会委员会，在代表大会闭会期间，执行上级工会的决定和同级工会代表大会的决议，领导本地区的工会工作，定期向上级总工会委员会报告工作。

根据工作需要，省、自治区总工会可在地区设派出代表机关。直辖市和设区的市总工会在区一级建立总工会。

县和城市的区可在乡镇和街道建立乡镇工会和街道工会组织，具备条件的，建立总工会。

第二十三条 各级地方总工会委员会选举主席一人、副主席若干人、常务委员若干人，组成常务委员会。工会委员会、常务委员会和主席、副主席以及经费审查委员会的选举结果，报上一级总工会批准。

各级地方总工会委员会全体会议，每年至少举行一次，由常务委员会召集。各级地方总工会常务委员会，在委员会全体会议闭会期间，行使委员会的职权。

第二十四条 各级地方产业工会组织的设置，由同级地方总工会根据本地区的实际情况确定。

第五章 基层组织

第二十五条 企业、事业单位、机关和其他社会组织等基层单位，应当依法建立工会组织。社区和行政村可以建立工会组织。从实际出发，建立区域性、行业性工会联合会，推进新经济组织、新社会组织工会组织建设。

有会员二十五人以上的，应当成立工会基层委员会；不足二十五人的，可以单独建立工会基层委员会，也可以由两个以上单位的会员联合建立工会基层委员会，也可以选举组织员或者工会主席一人，主持基层工会工作。工会基层委员会有女会员十人以上的建立女职工委员会，不足十人的设女职工委员。

职工二百人以上企业、事业单位的工会设专职工会主席。工会专职工作人员的人数由工会与企业、事业单位协商确定。

基层工会具备法人条件，依法取得社团法人资格，工会主席为法定代表人。

第二十六条 工会基层组织的会员大会或者会员代表大会，每年至少召开一次。经基层工会委员会或者三分之一以上的工会会员提议，可以临时召开会员大会或者会员代表大会。工会会员在一百人以下的基层工会应当召开会员大会。

工会会员大会或者会员代表大会的职权是：

（一）审议和批准工会基层委员会的工作报告。

（二）审议和批准工会基层委员会的经费收支情况报告和经费审查委员会的工作报告。

（三）选举工会基层委员会和经费审查委员会。

（四）撤换或者罢免其所选举的代表或者工会委员会组成人员。

（五）讨论决定工会工作的重大问题。

工会基层委员会和经费审查委员会每届任期三年至五年，具体任期由会员大会或者会员代表大会决定。任期届满，应当如期召开会议，进行换届选举。在特殊情况下，经上一级工会批准，可以提前或者延期举行。

会员代表大会的代表实行常任制，任期与本单位工会委员会相同。

第二十七条 工会基层委员会的委员，应当在会员或者会员代表充分酝酿协商的基础上选举产生；主席、副主席，可以由会员大会或者会员代表大会直接选举产生，也可以由工会基层委员会选举产生。大型企业、事业单位的工会委员会，根据工作需要，经上级工会委员会批准，可以设立常务委员会。工会基层委员会、常务委员会和主席、副主席以及经费审查委员会的选举结果，报上一级工会批准。

第二十八条 工会基层委员会的基本任务是：

（一）执行会员大会或者会员代表大会的决议和上级工会的决定，主持基层工会的日常工作。

（二）代表和组织职工依照法律规定，通过职工代表大会、厂务公开和其他形式，参加本单位民主管理和民主监督，在公司制企业落实职工董事、职工监事制度。企业、事业单位工会委员会是职工代表大会工作机构，负责职工代表大会的日常工作，检查、督促职工代表大会决议的执行。

（三）参与协调劳动关系和调解劳动争议，与企业、事业单位行政方面建立协商制度，协商解决涉及职工切身利益问题。帮助和指导职工与企业、事业单位行政方面签订和履行劳动合同，代表职工与企业、事业单位行政方面签订集体合同或者其他专项协议，并监督执行。

（四）组织职工开展劳动和技能竞赛、合理化建议、技能培训、技术革新和技术协作等活动，培育工匠人才，总结推广先进经验。做好劳动模范和先进生产（工作）者的评选、表彰、培养和管理服务工作。

（五）加强对职工的政治引领和思想教育，开展法治宣传教育，重视人文关怀和心理疏导，鼓励支持职工学习文化科学技术和管理知识，开展健康的文化体育活动。推进企业文化职工文化建设，办好工会文化、教育、体育事业。

（六）监督有关法律、法规的贯彻执行。协助和督促行政方面做好工资、安全生产、职业病防治和社会保险等方面的工作，推动落实职工福利待遇。办好职工集体福利事业，改善职工生活，对困难职工开展帮扶。依法参与生产安全事故和职业病危害事故的调查处理。

（七）维护女职工的特殊利益，同歧视、虐待、摧残、迫害女职工的现象作斗争。

（八）搞好工会组织建设，健全民主制度和民主生活。建立和发展工会积极分子队伍。做好会员的发展、接收、教育和会籍管理工作。加强职工之家建设。

（九）收好、管好、用好工会经费，管理好工会资产和工会的企业、事业。

第二十九条 教育、科研、文化、卫生、体育等事业单位和机关工会，从脑力劳动者比较集中的特点出发开展工作，积极了解和关心职工的思想、工作和生活，推动党的知识分子政策的贯彻落实。组织职工搞好本单位的民主管理和民主监督，为发挥职工的聪明才智，创造良好的条件。

第三十条 工会基层委员会根据工作需要，可以在分厂、车间（科室）建立分厂、车间（科室）工会委员会。分厂、车间（科室）工会委员会由分厂、车间（科室）会员大会或者会员代表大会选举产生，任期和工会基层委员会相同。

工会基层委员会和分厂、车间（科室）委员会，可以根据需要设若干专门委员会或者专门小组。

按照生产（行政）班组建立工会小组，民主选举工会小组长，积极开展工会小组活动。

第六章　工会干部

第三十一条 各级工会组织按照革命化、年轻化、知识化、专业化的要求，努力建设一支坚持党的基本路线，熟悉本职业务，热爱工会工作，受到职工信赖的干部队伍。

第三十二条 工会干部要努力做到：

（一）认真学习马克思列宁主义、毛泽东思想、邓小平理论、“三个代表”重要思想、科学发展观、习近平新时代中国特色社会主义思想，学习政治、经济、历史、文化、科技、法律和工会业务等知识，提高政治能力，增强群众工作本领。

（二）执行党的基本路线和各项方针政策，遵守国家法律、法规，在改革开放和社会主义现代化建设中勇于开拓创新。

（三）信念坚定，忠于职守，勤奋工作，敢于担当，廉洁奉公，顾全大局，维护团结。

（四）坚持实事求是，认真调查研究，如实反映职工的意见、愿望和要求。

（五）坚持原则，不谋私利，热心为职工说话办事，依法维护职工的合法权益。

（六）作风民主，联系群众，增强群众意识和群众感情，自觉接受职工群众的批评和监督。

第三十三条 各级工会组织根据有关规定管理工会干部，重视发现培养和选拔优秀年轻干部、女干部、少数民族干部，成为培养干部的重要基地。

基层工会主席、副主席任期未满不得随意调动其工作。因工作需要调动时，应事先征得本级工会委员会和上一级工会同意。

第三十四条 各级工会组织建立与健全干部培训制度。办好工会干部院校和各种培训班。

第三十五条 各级工会组织关心工会干部的思想、学习和生活，督促落实相应的待遇，支持他们的工作，坚决同打击报复工会干部的行为作斗争。

县和县以上工会设立工会干部权益保障金，保障工会干部依法履行职责。

县和县以上工会可以为基层工会选派、聘用工作人员。

第七章　工会经费和资产

第三十六条 工会经费的来源：

（一）会员交纳的会费。

（二）企业、事业单位、机关和其他社会组织按全部职工工资总额的百分之二向工会拨缴的经费或者建会筹备金。

（三）工会所属的企业、事业单位上缴的收入。

（四）人民政府和企业、事业单位、机关和其他社会组织的补助。

（五）其他收入。

第三十七条 工会经费主要用于为职工服务和开展工会活动。各级工会组织应坚持正确使用方向，加强预算管理，优化支出结构，开展监督检查。

第三十八条 县和县以上各级工会应当与税务、财政等有关部门合作，依照规定做好工会经费收缴和应当由财政负担的工会经费拨缴工作。

未成立工会的企业、事业单位、机关和其他社会组织，按工资总额的百分之二向上级工会拨缴工会建会筹备金。

具备社团法人资格的工会应当依法设立独立经费账户。

第三十九条 工会资产是社会团体资产，中华全国总工会对各级工会的资产拥有终极所有权。各级工会依法依规加强对工会资产的监督、管理，保护工会资产不受损害，促进工会资产保值增值。根据经费独立原则，建立预算、决算、资产监管和经费审查监督制度。实行“统一领导、分级管理”的财务体制、“统一所有、分级监管、单位使用”的资产监管体制和“统一领导、分级管理、分级负责、下审一级”的经费审查监督体制。工会经费、资产的管理和使用办法以及工会经费审查监督制度，由中华全国总工会制定。

第四十条 各级工会委员会按照规定编制和审批预算、决算，定期向会员大会或者会员代表大会和上一级工会委员会报告经费收支和资产管理情况，接受上级和同级工会经费审查委员会审查监督。

第四十一条 工会经费、资产和国家及企业、事业单位等拨给工会的不动产和拨付资金形成的资产受法律保护，任何单位和个人不得侵占、挪用和任意调拨；不经批准，不得改变工会所属企业、事业单位的隶属关系和产权关系。

工会组织合并，其经费资产归合并后的工会所有；工会组织撤销或者解散，其经费资产由上级工会处置。

第八章　会　徽

第四十二条 中国工会会徽，选用汉字“中”、“工”两字，经艺术造型呈圆形重叠组成，并在两字外加一圆线，象征中国工会和中国工人阶级的团结统一。会徽的制作标准，由中华全国总工会规定。

第四十三条 中国工会会徽，可在工会办公地点、活动场所、会议会场悬挂，可作为纪念品、办公用品上的工会标志，也可以作为徽章佩戴。

第九章 附 则

第四十四条 本章程解释权属于中华全国总工会。

中国工会章程

（根据2023年10月12日中国工会第十八次全国代表大会通过的《关于〈中国工会章程（修正案）〉的决议》修正）

总　则

中国工会是中国共产党领导的职工自愿结合的工人阶级群众组织，是党联系职工群众的桥梁和纽带，是国家政权的重要社会支柱，是会员和职工利益的代表。

中国工会以宪法为根本活动准则，按照《中华人民共和国工会法》和本章程独立自主地开展工作，依法行使权利和履行义务。

工人阶级是我国的领导阶级，是先进生产力和生产关系的代表，是中国共产党最坚实最可靠的阶级基础，是改革开放和社会主义现代化建设的主力军，是维护社会安定的强大而集中的社会力量。中国工会高举中国特色社会主义伟大旗帜，坚持马克思列宁主义、毛泽东思想、邓小平理论、“三个代表”重要思想、科学发展观，全面贯彻习近平新时代中国特色社会主义思想，贯彻执行党的以经济建设为中心，坚持四项基本原则，坚持改革开放的基本路线，保持和增强政治性、先进性、群众性，坚定不移地走中国特色社会主义工会发展道路，推动党的全心全意依靠工人阶级的根本指导方针的贯彻落实，全面履行工会的社会职能，在维护全国人民总体利益的同时，更好地表达和维护职工的具体利益，团结和动员全国职工自力更生、艰苦创业，坚持和发展中国特色社会主义，为全面建成社会主义现代化强国、实现第二个百年奋斗目标，以中国式现代化全面推进中华民族伟大复兴而奋斗。

中国工会坚持自觉接受中国共产党的领导，承担团结引导职工群众听党话、跟党走的政治责任，巩固和扩大党执政的阶级基础和群众基础。

中国工会的基本职责是维护职工合法权益、竭诚服务职工群众。

中国工会按照中国特色社会主义事业“五位一体”总体布局和“四个全面”战略布局，贯彻创新、协调、绿色、开放、共享的新发展理念，把握为实现中华民族伟大复兴的中国梦而奋斗的工人运动时代主题，弘扬劳模精神、劳动精神、工匠精神，动员和组织职工积极参加建设和改革，努力促进经济、政治、文化、社会和生态文明建设；发展全过程人民民主，代表和组织职工参与管理国家事务、管理经济和文化事业、管理社会事务，参与企业、事业单位、机关、社会组织的民主管理；教育职工践行社会主义核心价值观，不断提高思想道德素质、科学文化素质和技术技能素质，建设有理想、有道德、有文化、有纪律的职工队伍，不断发展工人阶级先进性。

中国工会以忠诚党的事业、竭诚服务职工为己任，坚持组织起来、切实维权的工作方针，坚持以职工为本、主动依法科学维权的维权观，促进完善社会主义劳动法律，维护职工的经济、政治、文化和社会权利，参与协调劳动关系和社会利益关系，推动构建和谐劳动关系，促进经济高质量发展和社会的长期稳定，维护工人阶级和工会组织的团结统一，为构建社会主义和谐社会作贡献。

中国工会维护工人阶级领导的、以工农联盟为基础的人民民主专政的社会主义国家政权，协助人民政府开展工作，依法发挥民主参与和社会监督作用。

中国工会推动产业工人队伍建设改革，强化产业工人思想政治引领，提高产业工人队伍整体素质，发挥产业工人骨干作用，维护产业工人合法权益，保障产业工人主人翁地位，造就一支有理想守信念、懂技术会创新、敢担当讲奉献的宏大产业工人队伍。

中国工会在企业、事业单位、社会组织中，按照促进企事业和社会组织发展、维护职工权益的原则，支持行政依法行使管理权力，组织职工参与本单位民主选举、民主协商、民主决策、民主管理和民主监督，与行政方面建立协商制度，保障职工的合法权益，调动职工的积极性，促进企业、事业单位、社会组织的发展。

中国工会实行产业和地方相结合的组织领导原则，坚持民主集中制。

中国工会坚持以改革创新精神加强自身建设，健全联系广泛、服务职工的工作体系，增强团结教育、维护权益、服务职工的功能，坚持群众化、民主化，保持同会员群众的密切联系，依靠会员群众开展工会工作。各级工会领导机关坚持把工作重点放到基层，着力扩大覆盖面、增强代表性，着力强化服务意识、提高维权能力，着力加强队伍建设、提升保障水平，坚持服务职工群众的工作生命线，全心全意为基层、为职工服务，构建智慧工会，增强基层工会的吸引力凝聚力战斗力，把工会组织建设得更加充满活力、更加坚强有力，成为深受职工群众信赖的学习型、服务型、创新型“职工之家”。

工会兴办的企业、事业单位，坚持公益性、服务性，坚持为改革开放和发展社会生产力服务，为职工群众服务，为推进工运事业服务。

中国工会努力巩固和发展工农联盟，坚持最广泛的爱国统一战线，加强包括香港特别行政区同胞、澳门特别行政区同胞、台湾同胞和海外侨胞在内的全国各族人民的大团结，促进祖国的统一、繁荣和富强。

中国工会在国际事务中坚持独立自主、互相尊重、求同存异、加强合作、增进友谊的方针，在独立、平等、互相尊重、互不干涉内部事务的原则基础上，广泛建立和发展同国际和各国工会组织的友好关系，积极参与“一带一路”建设，增进我国工人阶级同各国工人阶级的友谊，同全世界工人和工会一起，在推动构建人类命运共同体中发挥作用，为世界的和平、发展、合作、工人权益和社会进步而共同努力。

中国工会深入学习贯彻习近平总书记关于党的建设的重要思想，落实新时代党的建设总要求，贯彻全面从严治党战略方针，以党的政治建设为统领，加强党的建设，深刻领悟“两个确立”的决定性意义，增强“四个意识”、坚定“四个自信”、做到“两个维护”，在思想上政治上行动上同以习近平同志为核心的党中央保持高度一致。

第一章　会　员

第一条　凡在中国境内的企业、事业单位、机关、社会组织中，以工资收入为主要生活来源或者与用人单位建立劳动关系的劳动者，不分民族、种族、性别、职业、宗教信仰、教育程度，承认工会章程，都可以加入工会为会员。

工会适应企业组织形式、职工队伍结构、劳动关系、就业形态等方面的发展变化，依法维护劳动者参加和组织工会的权利。

第二条　职工加入工会，由本人自愿申请，经基层工会委员会批准并发给会员证。

第三条　会员享有以下权利：

（一）选举权、被选举权和表决权。

（二）对工会工作进行监督，提出意见和建议，要求撤换或者罢免不称职的工会工作人员。

（三）对国家和社会生活问题及本单位工作提出批评与建议，要求工会组织向有关方面如实反映。

（四）在合法权益受到侵犯时，要求工会给予保护。

（五）工会提供的文化、教育、体育、旅游、疗休养、互助保障、生活救助、法律服务、就业服务等优惠待遇；工会给予的各种奖励。

（六）在工会会议和工会媒体上，参加关于工会工作和职工关心问题的讨论。

第四条　会员履行下列义务：

（一）认真学习贯彻习近平新时代中国特色社会主义思想，学习政治、经济、文化、法律、科技和工会基本知识等。

（二）积极参加民主管理，努力完成生产和工作任务，立足本职岗位建功立业。

（三）遵守宪法和法律，践行社会主义核心价值观，弘扬中华民族传统美德，恪守社会公德、职业道德、家庭美德、个人品德，遵守劳动纪律。

（四）正确处理国家、集体、个人三者利益关系，向危害国家、社会利益的行为作斗争。

（五）维护中国工人阶级和工会组织的团结统一，发扬阶级友爱，搞好互助互济。

（六）遵守工会章程，执行工会决议，参加工会活动，按月交纳会费。

第五条　会员组织关系随劳动（工作）关系变动，凭会员证明接转。

第六条　会员有退会自由。会员退会由本人向工会小组提出，由基层工会委员会宣布其退会并收回会员证。

会员没有正当理由连续六个月不交纳会费、不参加工会组织生活，经教育拒不改正，应当视为自动退会。

第七条　对不执行工会决议、违反工会章程的会员，给予批评教育。对严重违法犯罪并受到刑事处罚的会员，开除会籍。开除会员会籍，须经工会小组讨论，提出意见，由基层工会委员会决定，报上一级工会备案。

第八条 会员离休、退休和失业，可保留会籍。保留会籍期间免交会费。

工会组织要关心离休、退休和失业会员的生活，积极向有关方面反映他们的愿望和要求。

第二章 组织制度

第九条 中国工会实行民主集中制，主要内容是：

（一）个人服从组织，少数服从多数，下级组织服从上级组织。

（二）工会的各级领导机关，除它们派出的代表机关外，都由民主选举产生。

（三）工会的最高领导机关，是工会的全国代表大会和它所产生的中华全国总工会执行委员会。工会的地方各级领导机关，是工会的地方各级代表大会和它所产生的总工会委员会。

（四）工会各级委员会，向同级会员大会或者会员代表大会负责并报告工作，接受会员监督。会员大会和会员代表大会有权撤换或者罢免其所选举的代表和工会委员会组成人员。

（五）工会各级委员会，实行集体领导和分工负责相结合的制度。凡属重大问题由委员会民主讨论，作出决定，委员会成员根据集体的决定和分工，履行自己的职责。

（六）工会各级领导机关，加强对下级组织的领导和服务，经常向下级组织通报情况，听取下级组织和会员的意见，研究和解决他们提出的问题。下级组织应及时向上级组织请示报告工作。

第十条 工会各级代表大会的代表和委员会的产生，要充分体现选举人的意志。候选人名单，要反复酝酿，充分讨论。选举采用无记名投票方式，可以直接采用候选人数多于应选人数的差额选举办法进行正式选举，也可以先采用差额选举办法进行预选，产生候选人名单，然后进行正式选举。任何组织和个人，不得以任何方式强迫选举人选举或不选举某个人。

第十一条 中国工会实行产业和地方相结合的组织领导原则。同一企业、事业单位、机关、社会组织中的会员，组织在一个基层工会组织中；同一行业或者性质相近的几个行业，根据需要建立全国的或者地方的产业工会组织。除少数行政管理体制实行垂直管理的产业，其产业工会实行产业工会和地方工会双重领导，以产业工会领导为主外，其他产业工会均实行以地方工会领导为主，同时接受上级产业工会领导的体制。各产业工会的领导体制，由中华全国总工会确定。

省、自治区、直辖市，设区的市和自治州，县（旗）、自治县、不设区的市建立地方总工会。地方总工会是当地地方工会组织和产业工会地方组织的领导机关。全国建立统一的中华全国总工会。中华全国总工会是各级地方总工会和各产业工会全国组织的领导机关。

中华全国总工会执行委员会委员和产业工会全国委员会委员实行替补制，各级地方总工会委员会委员和地方产业工会委员会委员，也可以实行替补制。

第十二条 县和县以上各级地方总工会委员会，根据工作需要可以派出代表机关。

县和县以上各级工会委员会，在两次代表大会之间，认为有必要时，可以召集代表会议，讨论和决定需要及时解决的重大问题。代表会议代表的名额和产生办法，由召集代表会议的总工会决定。

全国产业工会、各级地方产业工会、乡镇工会、城市街道工会和区域性、行业性工会联合会的委员会，可以按照联合制、代表制原则，由下一级工会组织民主选举的主要负责人和适当比例的有关方面代表组成。

上级工会可以派员帮助和指导用人单位的职工组建工会。

第十三条 各级工会代表大会选举产生同级经费审查委员会。中华全国总工会经费审查委员会设常务委员会，省、自治区、直辖市总工会经费审查委员会和独立管理经费的全国产业工会经费审查委员会，应当设常务委员会。经费审查委员会负责审查同级工会组织及其直属企业、事业单位的经费收支和资产管理情况，监督财经法纪的贯彻执行和工会经费的使用，并接受上级工会经费审查委员会的指导和监督。工会经费审查委员会向同级会员大会或会员代表大会负责并报告工作；在大会闭会期间，向同级工会委员会负责并报告工作。

上级经费审查委员会应当对下一级工会及其直属企业、事业单位的经费收支和资产管理情况进行审查。

中华全国总工会经费审查委员会委员实行替补制，各级地方总工会经费审查委员会委员和独立管理经费的产业工会经费审查委员会委员，也可以实行替补制。

第十四条 各级工会建立女职工委员会，表达和维护女职工的合法权益。女职工委员会由同级工会委员会提名，在充分协商的基础上组成或者选举产生，女职工委员会与工会委员会同时建立，在同级工会委员会领导下开展工作。企业工会女职工委员会是县或者县以上妇联的团体会员，通过县以上地方工会接受妇联的业务指导。

第十五条 县和县以上各级工会组织应当建立法律服务机构，为保护职工和工会组织的合法权益提供服务。

各级工会组织应当组织和代表职工开展劳动法律监督。

第十六条 成立或者撤销工会组织，必须经会员大会或者会员代表大会通过，并报上一级工会批准。基层工会组织所在的企业终止，或者所在的事业单位、机关、社会组织被撤销，该工会组织相应撤销，并报上级工会备案。其他组织和个人不得随意撤销工会组织，也不得把工会组织的机构撤销、合并或者归属其他工作部门。

第三章　全国组织

第十七条 中国工会全国代表大会，每五年举行一次，由中华全国总工会执行委员会召集。在特殊情况下，由中华全国总工会执行委员会主席团提议，经执行委员会全体会议通过，可以提前或者延期举行。代表名额和代表选举办法由中华全国总工会决定。

第十八条 中国工会全国代表大会的职权是：

（一）审议和批准中华全国总工会执行委员会的工作报告。

（二）审议和批准中华全国总工会执行委员会的经费收支情况报告和经费审查委员会的工作报告。

（三）修改中国工会章程。

（四）选举中华全国总工会执行委员会和经费审查委员会。

第十九条 中华全国总工会执行委员会，在全国代表大会闭会期间，负责贯彻执行全国代表大会的决议，领导全国工会工作。

执行委员会全体会议选举主席一人、副主席若干人、主席团委员若干人，组成主席团。

执行委员会全体会议由主席团召集，每年至少举行一次。

第二十条 中华全国总工会执行委员会全体会议闭会期间，由主席团行使执行委员会的职权。主席团全体会议，由主席召集。

主席团闭会期间，由主席、副主席组成的主席会议行使主席团职权。主席会议由中华全国总工会主席召集并主持。

主席团下设书记处，由主席团在主席团成员中推选第一书记一人，书记若干人组成。书记处在主席团领导下，主持中华全国总工会的日常工作。

第二十一条 产业工会全国组织的设置，由中华全国总工会根据需要确定。

产业工会全国委员会的建立，经中华全国总工会批准，可以按照联合制、代表制原则组成，也可以由产业工会全国代表大会选举产生。全国委员会每届任期五年。任期届满，应当如期召开会议，进行换届选举。在特殊情况下，经中华全国总工会批准，可以提前或者延期举行。

产业工会全国代表大会和按照联合制、代表制原则组成的产业工会全国委员会全体会议的职权是：审议和批准产业工会全国委员会的工作报告；选举产业工会全国委员会或者产业工会全国委员会常务委员会。独立管理经费的产业工会，选举经费审查委员会，并向产业工会全国代表大会或者委员会全体会议报告工作。产业工会全国委员会常务委员会由主席一人、副主席若干人、常务委员若干人组成。

第四章　地方组织

第二十二条 省、自治区、直辖市，设区的市和自治州，县（旗）、自治县、不设区的市的工会代表大会，由同级总工会委员会召集，每五年举行一次。在特殊情况下，由同级总工会委员会提议，经上一级工会批准，可以提前或者延期举行。工会的地方各级代表大会的职权是：

（一）审议和批准同级总工会委员会的工作报告。

（二）审议和批准同级总工会委员会的经费收支情况报告和经费审查委员会的工作报告。

（三）选举同级总工会委员会和经费审查委员会。

各级地方总工会委员会，在代表大会闭会期间，执行上级工会的决定和同级工会代表大会的决议，领导本地区的工会工作，定期向上级总工会委员会报告工作。

根据工作需要，省、自治区总工会可在地区设派出代表机关。直辖市和设区的市总工会在区一级建立总工会。

县和城市的区可在乡镇和街道建立乡镇工会和街道工会组织，具备条件的，建立总工会。

第二十三条 各级地方总工会委员会选举主席一人、副主席若干人、常务委员若干人，组成常务委员会。工会委员会、常务委员会和主席、副主席以及经费审查委员会的选举结果，报上一级总工会批准。

各级地方总工会委员会全体会议，每年至少举行一次，由常务委员会召集。各级地方总工会常务委员会，在委员会全体会议闭会期间，行使委员会的职权。

第二十四条 各级地方产业工会组织的设置，由同级地方总工会根据本地区的实际情况确定。

第五章 基层组织

第二十五条 企业、事业单位、机关、社会组织等基层单位，应当依法建立工会组织。社区和行政村可以建立工会组织。从实际出发，建立区域性、行业性工会联合会，推进新经济组织、新社会组织工会组织建设。

有会员二十五人以上的，应当成立基层工会委员会；不足二十五人的，可以单独建立基层工会委员会，也可以由两个以上单位的会员联合建立基层工会委员会，也可以选举组织员或者工会主席一人，主持基层工会工作。基层工会委员会有女会员十人以上的建立女职工委员会，不足十人的设女职工委员。

职工二百人以上企业、事业单位、社会组织的工会设专职工会主席。工会专职工作人员的人数由工会与企业、事业单位、社会组织协商确定。

基层工会组织具备民法典规定的法人条件的，依法取得社会团体法人资格，工会主席为法定代表人。

第二十六条 基层工会会员大会或者会员代表大会，每年至少召开一次。经基层工会委员会或者三分之一以上的工会会员提议，可以临时召开会员大会或者会员代表大会。工会会员在一百人以下的基层工会应当召开会员大会。

工会会员大会或者会员代表大会的职权是：

（一）审议和批准基层工会委员会的工作报告。

（二）审议和批准基层工会委员会的经费收支情况报告和经费审查委员会的工作报告。

（三）选举基层工会委员会和经费审查委员会。

（四）撤换或者罢免其所选举的代表或者工会委员会组成人员。

（五）讨论决定工会工作的重大问题。

基层工会委员会和经费审查委员会每届任期三年或者五年，具体任期由会员大会或者会员代表大会决定。任期届满，应当如期召开会议，进行换届选举。在特殊情况下，经上一级工会批准，可以提前或者延期举行。

会员代表大会的代表实行常任制，任期与本单位工会委员会相同。

第二十七条 基层工会委员会的委员，应当在会员或者会员代表充分酝酿协商的基础上选举产生；主席、副主席，可以由会员大会或者会员代表大会直接选举产生，也可以由基层工会委员会选举产生。大型企业、事业单位的工会委员会，根据工作需要，经上级工会委员会批准，可以设立常务委员会。基层工会委员会、常务委员会和主席、副主席以及经费审查委员会的选举结果，报上一级工会批准。

第二十八条 基层工会委员会的基本任务是：

（一）执行会员大会或者会员代表大会的决议和上级工会的决定，主持基层工会的日常工作。

（二）代表和组织职工依照法律规定，通过职工代表大会、厂务公开和其他形式，参与本单位民主选举、民主协商、民主决策、民主管理和民主监督，保障职工知情权、参与权、表达权和监督权，在公司制企业落实职工董事、职工监事制度。企业、事业单位工会委员会是职工代表大会工作机构，负责职工代表大会的日常工作，检查、督促职工代表大会决议的执行。

（三）参与协调劳动关系和调解劳动争议，与企业、事业单位、社会组织行政方面建立协商制度，协商解决涉及职工切身利益问题。帮助和指导职工与企业、事业单位、社会组织行政方面签订和履行劳动合同，代表职工与企业、事业单位、社会组织行政方面签订集体合同或者其他专项协议，并监督执行。

（四）组织职工开展劳动和技能竞赛、合理化建议、技能培训、技术革新和技术协作等活动，培育工匠、高技能人才，总结推广先进经验。做好劳动模范和先进生产（工作）者的评选、表彰、培养和管理服务工作。

（五）加强对职工的政治引领和思想教育，开展法治宣传教育，重视人文关怀和心理疏导，鼓励支持职工学习文化科学技术和管理知识，开展健康的文化体育活动。推进企业文化职工文化建设，办好工会文化、教育、体育事业。

（六）监督有关法律、法规的贯彻执行。协助和督促行政方面做好工资、安全生产、职业病防治和社会保险等方面的工作，推动落实职工福利待遇。办好职工集体福利事业，改善职工生活，对困难职工开展帮扶。依法参与生产安全事故和职业病危害事故的调查处理。

（七）维护女职工的特殊权益，同歧视、虐待、摧残、迫害女职工的现象作斗争。

（八）搞好工会组织建设，健全民主制度和民主生活。建立和发展工会积极分子队伍。做好会员的发展、接收、教育和会籍管理工作。加强职工之家建设。

（九）收好、管好、用好工会经费，管理好工会资产和工会的企业、事业。

第二十九条 教育、科研、文化、卫生、体育等事业单位和机关工会，从脑力劳动者比较集中的特点出发开展工作，积极了解和关心职工的思想、工作和生活，推动党的知识分子政策的贯彻落实。组织职工搞好本单位的民主选举、民主协商、民主决策、民主管理和民主监督，为发挥职工的聪明才智创造良好的条件。

第三十条 基层工会委员会根据工作需要，可以在分厂、车间（科室）建立分厂、车间（科室）工会委员会。分厂、车间（科室）工会委员会由分厂、车间（科室）会员大会或者会员代表大会选举产生，任期和基层工会委员会相同。

基层工会委员会和分厂、车间（科室）工会委员会，可以根据需要设若干专门委员会或者专门小组。

按照生产（行政）班组建立工会小组，民主选举工会小组长，积极开展工会小组活动。

第六章　工会干部

第三十一条　各级工会组织按照革命化、年轻化、知识化、专业化的要求，落实新时代好干部标准，努力建设一支坚持党的基本路线，熟悉本职业务，热爱工会工作，受到职工信赖的干部队伍。

第三十二条　工会干部要努力做到：

（一）认真学习马克思列宁主义、毛泽东思想、邓小平理论、“三个代表”重要思想、科学发展观、习近平新时代中国特色社会主义思想，学习党的基本知识和党的历史，学习政治、经济、历史、文化、法律、科技和工会业务等知识，提高政治能力、思维能力、实践能力，增强推动高质量发展本领、服务群众本领、防范化解风险本领。

（二）执行党的基本路线和各项方针政策，遵守国家法律、法规，在改革开放和社会主义现代化建设中勇于开拓创新。

（三）信念坚定，忠于职守，勤奋工作，敢于担当，廉洁奉公，顾全大局，维护团结。

（四）坚持实事求是，认真调查研究，如实反映职工的意见、愿望和要求。

（五）坚持原则，不谋私利，热心为职工说话办事，依法维护职工的合法权益。

（六）作风民主，联系群众，增强群众意识和群众感情，自觉接受职工群众的批评和监督。

第三十三条　各级工会组织根据有关规定管理工会干部，重视发现培养和选拔优秀年轻干部、女干部、少数民族干部，成为培养干部的重要基地。

基层工会主席、副主席任期未满不得随意调动其工作。因工作需要调动时，应事先征得本级工会委员会和上一级工会同意。

县和县以上工会可以为基层工会选派、聘用社会化工会工作者等工作人员。

第三十四条　各级工会组织建立与健全干部培训制度。办好工会干部院校和各种培训班。

第三十五条　各级工会组织关心工会干部的思想、学习和生活，督促落实相应的待遇，支持他们的工作，坚决同打击报复工会干部的行为作斗争。

县和县以上工会设立工会干部权益保障金，保障工会干部依法履行职责。

第七章　工会经费和资产

第三十六条　工会经费的来源：

（一）会员交纳的会费。

（二）企业、事业单位、机关、社会组织按全部职工工资总额的百分之二向工会拨缴的经费或者建会筹备金。

（三）工会所属的企业、事业单位上缴的收入。

（四）人民政府和企业、事业单位、机关、社会组织的补助。

（五）其他收入。

第三十七条　工会经费主要用于为职工服务和开展工会活动。各级工会组织应坚持正确使用方向，加强预算管理，优化支出结构，开展监督检查。

第三十八条　县和县以上各级工会应当与税务、财政等有关部门合作，依照规定做好工会经费收缴和应当由财政负担的工会经费拨缴工作。

未成立工会的企业、事业单位、机关、社会组织，按工资总额的百分之二向上级工会拨缴工会建会筹备金。

具备社会团体法人资格的工会应当依法设立独立经费账户。

第三十九条　工会资产是社会团体资产，中华全国总工会对各级工会的资产拥有终极所有权。各级工会依法依规加强对工会资产的监督、管理，保护工会资产不受损害，促进工会资产保值增值。根据经费独立原则，建立预算、决算、资产监管和经费审查监督制度。实行“统一领导、分级管理”的财务体制、“统一所有、分级监管、单位使用”的资产监管体制和“统一领导、分级管理、分级负责、下审一级”的经费审查监督体制。工会经费、资产的管理和使用办法以及工会经费审查监督制度，由中华全国总工会制定。

第四十条　各级工会委员会按照规定编制和审批预算、决算，定期向会员大会或者会员代表大会和上一级工会委员会报告经费收支和资产管理情况，接受上级和同级工会经费审查委员会审查监督。

第四十一条 工会经费、资产和国家及企业、事业单位等拨给工会的不动产和拨付资金形成的资产受法律保护，任何单位和个人不得侵占、挪用和任意调拨；不经批准，不得改变工会所属企业、事业单位的隶属关系和产权关系。

工会组织合并，其经费资产归合并后的工会所有；工会组织撤销或者解散，其经费资产由上级工会处置。

第八章 会 徽

第四十二条 中国工会会徽，选用汉字“中”、“工”两字，经艺术造型呈圆形重叠组成，并在两字外加一圆线，象征中国工会和中国工人阶级的团结统一。会徽的制作标准，由中华全国总工会规定。

第四十三条 中国工会会徽，可在工会办公地点、活动场所、会议会场悬挂，可作为纪念品、办公用品上的工会标志，也可以作为徽章佩戴。

第九章 附 则

第四十四条 本章程解释权属于中华全国总工会。

参考文献

1. 中共中央党史研究室著：《中国共产党历史》（第一卷），北京：中共党史出版社，2011 年版。

2. 中共中央党史研究室著：《中国共产党历史》（第二卷），北京：中共党史出版社，2011 年版。

3. 王永玺，赵巧萍主编：《新编中国工会史》，北京：中国工人出版社，2013 年版。

4. 王永玺主编：《从一次劳大到工会十五大——中国工会历次代表大会巡礼》，北京：中国工人出版社，2013 年版。

5. 中央苏区工运史征编协作小组编著：《中央革命根据地工人运动史》，北京：改革出版社，1989 年版。

6. 陕西省地方志编纂委员会编：《陕西省志第六十二卷（一）工会志》，西安：陕西人民出版社，2003 年版。

7. 王永玺：《中国工人运动史研究》，北京：中国工人出版社，2013 年版。

8. 陕西省总工会工运史研究室编：《陕甘宁边区工人运动史料选编（上册）》，北京：工人出版社，1988 年版。

9.《当代中国工人阶级和工会运动》编辑委员会：《当代中国工人阶级和工会运动》上册，北京：当代中国出版社，1997 年版。

10. 金冲及著：《二十世纪中国史纲（第四卷）》，北京：社会科学文献出版社，2009 年版。

11. 中华全国总工会中国职工运动史研究室编：《中国历次全国劳动大会文献》，北京：工人出版社，1957 年版。

12. 中华全国总工会《中国工会运动史料全书》总编辑部编：《中

国工会运动史料全书》（电子版），北京：中国职工音像出版社，1998年版。

13. 中国工运研究所编：《中国工会读本》，北京：中国工人出版社，2009年版。

14. 中国工运研究所编：《新编中国工人运动史》，北京：中国工人出版社，2016年版。

后 记

本书由中华全国总工会组织部组织编写。

第一版、第二版由张茂华同志主持编写，参加编写的同志有：王利中、刘伟、王海波、孟未、刘红梅、朱艳丽、苏宁、宗良虎、李士恒、朱晓红、周忠良、罗峰、刘鸿志、付子豪等。何士坤、何布峰、王永玺、贾端阳及全总组织部部务会成员对全书提出了修改意见。

第三版由王娇萍同志主持编写，参加编写的同志有：苏宁、王斌、石绍庆，主要增写了第十九章、修订了有关章节的内容。全总组织部部务会成员对全书提出了修改意见。

受参加编写的同志水平所限，如有不当之处，敬请广大工会干部和读者批评指正。

中华全国总工会组织部

2024 年 12 月